本书出版得到"西北师范大学重点学科建设经费"、西北师范大学国家级"新农村发展研究院"以及甘肃省教育厅科研项目"动荡环境下薪酬差距效应研究"、西北师范大学青年教师科研能力提升计划项目"西部地区上市公司薪酬差距形成机理及薪酬差距效应研究skqngg10019"资助。

企业发展理论与实践丛书

刘敏 董青◎著

薪酬水平与薪酬差距
▶▶▶ 效应研究

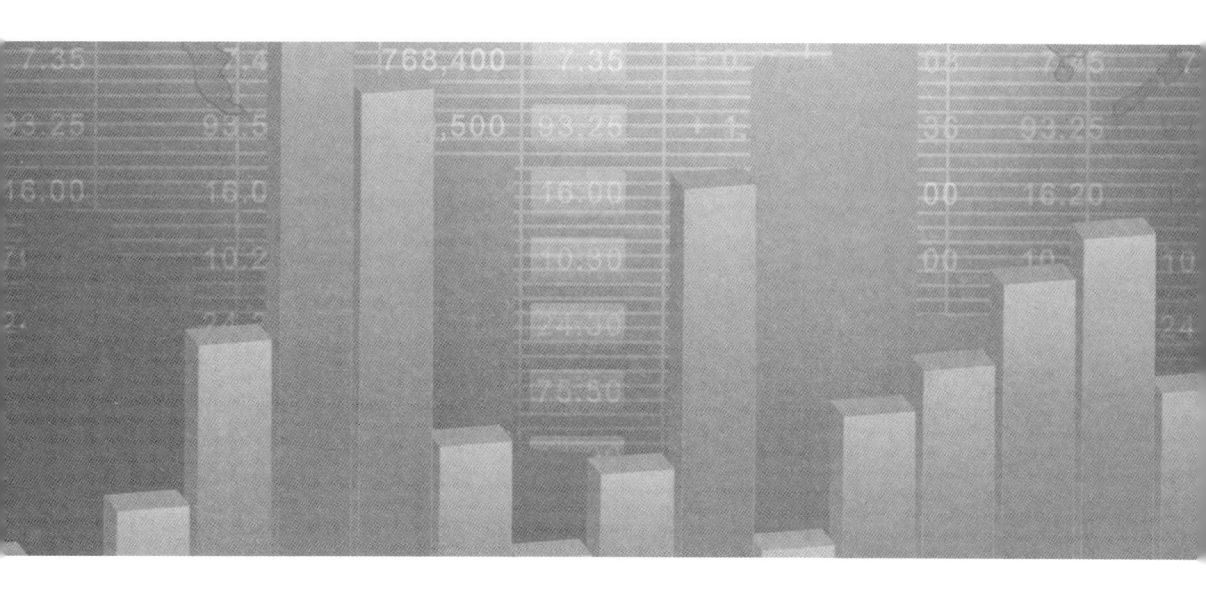

中国社会科学出版社

图书在版编目(CIP)数据

薪酬水平与薪酬差距效应研究 / 刘敏，董青著. —北京：中国社会科学出版社，2016.2

（企业发展理论与实践丛书）

ISBN 978 - 7 - 5161 - 7536 - 1

Ⅰ. ①薪… Ⅱ. ①刘…②董… Ⅲ. ①企业管理—工资制度—研究 Ⅳ. ①F272.92

中国版本图书馆 CIP 数据核字（2016）第 018046 号

出 版 人	赵剑英
责任编辑	王　茵
特约编辑	王　称
责任校对	王　影
责任印制	王　超

出　　版	中国社会种学出版社
社　　址	北京鼓楼西大街甲 158 号
邮　　编	100720
网　　址	http://www.csspw.cn
发 行 部	010 - 84083685
门 市 部	010 - 84029450
经　　销	新华书店及其他书店
印刷装订	三河市君旺印务有限公司
版　　次	2016 年 2 月第 1 版
印　　次	2016 年 2 月第 1 次印刷
开　　本	710×1000　1/16
印　　张	15.25
插　　页	2
字　　数	258 千字
定　　价	56.00 元

凡购买中国社会科学出版社图书，如有质量问题请与本社营销中心联系调换
电话：010 - 84083683
版权所有　侵权必究

《企业发展与实践丛书》编委会

主　编：张永丽

副主编：刘　敏

编　委：李长著　张学鹏
　　　　赵爱玲　关爱萍
　　　　柳建平　周文杰
　　　　魏彦珩　马文静

总　序

企业是国民经济的细胞，是市场经济的主体，是技术进步的主导力量，是社会财富的创造者，是社会文明与物质进步的倡导者与推动者。企业发展水平决定社会与经济的发展水平。

改革开放 30 多年，虽然我国企业在数量、规模和创造财富的能力等方面飞速发展，但如今仍面临生死存亡的严峻挑战：2008 年经济危机的后续影响带来的经济增长减速、市场需求滞缓导致实体经济效益下滑，越来越多的企业生存困难，企业停产、破产数量增加；企业发展模式中对固定资产投资的路径依赖限制了企业技术进步的积极性，导致企业技术创新动力不足，产品附加值低，在国际分工和全球价值链上处于中低端；技术创新动力不足，缺乏核心技术，部分企业成为实质上的"加工制造商"，压缩了企业的利润空间，降低了企业抗风险能力，加剧了同质竞争，非正常竞争手段被频繁运用，助长了企业经营中的"劣币驱逐良币"现象；高速发展过程中忽视商业伦理建设，导致企业在追求利润的同时忽视其作为"公司公民"应承担的社会责任，牺牲环境创造利润的现象屡禁不绝，食品安全、产品严重质量缺陷等问题时有发生，使企业和企业家的社会形象受到损害；忽视现代企业制度建设、治理制衡机制缺乏、所有者与经营者权利纷争等问题严重困扰企业长期发展；中小微企业虽然在吸收就业、经营创新等方面发挥着重要作用，但获得的支持远远无法支撑其发展需要，导致其获利能力与抗风险能力弱于大企业，其发展战略与支持政策研究仍有待深入；企业在日常经营管理中，对市场信息把握不够及时，捕捉市场机会的能力不足，导致企业"蓝海战略"制定能力和执行力不足，"红海竞争"缩短了企业的生命周期；企业薪酬分配中内部薪酬差距过大，对员工的成就导向、敬业度等积极工作心理与工作行为产生不利影响；等等。

　　创百年企业、树百年品牌是每个企业可持续发展的"梦"。系统介绍企业竞争情报分析的原理、工具与手段，帮助企业用科学手段参与市场竞争，在纷繁复杂的环境中发现机遇，捕捉稍纵即逝的市场机会；解读并建立企业股东会内部股东关系的均衡，股东会与董事会关系的均衡，股东会与监事会关系的均衡，董事会与监事会关系的均衡，股东会、董事会、监事会与经理层关系的均衡，公司财务控制权分配的均衡，关联公司关系的均衡，公司与债权人关系的均衡，健全公司与社会关系等均衡关系治理机制，保障企业运营；深入分析小微企业发展的战略重点、战略原则与战略政策，从融资发展战略、自主创新战略、集群发展战略与社会化服务体系建设等方面，提出小微企业的发展环境、政策及战略；在视角创新与理论创新的基础上深入研究薪酬差距拉大的客观现实，回答宏观层面劳动报酬增长对物价水平增幅的联动作用，解析企业层面持续增大的薪酬差距对企业绩效产生的积极作用，以及薪酬差距对员工积极性工作心理与行为产生影响的情境等问题，对提高企业管理水平，增强企业环境竞争力，保障企业可持续发展，实现人民生活水平提高与经济增长同步，建设和谐社会意义重大。

前　言

随着我国市场经济改革的纵深发展，劳动报酬持续增长是必然趋势，企业内部薪酬差距拉大是客观现实，由此引发了学界与企业界的深思与反思：劳动报酬增长能联动多大程度的物价水平增幅？劳动报酬增长应控制在什么样的幅度内？越来越大的薪酬差距能否持续对企业绩效产生积极作用？薪酬差距在什么情境下对员工成就导向及敬业度等积极性工作心理与行为产生积极的影响，影响程度有多大？在视角创新与理论创新的基础上研究这些问题，对实现人民生活水平提高与经济增长同步以及建设和谐社会意义重大。

本书是刘敏和董青两位作者基于长期研究成果共同撰写而成。书中第四章、第五章、第七章、第八章主要由刘敏执笔撰写，第一章、第二章、第三章、第六章主要由董青执笔撰写。第一章"薪酬水平对物价水平的影响"，运用投入产出模型的波及效应分析方法，从宏观层面测算劳动报酬增长对各部门产品价格和我国物价水平的影响程度；第二章"薪酬水平对员工敬业度的影响"，利用调查数据从企业层面揭示不同薪酬水平下员工敬业度的差异；第三章"薪酬差距对企业系列财务成果的影响"，利用沪深股市上市公司报表数据揭示薪酬差距对企业财务指标的影响；第四章"薪酬差距对企业绩效影响的行业比较"，在对上市公司财报数据整理分析的基础上，揭示不同行业薪酬差距的差异性以及薪酬差距对企业绩效影响的行业差异；第五章以银行业上市公司数据为例，揭示薪酬差距、股权集中度与企业绩效的关系；第六章"高管内部薪酬差距、投资行为与企业绩效"，着重研究薪酬差距是否影响企业投资行为并进而影响企业绩效；第七章和第八章着重揭示员工成就导向和敬业度随比自己高和比自己低的薪酬水平比较而形成的不同变化趋势,这两章是姊妹篇,理论回顾和文献综述方面前一章阐述了,后一章不再赘述,这两章为研究企业员工现实工作行为变化,成就导向量表和敬业度量表采用了胜任特征基础的行为量表。

由于水平有限,本书在研究视角、研究方法、数据分析等方面存在很多不足之处,期待大家批评指正!

目　录

第一章　薪酬水平对物价水平的影响 …………………………（1）
　　第一节　研究背景及理论回顾 ………………………………（1）
　　第二节　对投入产出价格模型的改进 ………………………（8）
　　第三节　实证分析——以我国 2007 年投入产出表
　　　　　　为依据 ……………………………………………（20）
　　第四节　结论与启示 …………………………………………（34）

第二章　薪酬水平对员工敬业度的影响 ………………………（36）
　　第一节　相关研究综述 ………………………………………（36）
　　第二节　研究设计 ……………………………………………（42）
　　第三节　实证分析 ……………………………………………（47）
　　第四节　研究结论、不足及建议 ……………………………（57）

第三章　薪酬差距对企业系列财务成果的影响 ………………（62）
　　第一节　文献综述 ……………………………………………（63）
　　第二节　绩效指标选取 ………………………………………（74）
　　第三节　研究设计 ……………………………………………（76）
　　第四节　实证分析 ……………………………………………（79）

第四章　薪酬差距对企业绩效影响的行业比较 ………………（93）
　　第一节　研究设计 ……………………………………………（93）
　　第二节　实证分析 ……………………………………………（97）

第三节 研究结论与政策性建议 …………………………（113）

第五章 薪酬差距、股权集中度与企业绩效 ……………（116）
 第一节 文献综述与研究假设 …………………………（116）
 第二节 变量设定与模型设计 …………………………（120）
 第三节 股权结构与绩效关系研究 ……………………（125）
 第四节 薪酬差距、股权集中度对绩效
    影响的实证分析……………………………（130）
 第五节 结论及政策建议…………………………………（137）

第六章 高管内部薪酬差距、投资行为与企业绩效 ………（141）
 第一节 理论基础与研究假设 …………………………（142）
 第二节 变量定义与模型设计 …………………………（146）
 第三节 实证结果与分析…………………………………（150）
 第四节 研究结论与讨论…………………………………（154）

第七章 薪酬差距对员工成就导向的影响 ………………（156）
 第一节 理论回顾与文献综述 …………………………（156）
 第二节 实证分析 ………………………………………（163）
 第三节 研究不足与展望…………………………………（180）

第八章 薪酬差距对员工敬业度的影响 …………………（182）
 第一节 理论回顾与研究综述 …………………………（182）
 第二节 薪酬差距对员工敬业度影响的
    实证分析……………………………………（188）
 第三节 提升员工敬业度的政策建议 …………………（202）

参考文献 ……………………………………………………（206）

第一章

薪酬水平对物价水平的影响

第一节 研究背景及理论回顾

我国自1978年改革开放以来，经济增长速度平均保持在10%左右，增长的主要动因源于出口和投资，而消费作为直接影响我国经济发展的"三驾马车"之一，却没有充分发挥作用，其原因主要是：劳动报酬增长严重滞后于经济增长，从而导致居民实际购买力不足；社会保障制度不完善，居民的总体福利水平不高，这更制约了消费能力。新常态下，我国经济增长速度由高速改为中高速，经济结构需要优化升级，增长动因从要素驱动、投资驱动转向创新驱动，因此改变经济增长方式，利用扩大内需实现经济常态增长是我国近年发展的总目标。扩大内需面临的一个问题是劳动报酬能否随经济增长而同步增长？因为劳动报酬增长具有双刃剑的作用：在促进消费的同时，也使企业运营成本增加，可能引发部门产品价格和整体物价水平上涨。为了避免双刃剑的不良效果，防止出现物价恶性循环上涨的局面，预测劳动报酬增长对物价的影响程度并预先制定相应的政策是关键性决策工作。价格波及效果分析是投入产出模型应用的一个重要内容，利用该工具可以定量测算劳动报酬增长对各部门产品价格的波及效应，并在此基础上测算物价水平上升的幅度。

一 概念界定

劳动报酬（Labor remuneration）即薪酬，是劳动者付出体力或脑力劳动所得的对价。根据《关于〈劳动法〉若干条文的说明》（劳办发［1994］289号）的解释，劳动报酬是劳动者从用人单位获得的全部工资收入（即广义工资），是用人单位以法定形式支付给劳动者的各种物质补偿，主要包括以下三部分：一是货币工资，用人单位以货币形式直接支付给劳动者的各种工资、奖金、津贴、补贴等；二是实物报酬，即用人单位以免费或低于成本价提供给劳动者的各种物品和服务等；三是社会保险，指用人单位为劳动者直接向政府和保险部门支付的失业、养老、人身、医疗、家庭财产等保险金。

工资是劳动报酬的重要组成部分。工资是用人单位根据国家相关规定或劳动合同的约定，以货币的形式直接支付给本单位劳动者的劳动报酬。关于工资的构成，目前所遵行的是国家统计局发布的《关于工资总额组成的规定》，工资应包括计时工资、计件工资、奖金、津贴和补贴、加班加点工资、特殊情况下支付的工资6部分，皆为货币性工资。

实物报酬和社会保险在劳动报酬中所占比重相对较小。实物报酬一般包括一些关注个人或家庭的特殊价值项目，通常没有成本或只需要很少的成本，其对劳动报酬构成的作用微乎其微。社会保险主要包括"五险"，即养老保险、失业保险、医疗保险、工伤保险和生育保险。根据现行制度，由用人单位支付的社会保险金额约占劳动者月工资总额的30%，在劳动者所得的劳动报酬中所占比例应更偏小。

二 产业波及理论

通过投入产出分析方法分析某一些产业发展变化会导致其他产业部门怎样的变化与影响，这个过程就是产业波及效果分析。这种变化与影响主要是通过投入产出表中某些数据的变化引起其他数据的变化来反映的。

产业波及是指在国民经济产业体系中，当某一产业部门发生变化，这一变化会沿着不同的产业关联方式，引起与其直接相关的产业部门的变化，并且这些相关产业部门的变化又会导致与其直接相关的其他产业部门的变化，依次传递，影响力逐渐减弱，这一过程就是波及。这种波及对国民经济产业体系的影响，就是产业波及效果。

产生产业波及效果的原因是产业波及源。投入产出分析表是产业波及效果分析的重要手段。价值型投入产出分析表见表1.1。在投入产出分析中，产业波及效果的波及源一般有两类：一类是最终需求发生了变化。某一产业最终需求发生变化，必将导致包括本产业在内的各个产业部门各自产出水平的变化。这类波及效果反映在投入产出表中，就表现为表中第Ⅱ部分横向数据的变化及将要变化，并通过第Ⅰ部分的产业间的中间产品联系，波及或将要波及各产业部门。另一类是毛附加价值（折旧费+净产值）发生了变化。某一或某些产业的毛附加价值部分的构成项目，如折旧、工资、利润等发生或将要发生变化时，会对国民经济各产业部门的产出水平发生或将要发生或大或小，或多或少的影响。这类波及效果，在投入产出表中，表现为表中第Ⅲ部分中的某一或某些数据的变化，通过表中第Ⅰ部分产业间的中间联系，从而导致对国民经济各产业部门的影响。

表1.1　　　　　　　　价值型投入产出

投入 \ 产出		中间需求				最终需求			总产出
		部门1	部门2	…	部门n	积累	消费	…	出口	
中间投入	部门1	Ⅰ 中间需求部分				Ⅱ 最终需求部分				
	部门2									
	…									
	部门n									
毛附加值	折旧	Ⅲ 毛附加值部分				Ⅳ				
	劳动报酬									
	纯收入									
总投入										

某一或某些产业的变化，是按什么样的走向波及各产业部门？这一走向就是产业波及线路。显然，产业间的联系方式就是产业波及的线路。由于产业波及效果总是通过已有产业间的通道，即产业关联的联系状态来发生的，因而这些波及必然是依据产业间的联系方式和联系纽带所规定的线路一轮一轮地影响下去。这样，有一些波及是沿着产业间的单向联系线路进行，有一些波及则是沿着双向联系线路传递，还有一些可能是逆向传递，即沿着产业间的逆向联系线路进行波及。可见，产业间的联系方式规定了产业间波及的具体线路及其波及的总效果。某产业变化发生的波及效果，既与该产业和其他产业的联系方式有关，又与该产业和其他产业的联系程度和广度有关。产业间的波及效果必然也会在产业联系的各个纽带上反映出来。具体地说，某一产业发生变化时，不仅会使本产业部门生产技术、产品技术性能、成本开支、价格、就业等方面发生变化，而且这些变化会通过产业间的生产技术、价格等方面的联系纽带，波及其他产业部门的生产技术、价格等方面，于是就有了技术波及效果、价格波及效果、就业波及效果、投资波及效果等。

在这里我们着重考察价格波及效果。价格波及效果有两层含义：

一是部门产品价格变动对其他部门产品价格的影响，即某一产业或某些产业的产品价格变动对其他产业产品价格变化造成的全部影响（包括直接影响和间接影响），这就是该产业或该产业产品价格变化的波及效果。

二是部门附加价值变动对各部门产品价格的影响，即某一或某些产业的工资、利润、折旧、税金等变动对各产业部门产品价格变动带来的全部影响。

三　投入产出理论

1. 投入产出模型的理论渊源及国外相关研究

从某种意义上说，重农学派的代表人物魁奈发表的《经济表及其说明》为投入产出理论奠定了方法论基础。早在1758年，魁奈便发表了题为《经济表及其说明》的文章，后人称为《经济表》，文章用清晰的文字说明和简明的图表描述了国民经济结构及各种投入产出关系运动的规律性。由于其用简明的图示描绘出社会总资本的再生产过程,《经济表》被称为令人惊异的图示,成为经济学发展史上的一个创举,受到重农学派的极力推崇。这一尝试也受到马克思的高度赞赏,被认为是"18 世纪政治经济学幼年时期提出的最有天才的思想"[①]。魁奈在《经济表》中提出的图示方法在后来受到经济学家的广泛推崇,成为一种在经济学领域随处可见的经济研究方法,投入产出模型正是一个生动的例子,其运用矩阵的形式记录了在一定时期内一个国家整个国民经济各部门中发生的产品及服务的产出与交换关系。

实践中,一般认为投入产出模型的指导思想是马克思主义经济理论。马克思在《资本论》第 2 卷中,分析社会简单再生产运动时,也用简单的图示说明国民经济两大部分各价值部分之间的相互关系,一些学者认为这是里昂惕夫投入产出理论的渊源之一。

在产业经济学中,产业波及效果分析的理论和方法主要是 20 世纪 30 年代美国经济学家里昂惕夫开创的投入产出经济学(Input-Output Analysis),这种方法通过借助投入产出表分析和研究产业之间在生产、交换和分配上发生的联系,得出各产业部门之间经济技术比例上的规律性。20 世纪 50 年代初,投入产出方法在各西方国家受到了热烈追捧,各国纷纷编制投入产出表。这种分析方法在苏联和东欧国家被称为"部门联系平衡法",日本称为"产业关联法",欧美则称为"投入产出分析"。投入产出分析作为一种经济数量分析方法,应用广泛而且经受住了实践的检验,里昂惕夫曾因这一杰出贡献而荣获 1973 年诺贝尔经济学奖。

2. 国内学者投入产出模型的理论研究

投入产出模型从诞生到现在,随着研究的深入,在理论方面已经取得了很大的发展。马斌(2008)[②] 运用投入产出模型主要研究了部门产品价格变动对其他部门产品价格的影响,并给出了其他部门产品价格变化量的计算公式。通过分析影响部门产品价格变化的

[①] 《马克思恩格斯全集》第 26 卷,第 1 册,人民出版社 1973 年版,第 366 页。
[②] 马斌:《部门产品价格变化对其他部门产品价格的影响》,2008 年。

因素来确定其对其他部门产品价格的影响。这些影响部门产品价格变化的因素主要有：单位部门产品上的工资变化；单位部门产品上的税收变化；某一个或某些部门由于改进生产技术，引起原材料消耗的降低，从而使部门产品的成本降低等。通过对这些因素的分析，得出了当部门产品价格发生变动时，其他部门产品价格的变化量的计算公式。张红霞（2008）[①] 针对投入产出价格影响模型中的两个假定：不考虑供求因素影响和不考虑政府对价格的调控，对投入产出价格影响模型做了进一步发展和改进，定义了供求影响变量和政府控制变量，并将这两个变量引入模型，分别建立了考虑供求关系因素和考虑政府调控因素的投入产出价格影响模型，使得模型更接近经济运行的实际情况，更适合实际问题的分析。张延昭在其学位论文中（2010）分析并推导了单一部门价格变动对其他部门价格的影响、多个部门同时调价对其他部门价格的影响，以及多个部门先后调价对其他部门价格的影响，并依据2007年投入产出表的数据，以建筑与房地产两部门价格变化为例进行实证分析，验证了部门价格变动对其他部门产品价格影响的结论。

3. 投入产出模型在我国的应用研究

随着投入产出技术与数量经济方法等经济分析方法日益融合，投入产出模型的应用范围不断扩大，广泛应用在经济研究的各个领域，并得到了可靠有效的结论。顾海兵（1994）[②] 从成本结构、完全消耗系数思想和投入产出流量表三个角度详细推导了一个部门产品价格变化对其他部门产品价格的影响，并证明从三个不同角度推导的结果是一致的。然后以1987年全国投入产出表为基础，测算出当农产品提价10%时，非农产品价格提高1.53%。袁正（2004）以1997年全国投入产出表为对象，把国民经济分成第一产业、第二产业、第三产业以及邮电业四个部门，得到一张四个部门投入产出表，进而分析了邮电业与第一、二、三产业之间总量结构状况、

---

① 张红霞：《对投入产出价格影响模型的发展和改进》，《系统工程理论与实践》2008年第1期，第90—94页。

② 顾海兵：《对投入产出价格变动模型的推导分析及评价》，《数量经济技术经济研究》1994年第6期，第50—54页。

产业关联和产业波及状况。作为模拟经济循环的投入产出分析在反映价格波及效应方面具有优势，基于投入产出技术的价格影响模型是从成本推动的角度考虑价格传导机制，根据成本的类别分为产品价格影响模型和初始投入价格影响模型。刘起运、任泽平（2006）[①]对价格影响模型进行技术评估，并以北京市水、煤炭、石油价格上涨影响测算进行实证。王幸欣（2010）[②]以广东省 2007 年投入产出表为数据基础，对国民经济各部门进行有针对性的划分，划分后对信息产业进行最终需求影响分析和产业关联分析。从生产诱发额、生产诱发系数及生产依存度三个角度分析了最终需求对总产出的影响。从增加值诱发额和增加值诱发系数两方面分析了最终需求对增加值的影响。刘水杏（2009）[③]借助投入产出模型分析了北京房地产业与其相关产业，特别是与金融业的产业关联度及其变动规律，并以国际上经合组织（OECD）四成员国的美国、日本、英国、澳大利亚 20 世纪 60—90 年代 20 多年间的发展经验和数据为标准，对北京房地产业与金融业的后向、前向关联度分别做出评价。张红等（2010）通过 2005 年北京 42 个部门投入产出流量表，分别用影响力系数和感应度系数测算了房地产业波及效应的两个方面，即拉动效应和推动效应。得出结论：北京房地产业的影响力系数与感应度系数在国民经济各产业部门中均处于后列，即房地产业对国民经济的拉动效应和推动效应均较弱。

通过对投入产出模型相关文献的分析可以发现，国内外学者对投入产出模型已经做了较为深入的探讨，在理论方面、应用方面都取得了丰硕的成果。实践证明，运用投入产出模型研究劳动报酬增长对物价的影响是可靠可行的。但是，目前关于劳动报酬的投入产出研究成果相当有限。迄今为止，关于劳动报酬增长对物价影响的定量研究较少，运用投入产出模型进行研究的更少，而且早期的相

[①] 刘起运、任泽平：《价格影响模型的技术评估与实证研究》，《中国物价》2006 年第 12 期，第 35—39 页。

[②] 王幸欣：《广东省信息产业投入产出分析——基于 2007 年投入产出表》，《现代商贸工业》2010 年第 8 期，第 12—13 页。

[③] 刘水杏：《北京房地产业与金融业的产业关联度分析》，《商业时代》2009 年，第 114—115 页。

关研究中对投入产出模型的应用不够明确。本书对投入产出基本模型做了一定的改进，并运用改进后的模型定量测算了劳动报酬增长对部门产品价格变动的影响程度，研究结论对政府和企业制定相关政策具有重要的指导意义。

第二节 对投入产出价格模型的改进

价格问题是一个涉及面很广的重要问题，它既是一个重要的理论问题，也是一个牵动各方面经济利益的实际问题。因此，研究和建立合理的价格体系成为编制经济计划的重要组成部分。投入产出法模型是研究价格测算的一种很好的方法，一方面是由于价格问题本身具有相互作用和影响的特性，另一方面投入产出模型最擅长解决相互联系和波及效应的问题。利用投入产出模型测算价格，能迅速、全面、准确地调整各部门间的经济利益关系。

投入产出模型是由系数、变量的函数关系组成的数学方程组构成。其模型建立一般分两步：一是先依据投入产出表计算各类系数；二是在此基础上，依据投入产出表的平衡关系，建立投入产出的数学函数表达式，即投入产出模型。

投入产出价格测算模型包括以下三个类型：价格形成模型、价格影响模型和价格变动模型。价格形成模型反映了各种产品价格的形成过程，模拟和再现了产品价格与转移价值和新创造价值之间的相互联系，其理论基础是马克思的劳动价值理论，即商品的价值是由商品生产过程中的转移价值和活劳动创造的价值两大部分组成的。转移价值的基本形式是生产中的各种物质消耗，而新创造价值主要包括劳动报酬、固定资产折旧价值和社会纯收入。价格影响模型侧重于不同产品之间的价格作用和影响，主要研究部分产品价格水平的改变会对其他产品发生怎样的影响。价格变动模型是在价格影响模型的基础上进一步探讨了部分产品价格变动的原因，其主要研究内容是，各经济部门劳动报酬、折旧或社会纯收入的变动会引起整个价格体系发生怎样的变动。为了研究劳动报酬增长对物价水平的影响，本书采用了价格形成模型和价格变动模型，先用价格形成模型阐明产品价格的本质构成，再进一步运用价格变动模型进行实证测算。

一　投入产出价格模型——基本模型

早期对投入产出模型做出深入研究的是刘起运，他的《经济系统规划方法和模型》一书中对投入产出模型做了系统的研究，形成了一套较为成熟的理论。其后在研究中用到的投入产出模型理论也大都出于此。

（一）系数界定

基本模型中对各系数的界定是以产品的数量为单位的，具体来说，这里所指的各系数表示每一单位数量的产品所消耗或提取的各类价值量，而不是表示每一单位价值所消耗或提取的其他价值量。例如，直接消耗系数的经济含义是生产单位数量 j 产品所直接消耗的 i 产品的价值。其计算公式为：

$$a_{ij} = \frac{x_{ij}}{X_j}(i,j = 1,2,\cdots,n)$$

式中，x_{ij} 表示第 j 产业部门生产中所消耗第 i 部门产品的价值，X_j 表示第 j 产业部门生产的总产品数量。可见直接消耗系数反映的本质是，每一个单位数量的产品所分担的中间消耗价值量。

类似地，直接劳动报酬系数的经济含义是某产业部门生产单位数量产品需支付的劳动报酬数额；直接折旧系数的经济含义是某产业部门生产单位数量产品所提取的直接折旧费用的数额；直接社会纯收入系数的经济含义是某产业部门生产单位数量产品所能提供的社会纯收入的数额。

（二）模型推导

投入产出表可全面系统地反映国民经济各部门之间的投入产出关系，揭示生产过程中各部门之间相互依存和相互制约的经济技术联系。一方面它能告诉人们国民经济各部门的产出情况，以及这些部门产出的分配情况；另一方面它还能告诉人们，各部门为了自身的生产又怎样从其他部门取得中间投入产品及其最初投入的状况，同时体现出生产产品价格的构成。工资、利润、折旧、税金等都是构成产品价格的重要部分。从投入产出表的每一纵列看，某产业部门的单位产品的价格是由生产单位产品过程中直接消耗的中间产品价值和单位产品的毛附加价值两部分组成，后者包括单位产品中的固定资产折旧、劳动报酬和社会纯收入（即税金和产业利润）。根据投入产出表的纵向关系，可得到关于各产业部门产品价格的下列方程式：

$$\begin{cases} p_1 = a_{11}p_1 + a_{21}p_2 + \cdots + a_{n1}p_n + d_1 + v_1 + m_1 \\ p_2 = a_{12}p_1 + a_{22}p_2 + \cdots + a_{n2}p_n + d_2 + v_2 + m_2 \\ \quad\quad\quad\quad \cdots\cdots \\ p_n = a_{1n}p_1 + a_{2n}p_2 + \cdots + a_{nn}p_n + d_n + v_n + m_n \end{cases}$$

式中，p_i 表示 i 部门单位产品的价格；a_{ij} 表示价值型投入产出表的直接消耗系数；d_i 表示 i 部门的单位产品的折旧；v_i 表示 i 部门的单位产品的劳动报酬；m_i 表示 i 部门的单位产品的社会纯收入。

将上述方程式写成矩阵形式为：

$$\begin{bmatrix} p_1 \\ p_2 \\ \vdots \\ p_n \end{bmatrix} = \begin{bmatrix} 1 - a_{11}^T & -a_{12}^T & \cdots & -a_{1n}^T \\ -a_{21}^T & 1 - a_{22}^T & \cdots & -a_{2n}^T \\ \cdots & \cdots & \cdots & \cdots \\ -a_{n1}^T & -a_{n2}^T & \cdots & 1 - a_{nn}^T \end{bmatrix}^{-1} \begin{bmatrix} d_1 + v_1 + m_1 \\ d_2 + v_2 + m_2 \\ \cdots \\ d_n + v_n + m_n \end{bmatrix}$$

简化为：

$$P = (I - A^T)^{-1}(D + V + M) \quad\quad (1-1)$$

其中：$P = \begin{bmatrix} p_1 \\ p_2 \\ \vdots \\ p_n \end{bmatrix}; I = \begin{bmatrix} 1 & 0 & \cdots & 0 \\ 0 & 1 & \cdots & 0 \\ \vdots & \vdots & \vdots & \vdots \\ 0 & 0 & \cdots & 1 \end{bmatrix};$

$$A = \begin{bmatrix} a_{11} & a_{12} & \cdots & a_{1n} \\ a_{21} & a_{22} & \cdots & a_{2n} \\ \vdots & \vdots & \vdots & \vdots \\ a_{n1} & a_{n2} & \cdots & a_{nn} \end{bmatrix}; D = \begin{bmatrix} d_1 \\ d_2 \\ \vdots \\ d_n \end{bmatrix}; V = \begin{bmatrix} v_1 \\ v_2 \\ \vdots \\ v_n \end{bmatrix}; M = \begin{bmatrix} m_1 \\ m_2 \\ \vdots \\ m_n \end{bmatrix}.$$

式（1-1）表示的矩阵方程就是投入产出价格形成模型。在这个基本模型中，每一个方程式表示的是某一部门每单位数量产品的价值构成，它不仅反映出各个部门在生产过程中直接的、较为明显的经济技术联系，更重要的是它揭示出各部门之间间接的、较为隐蔽的甚至被人忽视的经济技术联系。

在基本模型中，当劳动报酬、固定资产折旧、社会纯收入等因素作为单位产品价格的重要组成部分发生变动时，均会引起产品价格发生变动。

举个例子进行说明，我们假设固定资产折旧、社会纯收入等因素保持不变，当劳动报酬发生变动时，变动后新的劳动报酬为 V'，发生的变动量为 ΔV，即有 $\Delta V = V' - V$。形成新的产品价格为：

$$P' = (I - A^T)^{-1}(D + V' + M)$$

那么，产品价格的变动幅度为：

$$\Delta P = P' - P = (I - A^T)^{-1}(V' - V)$$

即

$$\Delta P = (I - A^T)^{-1} \Delta V \qquad (1-2)$$

式（1-2）就是投入产出价格变动模型。其中，ΔV 表示劳动报酬的变动幅度，ΔP 表示由此导致的各部门产品价格的变动幅度。这个模型可以反映出由于劳动报酬增长引起各部门产品价格的上涨幅

度 ΔP。在具体应用过程中,通常是在已知模型各系数的前提下,给出劳动报酬的增长百分比(用 ΔV 表示),通过计算得出产品价格的增长百分比(用 ΔP 表示)。

以上所介绍的就是目前惯用的关于投入产出价格模型的基本模型。

二 对投入产出价格模型的改进

(一)基本模型的不足之处

在常用的投入产出价格的形成模型和变动模型中,不论是产品价格 p_i,还是劳动报酬 v_i,表示的都是绝对价值量。也就是说,ΔP 表示产品价格的绝对变动量,ΔV 表示劳动报酬的绝对变动量,它们不能直接反映出相对于原有水平的变动幅度。

投入产出价格变动模型在实际应用中的基本思路是,先计算出劳动报酬的绝对变动量,然后根据投入产出价格变动模型测算出由劳动报酬变动引起的产品价格的绝对变动量。即假设固定资产折旧、社会纯收入等因素保持不变,只考虑劳动报酬的变动。根据有关价格政策和价格调整方案,确定各部门劳动报酬的增长幅度,计算出各产业部门直接劳动报酬变动量 ΔV。

$$\Delta V = \begin{bmatrix} \Delta v_1 \\ \Delta v_2 \\ \vdots \\ \Delta v_n \end{bmatrix} = \begin{bmatrix} \alpha_1 & & & 0 \\ & \alpha_2 & & \\ & & \cdots & \\ 0 & & & \alpha_n \end{bmatrix} \begin{bmatrix} v_1 \\ v_2 \\ \vdots \\ v_n \end{bmatrix}$$

式中,Δv_i 表示第 i 部门单位产品劳动报酬的绝对变动量,α_i 表示第 i 部门直接劳动报酬的变动幅度。

将已确定的劳动报酬系数的变动值代入投入产出价格形成模型,就会得到:

$$\Delta P = (I - A^T)^{-1} \cdot \Delta V$$

由此可知，当已知各部门劳动报酬变动幅度 α_i（正数表示增加，负数表示减少）及原始劳动报酬水平 V_i 时，可以推算出劳动报酬的绝对变动量 ΔV（其中，$\Delta V_i = \alpha_i V_i$）。然后运用上述投入产出价格变动模型便可以计算出各部门产品价格的绝对变动量 ΔP。

但是通常情况下，各部门的原始劳动报酬水平并不是已知的，这时无法得出劳动报酬的绝对变动量，进而也就无法测算出由此导致的产品价格变动的最终结果。可见，以前惯用的投入产出价格变动模型在应用方面具有一定的局限性，它要求各部门原始劳动报酬水平必须是已知的。

在绝大多数实际应用中，人们通常并不关心劳动报酬变动导致产品价格绝对量发生了多少变动，而更倾向于关注产品价格相对于原价格水平的变动幅度。在这种情况下，为了能够得出期望的结果，必须具备两个前提条件，那就是各部门原始劳动报酬水平和原价格水平是已知的。这样，在计算出各部门产品价格的绝对变动量 ΔP 后，就可以进一步测算各部门产品价格的变动幅度 β。为了避免两个矩阵相除的不可行性，必须分别对每个部门的产品价格变动幅度进行测算。i 部门产品价格的变动幅度应为：

$$\beta_i = \frac{p'_i - p_i}{p_i} = \frac{p'_i}{p_i} - 1$$

式中，β_i 表示 i 部门产品价格的变动幅度，p'_i 表示 i 部门变动形成的新产品价格，p_i 表示 i 部门的原价格水平。

然而在实践中，由于部门内产品种类的多样性和生产技术的差异性，各部门的产品价格是完全不可知的。此时，原有的投入产出价格变动模型便显得无能为力。

（二）改进模型的系数界定

为了克服投入产出价格变动模型在实际应用中的缺陷，需从根本上对模型做出改进。本书投入产出改进模型与基本模型最大的区别在于对系数的界定不同。基本模型中对各系数的定义是以产品数量为单位的，这样的定义虽然具有一定的合理性，但在投入产出价格变动模型中的科学性不强。为了能够使投入产出变动模型更加科学严谨、适用性更强，改进后的模型中对系数的定义以产品价值为单位。

例如，直接消耗系数的经济含义是生产单位产值的 j 产品所直接消耗的 i 产品的价值。其计算公式为：

$$a_{ij} = \frac{x_{ij}}{X_j} \quad (i,j = 1,2,\cdots,n)$$

式中，x_{ij} 表示第 j 产业部门生产中所消耗第 i 部门产品的价值，X_j 表示第 j 产业部门生产的总产品价值。可见，直接消耗系数反映的本质是，每一个单位价值所分担的中间消耗价值量。

类似地，直接劳动报酬系数的经济含义是某产业部门生产单位产值的产品需支付的劳动报酬数额。其计算公式为：

$$a_{vj} = \frac{V_j}{X_j} \quad (i,j = 1,2,\cdots,n)$$

式中，V_j 表示第 j 产业部门劳动者在一年内的劳动报酬。

直接折旧系数的经济含义是某产业部门生产单位产值的产品所提取的直接折旧费用的数额。其计算公式为：

$$a_{dj} = \frac{D_j}{X_j} \quad (i,j = 1,2,\cdots,n)$$

式中，D_j 表示第 j 产业部门全年提取的年折旧基金。

直接社会纯收入系数的经济含义是某产业部门生产单位产值的产品所能提供的社会纯收入的数额。其计算公式为：

$$a_{mj} = \frac{M_j}{X_j} \quad (i,j = 1,2,\cdots,n)$$

式中，M_j 表示第 j 产业部门劳动者在一年内创造的纯收入。

（三）模型改进

投入产出模型是价格波及效果预测分析的基本工具。劳动报酬、固定资产折旧、生产税净额和营业盈余等都是构成产品价格的重要组成部分。从投入产出表的每一纵列看，某产业部门单位产品的价格是由生产单位产品过程中直接消耗的中间产品价值和单位产品的毛附加价值两部分组成，后者包括单位产品中的劳动报酬、固定资产折旧和社会纯收入（即生产税净额和营业盈余）。

1. 投入产出价格形成模型

从单位产品的价值看，各部门中间投入、劳动报酬、固定资产折旧和社会纯收入等各因素的价值所占比重（即各因素的系数）之和恒等于 1，即

$$\sum_{i=1}^{n} a_{ij} + a_{vj} + a_{dj} + a_{mj} = 1 \qquad (1-3)$$

式中，a_{ij} 表示价值型投入产出表的直接消耗系数，a_{vj} 表示 j 部门的直接劳动报酬系数，a_{dj} 表示 j 部门的直接折旧系数，a_{mj} 表示 j 部门的直接社会纯收入系数。

由此可见，从折旧、劳动报酬、利润、税金等因素作为单位产品价格的重要组成部分来看，任一因素的变动均会引起产品价格的变动；从系数关系看，任一因素的系数发生变化，如增加工资、劳动报酬系数增大等，其他因素的系数必然相对减少，然而这些因素在单位产品中的消耗量并没有减少，这样就必然会引起产品价格的上升。显然，某一或某些产业部门的这些因素的任何一项变动将直接引起该产品的价格变动，从而产生价格波动效应，导致各产业部门价格的相应变动。正是从这一角度出发，分析某一或某些产业部门折旧、劳动报酬、利润、税金等某一或某几个因素的变动对各产业部门产品价格的全面影响，是价格波动效果预测、分析的重要内容。

对于各产业部门都有由式（1-3）表达的系数关系，将其组成

一个方程组：

$$\begin{cases} a_{11} + a_{21} + \cdots + a_{n1} + a_{v1} + a_{d1} + a_{m1} = 1 \\ a_{12} + a_{22} + \cdots + a_{n2} + a_{v2} + a_{d2} + a_{m2} = 1 \\ \qquad\qquad\cdots\cdots \\ a_{1n} + a_{2n} + \cdots + a_{nn} + a_{vn} + a_{dn} + a_{mn} = 1 \end{cases}$$

对上述方程组中的各方程式进行移项，得出：

$$\begin{cases} a_{v1} + a_{d1} + a_{m1} = 1 - a_{11} - a_{21} - \cdots - a_{n1} \\ a_{v2} + a_{d2} + a_{m2} = 1 - a_{12} - a_{22} - \cdots - a_{n2} \\ \qquad\qquad\cdots\cdots \\ a_{vn} + a_{dn} + a_{mn} = 1 - a_{1n} - a_{2n} - \cdots - a_{nn} \end{cases}$$

将其转换为如下矩阵形式：

$$\begin{bmatrix} a_{v1} \\ a_{v2} \\ \vdots \\ a_{vn} \end{bmatrix} + \begin{bmatrix} a_{d1} \\ a_{d2} \\ \vdots \\ a_{dn} \end{bmatrix} + \begin{bmatrix} a_{m1} \\ a_{m2} \\ \vdots \\ a_{mn} \end{bmatrix} = \begin{bmatrix} 1 - a_{11} & -a_{21} & \cdots & -a_{n1} \\ -a_{12} & 1 - a_{22} & \cdots & -a_{n2} \\ \vdots & \vdots & \vdots & \vdots \\ -a_{1n} & -a_{2n} & \cdots & 1 - a_{nn} \end{bmatrix} \begin{bmatrix} 1 \\ 1 \\ \vdots \\ 1 \end{bmatrix}$$

即

$$A_V + A_D + A_M = (I - A^T) \cdot \bar{I}$$

进行一定的矩阵变换就会得到：

$$(I - A^T)^{-1}(A_V + A_D + A_M) = \bar{I}$$

式中，I 表示主对角线均为 1 的单位矩阵，A 表示直接消耗系数矩阵，A_V 表示直接劳动报酬系数列向量，A_D 表示直接折旧系数列向量，A_M 表示直接社会纯收入系数列向量，$\bar{I}$ 表示元素全为 1 的列向量。注意，这里的所有系数均为价值型系数。

用 P 表示各产业部门的产品价格列向量，同时假设各部门产品的原价格水平均为一个单位产值，即 $P = \bar{I}$，那么式（1-4）就表示一个单位产值的形成过程，这就是改进的投入产出价格形成模型。

$$P = (I - A^T)^{-1}(A_V + A_D + A_M) \qquad (1-4)$$

为了得到更为精练的形式，有必要介绍一下完全消耗系数的概念。在各部门产品的生产过程中，除了直接消耗外，还存在间接消耗，完全消耗系数则是这种直接消耗联系与间接消耗联系的全面反映，它比直接消耗系数更本质、更全面地反映部门内部和部门之间的经济技术联系。这里需要重点说明的是劳动报酬、固定资产折旧和社会纯收入的完全系数。

完全劳动报酬系数是指某部门生产单位产值产品需直接和间接支付的劳动报酬，即直接劳动报酬系数和间接劳动报酬系数之和。根据这个概念可以得到完全劳动报酬系数的表示形式，即：

$$b_{vi} = a_{vi} + \sum_{k=1}^{n} b_{vk} a_{ki}$$

于是得到关于完全劳动报酬系数的方程组：

$$\begin{cases} b_{v1} = a_{v1} + b_{v1}a_{11} + b_{v2}a_{21} + \cdots + b_{vn}a_{n1} \\ b_{v2} = a_{v2} + b_{v1}a_{12} + b_{v2}a_{22} + \cdots + b_{vn}a_{n2} \\ \qquad \cdots \\ b_{v1n} = a_{vn} + b_{v1}a_{1n} + b_{v2}a_{2n} + \cdots + b_{vn}a_{nn} \end{cases}$$

转化为矩阵形式为：

$$\begin{bmatrix} b_{v1} \\ b_{v2} \\ \vdots \\ b_{vn} \end{bmatrix} - \begin{bmatrix} a_{v1} \\ a_{v2} \\ \vdots \\ a_{vn} \end{bmatrix} = \begin{bmatrix} a_{11} & a_{12} & \cdots & a_{1n} \\ a_{21} & a_{22} & \cdots & a_{2n} \\ \vdots & \vdots & & \vdots \\ a_{n1} & a_{n2} & \cdots & a_{nn} \end{bmatrix}^T \begin{bmatrix} b_{v1} \\ b_{v2} \\ \vdots \\ b_{vn} \end{bmatrix}$$

进行一定的矩阵变换可以得到:

$$B_V = (I - A^T)^{-1} A_V$$

同理，可以得到完全折旧系数和完全社会纯收入系数的这种表示形式。

这样，在上述改进的投入产出价格形成模型中，用 $(I-A^T)^{-1}$ 分别与 A_V、A_D 和 A_M 相乘，其结果依次是完全劳动报酬系数列向量 B_V、完全折旧系数列向量 B_D 和完全社会纯收入系数列向量 B_M，因此投入产出价格形成模型可以简化为

$$P = B_V + B_D + B_M \qquad (1-5)$$

在价格形成模型 (1-5) 中，产品价格 P 为一个单位产值，是以相对数表示的，它可视为与该部门确定的单位物耗、折旧、劳动报酬、纯收入相对应的价格水平。只要这四个组成部分不发生结构变化，该部门产品价格就会维持在这一水平上；相反，任何一个系数的变动，都将影响价格水平的变化，并可显示出变化的方向和幅度。

2. 投入产出价格变动模型

在建立计划模型和调整计划方案时，需要考察产品价格变动的原因，这些原因与价格水平之间的关系，以及这些原因是如何对整个价格体系发生作用的。为此，我们应该进一步讨论劳动报酬、社会纯收入等与价格水平之间的数量变动关系。这类模型即为价格变动模型。

在上述价格形成模型中，劳动报酬、固定资产折旧、社会纯收

入等因素作为单位产品价格的重要组成部分,任一因素的变动均会引起产品价格的变动;从系数角度看,任一因素的系数发生变化,如劳动报酬系数增大,其他因素的系数必然相对减少,然而这些因素在单位产品中的绝对价值量并没有减少,这样就必然引起产品价格上升。显然,某一或某些产业部门的这些因素中的任何一项变动将直接引起该部门产品价格的变动,从而产生价格波及效应,导致其他各部门产品价格发生相应的变动。

如果将变动调整后的各系数代入上述投入产出价格形成模型,就会得到新的各部门产品价格,它反映出报告期价格相对于原价格水平的变化方向和幅度。在本书中,为了研究劳动报酬变动对价格体系的影响,我们假设固定资产折旧、社会纯收入等因素保持不变,只考虑劳动报酬的变动。当劳动报酬发生变化时,A_V、B_V也随之发生变动,于是得到相应的A'_V及B'_V,此时各部门产品价格为

$$P' = B'_V + B_D + B_M \qquad (1-6)$$

式中,P'表示劳动报酬发生变动后所形成的各产业部门产品价格列向量。

为了进一步明确地表示出,由于劳动报酬变动各部门产品价格相对于原价格水平的变动方向和幅度,现引入价格变动指数列向量β,其中的每一个分量分别表示对应各部门的价格变动方向和幅度。

为了避免两个矩阵相除的不可行性,需分别对每个部门的产品价格变动幅度进行测算。i部门产品价格的变动幅度应为

$$\beta_i = \frac{p'_i - p_i}{p_i} = \frac{p'_i}{p_i} - 1$$

式中,β_i表示i部门产品价格的变动幅度,p'_i表示劳动报酬变动后i部门产品价格,p_i表示劳动报酬变动前i部门产品价格。

由于前面作过假设,各部门产品原价格水平均为一个单位产值,即这里的$p_i = 1$,那么对于所有部门都有:

$$\beta_i = p'_i - 1$$

于是，可以用矩阵形式表达为：

$$\beta = P' - \bar{I}$$

即

$$\beta = B'_V + B_D + B_M - \bar{I} \qquad (1-7)$$

这就是改进的投入产出价格变动模型。β 表示劳动报酬变动引起的各部门产品价格的变动幅度，是以相对数表现的，这是由于模型假定原价格水平是 1 的结果。这样，计算出的价格列向量就是相对于原价格体系的产品价格变动指数。改进的投入产出价格变动模型在实践中应用范围较广，适用性强，对已知条件的要求较少，在具体测算中，只需明确测算对象的投入产出环境，并给出各部门劳动报酬的变动幅度，就可以预测出各部门产品价格的变动幅度。

利用投入产出价格变动模型计算出各经济部门的价格变动指数，便可以形成适应新条件下的新价格体系。随着产品价格的调整，在实物量不变的条件下，投入产出表中的流量数据必然发生变化，各经济部门的总产值按计算出的价格指数相应地扩大，待确立新的价格体系之后，就重新建立了产业部门之间的平衡协调关系。需要强调的是，投入产出模型计算出的劳动报酬变动对部门产品价格影响是多个部门劳动报酬变动综合作用形成的结果，而不是单个部门作用效果的简单相加。

第三节 实证分析——以我国 2007 年投入产出表为依据

一 数据来源

我国投入产出表每五年编制一次，即每逢 2、7 年份编制 0、5

年份的投入产出表，《2007年投入产出表》是目前研究可得到的最新数据。理论上讲，《2007年投入产出表》在编制后四年中经济数量关系会发生一定的改变，但考虑到投入产出表技术结构的稳定性，本书对所采用投入产出表数据的新旧忽略不予考虑。鉴于此，本书以《2007年投入产出表》为依据进行测算，相关数据可以在同期间的《中国统计年鉴》查到。原表包括135个部门投入产出表与42个部门投入产出表，为了便于计算、简化研究、得出共性结论，本书采用42个部门投入产出表为数据基础。在测算劳动报酬增长对三大产业整体的影响时，根据一定的行业分类标准，把原表中的42个部门整合为第一产业、第二产业和第三产业三大产业。

二 计算方法和运算工具

本书以我国2007年的42个部门投入产出表为依据，在假设其他因素不变的前提下，选取1%、3%、5%、7%和10%这五个幅度值进行测算，以考察不同幅度的劳动报酬增长对各部门产品价格及物价总体水平的影响程度。

本书运用Excel软件进行部门整合和简单的加、减、乘、除运算，并采用Matlab软件对投入产出模型中涉及的大型矩阵进行较为复杂的计算，如矩阵的转置、逆运算等。

三 劳动报酬增长对三大产业整体的影响

三大产业能够涵盖所有细化部门，从三大产业角度出发来研究劳动报酬增长对各部门产品价格的影响能够对研究结果起到粗线条的预测、引导作用，因此有必要先从三大产业角度来考察，分别计算当劳动报酬增长1%、3%、5%、7%和10%时，三大产业部门产品价格的变动情况。

为了计算劳动报酬增长对三大产业产品价格的影响，将《2007年投入产出表》中的42个部门高度整合为第一产业、第二产业和第三产业。其中，农林牧渔业划归第一产业；煤炭开采和洗选业、石油和天然气开采业等25个部门划归第二产业；交通运输及仓储业、邮政业等16个部门划归第三产业，详见表1.2。

表 1.2　　　　　　　　42 个部门合并为三大产业

产业类别	代码	部门名称
第一产业	01	农林牧渔业
第二产业	02	煤炭开采和洗选业
	03	石油和天然气开采业
	04	金属矿采选业
	05	非金属矿及其他矿采选业
	06	食品制造及烟草加工业
	07	纺织业
	08	纺织服装鞋帽皮革羽绒及其制品业
	09	木材加工及家具制造业
	10	造纸印刷及文教体育用品制造业
	11	石油加工、炼焦及核燃料加工业
	12	化学工业
	13	非金属矿物制品业
	14	金属冶炼及压延加工业
	15	金属制品业
	16	交通运输设备制造业
	17	电气机械及器材制造业
	18	通用、专用设备制造业
	19	通信设备、计算机及其他电子设备制造业
	20	仪器仪表及文化办公用机械制造业
	21	工艺品及其他制造业
	22	废品、废料
	23	电力、热力的生产和供应业
	24	燃气生产和供应业
	25	水的生产和供应业
	26	建筑业
第三产业	27	交通运输及仓储业
	28	邮政业
	29	信息传输、计算机服务和软件业
	30	批发和零售业

续表

产业类别	代码	部门名称
第三产业	31	住宿和餐饮业
	32	金融业
	33	房地产业
	34	租赁和商务服务业
	35	研究与试验发展业
	36	综合技术服务业
	37	水利、环境和公共设施管理业
	38	居民服务和其他服务业
	39	教育
	40	卫生、社会保障和社会福利业
	41	文化、体育和娱乐业
	42	公共管理和社会组织

在部门整合之后，运用 Excel 工具把 42 个部门投入产出表合并为三个部门投入产出表，如表 1.3 所示。由于本书的研究基本不涉及投入产出表的最终使用部分，故表 1.3 略去最终使用部分的数据。

表 1.3　　　　　　　三大产业投入产出　　　　　（单位：万元）

投入 \ 产出		中间使用				最终使用	总产出
		第一产业	第二产业	第三产业	中间使用合计		
中间投入	第一产业	68771565	249167666	25500448	343439679	略	略
	第二产业	102596499	3647832322	482134745	4232563565		
	第三产业	30970198	533855691	387322375	952148264		
增加值	劳动报酬	271816270	459941924	368714806	1100473000		
	折旧	14297448	181617238	176640636	372555322		
	社会纯收入	478020	703393639	483538129	1187409788		
总投入		488930000	5775808480	1923851139	8188589620		

资料来源：根据《2007 年中国投入产出表》数据整理而得。

运用改进的投入产出价格变动模型测算劳动报酬增长对产品价格的影响，需先编制各部门直接消耗系数表和劳动报酬、固定资产折旧和社会纯收入的直接系数表及完全系数表。根据合并的三个部门投入产出表，计算各产业部门的直接消耗系数，结果如表 1.4 所示。

表 1.4　　　　　　　　三大产业直接消耗系数

产业＼消耗	第一产业	第二产业	第三产业
第一产业	0.1407	0.0431	0.0133
第二产业	0.2098	0.6316	0.2506
第三产业	0.0633	0.0924	0.2013

然后计算劳动报酬、固定资产折旧和社会纯收入的直接系数和完全系数，结果如表 1.5 所示。

表 1.5　三大产业劳动报酬、固定资产折旧等的直接系数和完全系数

		第一产业	第二产业	第三产业
直接系数	劳动报酬系数 A_V	0.5559	0.0796	0.1917
	固定资产折旧系数 A_D	0.0292	0.0314	0.0918
	社会纯收入系数 A_M	0.0010	0.1218	0.2513
完全系数	劳动报酬系数 B_V	0.7729	0.4015	0.3789
	固定资产折旧系数 B_D	0.0784	0.1341	0.1583
	社会纯收入系数 B_M	0.1485	0.4641	0.4627

劳动报酬不同程度增长时，劳动报酬的完全系数 B'_V 会发生相应增长，结果如表 1.6 所示。

表 1.6　　　　　　三大产业劳动报酬完全系数 B'_V

产业＼劳动报酬增长	1%	3%	5%	7%	10%
第一产业	0.7806	0.7961	0.8115	0.8270	0.8502
第二产业	0.4055	0.4136	0.4216	0.4297	0.4418
第三产业	0.3826	0.3900	0.3977	0.4054	0.4167

计算出模型中所需的各参数后，代入公式 $\beta = B'_V + B_D + B_M - \bar{I}$ 就可以计算出劳动报酬增长对三大产业产品价格影响，测算结果如表1.7所示。

表1.7　　　劳动报酬增长对三大产业产品价格的影响

产业＼劳动报酬增长	1%	3%	5%	7%	10%
第一产业	0.75%	2.30%	3.84%	5.40%	7.71%
第二产业	0.37%	1.18%	1.98%	2.79%	4.00%
第三产业	0.36%	1.10%	1.87%	2.64%	3.77%

数据显示，当劳动报酬以1%、3%、5%、7%和10%的幅度增长时，三大产业产品价格皆相应地不同程度上涨。其中，第一产业受劳动报酬增长的影响最大，第二产业所受影响明显低于第一产业，第三产业所受影响略低于第二产业。

从三大产业产品价格对劳动报酬增长的反应来看，越是劳动密集型产业，其反应越为敏感，这符合2007年前我国农业劳动力资源丰富的基本国情，第一产业作为劳动最为密集的产业，吸纳了较多的劳动力，其产品价格受劳动报酬增长的影响就最大。

四　劳动报酬增长对42个部门产品价格的影响

从三大产业角度的测算分析可以得出劳动报酬增长对部门产品价格影响的普遍性、整体性结论。为了从深层次揭示劳动报酬增长对各个部门产品价格的影响，把整个国民经济细化为42个部门进行详细测算。详细测算步骤与三产业计算一样，需先编制出42个部门的直接消耗系数表和劳动报酬、固定资产折旧、社会纯收入的直接系数表及完全系数表。由于42个部门直接消耗系数表较为庞大，这里略去显示；劳动报酬、固定资产折旧、社会纯收入的直接系数及完全系数如表1.8所示，表中部门代码与部门名称的对应关系参考表1.2。

表1.8　42个部门劳动报酬、固定资产折旧等的直接系数及完全系数

部门代码	直接系数 A_V	直接系数 A_D	直接系数 A_M	完全系数 B_V	完全系数 B_D	完全系数 B_M
01	0.5559	0.0292	0.0010	0.7737	0.0767	0.1496
02	0.2203	0.0513	0.1876	0.4053	0.1315	0.4630
03	0.1369	0.0621	0.3985	0.2646	0.1252	0.6103
04	0.1328	0.0337	0.1854	0.3407	0.1395	0.5198
05	0.1601	0.0533	0.1788	0.3568	0.1455	0.4978
06	0.0740	0.0336	0.1360	0.5289	0.1111	0.3600
07	0.0733	0.0232	0.0986	0.4502	0.1224	0.4272
08	0.1049	0.0144	0.1038	0.4459	0.1127	0.4413
09	0.0944	0.0179	0.1253	0.4269	0.1116	0.4613
10	0.0831	0.0366	0.1184	0.3430	0.1363	0.5210
11	0.0520	0.0334	0.0926	0.2862	0.1427	0.5709
12	0.0610	0.0289	0.1132	0.3349	0.1458	0.5196
13	0.0963	0.0359	0.1425	0.3319	0.1424	0.5255
14	0.0511	0.0279	0.1162	0.2887	0.1415	0.5702
15	0.0706	0.0244	0.1132	0.3127	0.1398	0.5478
16	0.0851	0.0227	0.1231	0.3239	0.1293	0.5472
17	0.0767	0.0232	0.0949	0.3420	0.1330	0.5251
18	0.0502	0.0140	0.1063	0.3059	0.1298	0.5645
19	0.0570	0.0263	0.0820	0.3267	0.1479	0.5250
20	0.0822	0.0190	0.1105	0.3409	0.1319	0.5273
21	0.1105	0.0204	0.1185	0.4195	0.1188	0.4618
22	0.0121	0.0044	0.7922	0.0383	0.0163	0.9455
23	0.0666	0.1203	0.0929	0.2955	0.2608	0.4433
24	0.0840	0.0789	0.0374	0.3179	0.1849	0.4970
25	0.2072	0.1680	0.0897	0.3831	0.2698	0.3471
26	0.1181	0.0124	0.1010	0.3648	0.1235	0.5118
27	0.1194	0.0863	0.2556	0.2918	0.1607	0.5475
28	0.3764	0.1341	−0.0200	0.5450	0.2154	0.2397
29	0.1136	0.2508	0.2359	0.2380	0.3202	0.4420

续表

部门代码	直接系数 A_V	A_D	A_M	完全系数 B_V	B_D	B_M
30	0.1453	0.0427	0.4132	0.2731	0.1082	0.6188
31	0.1038	0.0360	0.2360	0.4181	0.1133	0.4688
32	0.1791	0.0099	0.5004	0.2775	0.0625	0.6597
33	0.0906	0.4338	0.3094	0.1445	0.4586	0.3968
34	0.1118	0.0710	0.1403	0.3395	0.1664	0.4942
35	0.2596	0.0466	0.1300	0.4717	0.1254	0.4030
36	0.2810	0.0645	0.1921	0.4390	0.1299	0.4313
37	0.2551	0.1270	0.1325	0.4412	0.1922	0.3671
38	0.1302	0.0225	0.3062	0.3162	0.1040	0.5795
39	0.4389	0.0518	0.0688	0.5962	0.1168	0.2871
40	0.2299	0.0308	0.0825	0.4551	0.1255	0.4201
41	0.1956	0.0569	0.1774	0.4082	0.1392	0.4525
42	0.4762	0.0676	0.0052	0.6407	0.1336	0.2253

劳动报酬不同程度增长时，42个部门劳动报酬的完全系数 B'_V 如表1.9所示。

表1.9　42个部门劳动报酬完全系数 B'_V

劳动报酬增长率 部门代码	1%	3%	5%	7%	10%
01	0.7815	0.7969	0.8124	0.8278	0.8511
02	0.4093	0.4174	0.4255	0.4336	0.4457
03	0.2672	0.2725	0.2778	0.2831	0.2910
04	0.3441	0.3509	0.3577	0.3646	0.3748
05	0.3604	0.3675	0.3747	0.3818	0.3925
06	0.5342	0.5448	0.5554	0.5660	0.5818
07	0.4547	0.4637	0.4728	0.4817	0.4952
08	0.4503	0.4592	0.4682	0.4770	0.4905
09	0.4311	0.4397	0.4483	0.4568	0.4696
10	0.3464	0.3533	0.3603	0.3670	0.3773

续表

部门代码 \ 劳动报酬增长率	1%	3%	5%	7%	10%
11	0.2891	0.2948	0.3005	0.3062	0.3148
12	0.3383	0.3450	0.3518	0.3585	0.3684
13	0.3352	0.3418	0.3485	0.3551	0.3650
14	0.2916	0.2974	0.3032	0.3090	0.3176
15	0.3158	0.3220	0.3283	0.3345	0.3440
16	0.3272	0.3337	0.3402	0.3467	0.3563
17	0.3455	0.3522	0.3591	0.3660	0.3762
18	0.3089	0.3150	0.3212	0.3273	0.3364
19	0.3300	0.3365	0.3432	0.3496	0.3594
20	0.3443	0.3511	0.3580	0.3648	0.3750
21	0.4237	0.4321	0.4405	0.4488	0.4615
22	0.0386	0.0394	0.0402	0.0409	0.0421
23	0.2986	0.3044	0.3103	0.3163	0.3252
24	0.3211	0.3274	0.3338	0.3402	0.3497
25	0.3870	0.3946	0.4023	0.4100	0.4214
26	0.3684	0.3757	0.3830	0.3903	0.4012
27	0.2947	0.3006	0.3064	0.3123	0.3209
28	0.5505	0.5613	0.5722	0.5831	0.5994
29	0.2403	0.2451	0.2499	0.2547	0.2618
30	0.2759	0.2814	0.2868	0.2923	0.3004
31	0.4222	0.4306	0.4390	0.4474	0.4599
32	0.2803	0.2858	0.2914	0.2969	0.3052
33	0.1459	0.1488	0.1517	0.1545	0.1589
34	0.3428	0.3497	0.3565	0.3632	0.3734
35	0.4765	0.4859	0.4954	0.5048	0.5189
36	0.4434	0.4521	0.4610	0.4698	0.4829
37	0.4457	0.4545	0.4633	0.4721	0.4853
38	0.3193	0.3256	0.3320	0.3383	0.3478
39	0.6021	0.6141	0.6259	0.6379	0.6558
40	0.4596	0.4687	0.4779	0.4870	0.5006
41	0.4124	0.4205	0.4287	0.4368	0.4491
42	0.6472	0.6600	0.6728	0.6856	0.7048

运用投入产出价格变动模型的公式计算劳动报酬增长对42个部门产品价格的影响，测算出的产品价格增长幅度如表1.10所示。

表1.10　劳动报酬增长对42个部门产品价格的影响

代码	产业部门	1%	3%	5%	7%	10%
01	农林牧渔业	0.78%	2.32%	3.87%	5.41%	7.74%
02	煤炭开采和洗选业	0.38%	1.19%	2.00%	2.81%	4.02%
03	石油和天然气开采业	0.27%	0.80%	1.33%	1.86%	2.65%
04	金属矿采选业	0.34%	1.02%	1.70%	2.39%	3.41%
05	非金属矿及其他矿采选业	0.37%	1.08%	1.80%	2.51%	3.58%
06	食品制造及烟草加工业	0.53%	1.59%	2.65%	3.71%	5.29%
07	纺织业	0.43%	1.33%	2.24%	3.13%	4.48%
08	纺织服装鞋帽皮革羽绒及其制品业	0.43%	1.32%	2.22%	3.10%	4.45%
09	木材加工及家具制造业	0.40%	1.26%	2.12%	2.97%	4.25%
10	造纸印刷及文教体育用品制造业	0.37%	1.06%	1.76%	2.43%	3.46%
11	石油加工、炼焦及核燃料加工业	0.27%	0.84%	1.41%	1.98%	2.84%
12	化学工业	0.37%	1.04%	1.72%	2.39%	3.38%
13	非金属矿物制品业	0.31%	0.97%	1.64%	2.30%	3.29%
14	金属冶炼及压延加工业	0.33%	0.91%	1.49%	2.07%	2.93%
15	金属制品业	0.34%	0.96%	1.59%	2.21%	3.16%
16	通用、专用设备制造业	0.37%	1.02%	1.67%	2.32%	3.28%
17	交通运输设备制造业	0.36%	1.03%	1.72%	2.41%	3.43%
18	电气机械及器材制造业	0.32%	0.93%	1.55%	2.16%	3.07%
19	通信设备、计算机及其他电子设备制造业	0.29%	0.94%	1.61%	2.25%	3.23%
20	仪器仪表及文化办公用机械制造业	0.35%	1.03%	1.72%	2.40%	3.42%
21	工艺品及其他制造业	0.43%	1.27%	2.11%	2.94%	4.21%
22	废品废料	0.04%	0.12%	0.20%	0.27%	0.39%
23	电力、热力的生产和供应业	0.27%	0.85%	1.44%	2.04%	2.93%
24	燃气生产和供应业	0.30%	0.93%	1.57%	2.21%	3.16%
25	水的生产和供应业	0.39%	1.15%	1.92%	2.69%	3.83%
26	建筑业	0.37%	1.10%	1.83%	2.56%	3.65%
27	交通运输及仓储业	0.29%	0.88%	1.46%	2.05%	2.91%

续表

代码	产业部门	1%	3%	5%	7%	10%
28	邮政业	0.56%	1.64%	2.73%	3.82%	5.45%
29	信息传输、计算机服务和软件业	0.25%	0.73%	1.21%	1.69%	2.40%
30	批发和零售业	0.29%	0.84%	1.38%	1.93%	2.74%
31	住宿和餐饮业	0.43%	1.27%	2.11%	2.95%	4.20%
32	金融业	0.25%	0.80%	1.36%	1.91%	2.74%
33	房地产业	0.13%	0.42%	0.71%	0.99%	1.43%
34	租赁和商务服务业	0.34%	1.03%	1.71%	2.38%	3.40%
35	研究与试验发展业	0.49%	1.43%	2.38%	3.32%	4.73%
36	综合技术服务业	0.46%	1.33%	2.22%	3.10%	4.41%
37	水利、环境和公共设施管理业	0.50%	1.38%	2.26%	3.14%	4.46%
38	居民服务和其他服务业	0.28%	0.91%	1.55%	2.18%	3.13%
39	教育	0.60%	1.80%	2.98%	4.18%	5.97%
40	卫生、社会保障和社会福利业	0.52%	1.43%	2.35%	3.26%	4.62%
41	文化、体育和娱乐业	0.41%	1.22%	2.04%	2.85%	4.08%
42	公共管理和社会组织	0.61%	1.89%	3.17%	4.45%	6.37%

根据表1.10的统计结果进行纵向比较可以得知：各个部门技术特性的差异，导致其对劳动报酬的敏感程度各不相同。实现劳动报酬为7%的增长目标时，产品价格上涨幅度较大的行业依次为：农林牧渔业（5.41%），公共管理和社会组织（4.45%），教育（4.18%），邮政业（3.82%），食品制造及烟草加工业（3.71%），研究与试验发展业（3.32%），水利、环境和公共设施管理业（3.14%），纺织业（3.13%）。这些部门中劳动参与度较大，劳动成本在产品成本中所占比重较大，因此其产品价格对劳动报酬反应较为敏感。产品价格上涨幅度最小的四个行业依次为：石油和天然气开采业（1.86%），信息传输、计算机服务和软件业（1.69%），房地产业（0.99%）和废品废料（0.27%）。这些部门对资本要求较高，对劳动力的需求弱于资本，主要依靠增加资本投入或提高技术水平来增加产值。

针对各个部门的测算结果进行横向比较可以发现：产品价格上

涨幅度与劳动报酬增长幅度基本呈正相关,随着劳动报酬增长的幅度增大,其导致的产品价格上涨幅度也随之增大。

综观全局,劳动报酬不同程度增长对各部门产品价格产生的影响比较稳定。一般来讲,劳动越密集的产业部门对劳动报酬增长的反应越敏感;反之,对劳动要求较低的产业部门受劳动报酬变动的影响较小。

五 劳动报酬增长对我国物价水平的影响

劳动报酬变化以及由此产生的价格波及效应,会使居民消费价格水平、生产价格水平等随之发生变化。根据计算出的42个部门产品价格变化幅度,采用一定的权重,进一步计算劳动报酬增长对相关价格指数的影响。本书采用的各种价格指数与对应权重如表1.11所示。

表1.11 价格指数与对应权重

价格指数分类	权重分类
居民消费价格指数	居民消费权重
城市居民消费价格指数	城市居民消费权重
农村居发消费价格指数	农村居民消费权重
固定资产投资价格指数	固定资本形成权重
批发价格指数	中间使用权重
GDP平减指数	最终使用权重

依据《中国统计年鉴》中投入产出的基本流量表,能够界定各产业部门的价格指数权重。居民消费权重是各部门产品用于居民消费的总额与所有部门居民消费总额的比值;城市居民消费权重是各部门产品用于城市居民消费的总额与所有部门城市居民消费总额的比值;农村居民消费权重是各部门产品用于农村居民消费的总额与所有部门农村居民消费总额的比值;固定资本形成权重是各部门的固定资本形成总额与所有部门固定资本形成总额的比值;中间使用权重是各部门产品用于中间使用的总额与所有部门中间使用总额的

比值;最终使用权重是各部门产品用于最终使用的总额与所有部门最终使用总额的比值。经过核算42个部门的各类价格指数权重如表1.12所示。

表1.12　　　　　　42个部门各类价格指数权重

代码	居民消费权重	城市居民消费权重	农村居民消费权重	固定资本形成权重	中间使用权重	最终使用权重
01	11.55%	8.30%	21.22%	1.01%	6.21%	1.84%
02	0.15%	0.08%	0.36%	0	1.74%	0.03%
03	0	0	0	0	2.74%	0.07%
04	0	0	0	0	1.80%	0.12%
05	0	0	0	0	0.73%	0
06	17.28%	17.01%	18.10%	0	3.99%	0.85%
07	0.46%	0.36%	0.76%	0	3.26%	0.13%
08	5.87%	6.44%	4.18%	0	1.18%	0.10%
09	0.54%	0.57%	0.42%	1.12%	1.34%	1.12%
10	0.44%	0.49%	0.28%	0	2.40%	0.08%
11	0.77%	0.91%	0.37%	0	3.95%	−0.05%
12	2.43%	2.41%	2.52%	0	11.14%	0.44%
13	0.29%	0.32%	0.21%	0	3.97%	0.05%
14	0	0	0	0	11.14%	0.58%
15	0.43%	0.47%	0.29%	0.90%	2.50%	0.98%
16	0.07%	0.08%	0.02%	15.09%	4.55%	14.60%
17	2.54%	2.70%	2.09%	9.13%	3.37%	9.24%
18	1.99%	2.07%	1.75%	4.39%	3.12%	4.40%
19	2.01%	2.08%	1.80%	4.01%	5.29%	4.01%
20	0.19%	0.16%	0.25%	1.05%	0.78%	1.03%
21	1.43%	1.66%	0.77%	0.74%	0.46%	0.79%
22	0	0	0	0	1.00%	0
23	2.44%	2.55%	2.09%	0	5.48%	0
24	0.33%	0.38%	0.19%	0	0.13%	0
25	0.33%	0.37%	0.21%	0	0.16%	0
26	0.97%	1.29%	0	55.81%	0.36%	53.05%
27	2.43%	2.48%	2.30%	0.25%	4.43%	0.26%

续表

代码	居民消费权重	城市居民消费权重	农村居民消费权重	固定资本形成权重	中间使用权重	最终使用权重
28	0.06%	0.07%	0.03%	0	0.12%	0
29	3.09%	3.30%	2.44%	1.17%	1.00%	1.11%
30	8.02%	7.87%	8.47%	1.79%	2.66%	1.79%
31	5.95%	6.16%	5.33%	0	1.54%	0
32	4.29%	4.76%	2.91%	0	2.63%	0
33	7.83%	7.33%	9.32%	3.23%	0.67%	3.07%
34	1.27%	1.56%	0.38%	0	1.66%	0
35	0	0	0	0	0.24%	0
36	0	0	0	0.30%	0.59%	0.29%
37	0.30%	0.37%	0.11%	0	0.12%	0
38	4.15%	4.64%	2.69%	0	0.78%	0
39	4.44%	3.90%	6.06%	0	0.23%	0
40	4.85%	5.97%	1.51%	0	0.19%	0
41	0.79%	0.87%	0.55%	0	0.34%	0
42	0	0	0	0	0.02%	0

统计部门通过选择代表性商品的价格变化幅度来计算各种价格指数，而此处以不同产业整体价格理论变化幅度来计算各种价格指数。因此，采用该方法计算的价格指数与国家统计部门公布的价格指数实质是相同的，对政府及企业具有重要的参考意义。测算结果如表 1.13 所示。

表 1.13　　劳动报酬增长对物价总体水平的影响

劳动报酬增长率 价格指数	1%	3%	5%	7%	10%
居民消费价格指数	0.43%	1.27%	2.12%	2.96%	4.23%
城市居民消费价格指数	0.41%	1.23%	2.05%	2.87%	4.10%
农村居民消费价格指数	0.46%	1.39%	2.32%	3.24%	4.63%
固定资产投资价格指数	0.36%	1.05%	1.75%	2.44%	3.48%
批发价格指数	0.37%	1.08%	1.80%	2.52%	3.59%
GDP 平减指数	0.40%	1.18%	1.97%	2.76%	3.93%

表 1.13 测算结果表明，劳动报酬年均 7% 引发的物价上涨不超过 4%；如果劳动报酬增长幅度达 10%，消费价格指数会略超过 4%，需要引起相关部门的关注。

另外，消费类价格指数对劳动报酬增长最为敏感；在消费类价格指数内部，农村居民消费价格指数比城市居民消费价格指数敏感。当劳动报酬以 7% 的幅度增长时，居民消费价格指数达到 2.96%，城市最高收入户所面临的居民消费价格指数是 2.87%，而农村最低收入户所面临的居民消费价格指数是 3.24%。因此，必须充分重视劳动报酬增长引起的物价上涨对不同收入阶层，尤其是农村低收入阶层的影响，采取必要的有力措施保障农村低收入阶层的收入增长。

第四节 结论与启示

本书在投入产出基本模型的基础上，做了一些改进，使改进后的模型以相对数表现部门产品价格的变动幅度，对已知条件要求较小，应用范围更广，适用性更强。实证部分以 2007 年投入产出表为依据，运用改进的投入产出价格模型，度量了劳动报酬增长对各部门产品价格及总体物价水平的影响，得到如下结论。

首先，通过分析劳动报酬对三大产业产品价格影响的测算结果可以得知，劳动密集型行业广泛存在于三大产业中，其中第一产业对劳动依赖性最大。因此，测算结果中第一产业受劳动报酬增长的影响最大，第二产业所受影响明显低于第一产业，第三产业略低于第二产业。

其次，从对 42 个部门产品价格影响的角度看，生产过程中劳动消耗较大的农业、加工制造业和服务性行业等对劳动报酬变动的敏感度比较大；而信息传输、计算机服务和软件业、房地产业和废品废料等行业对资本或技术要求较高，对劳动报酬的敏感度较低。另外，研究表明，产品价格上涨幅度与劳动报酬增长幅度成正相关，产品价格上涨幅度随劳动报酬增长幅度的增大而增大。

最后，从劳动报酬变动对物价总水平的影响看，消费类价格指数比生产类价格指数敏感。在消费类价格指数内部,农村居民消费价格指数比城市居民消费价格指数敏感。这说明劳动报酬增长导致的物价上涨对农村居民的冲击大于城市居民,对低收入群体的冲击大于高收入群体。各类价格指数的增长情况表明,未来五年劳动报酬年均7%的增长目标引发的物价上涨不会超过4%;如果劳动报酬增长幅度达10%,消费价格指数会略超过4%,需引起相关部门的关注。

在测算劳动报酬增长对产品价格影响程度的基础上,提出四点政策建议:

首先,劳动报酬增长率应不高于劳动生产率提高的比率。如果劳动生产率增长缓慢,劳动报酬增长会成为物价上涨的一个引发因素。以价格理论看,劳动报酬增长幅度应略高于产品价格上涨幅度,而低于劳动生产率提高的幅度。否则会导致社会购买力与产品供给力的不平衡,货币供应量与货币需求量的不平衡,进而影响物价的稳定。因此,不断提高劳动熟练程度,实现劳动与技术紧密契合,提高劳动生产率是降低物价水平的一个有效途径。

其次,企业应该采用技术进步等多种管理手段降低综合成本,内部消化劳动报酬增长带来的成本压力,不把劳动报酬增长引发的成本上升直接转嫁给消费者。

再次,在经济迅速增长的形势下,为了减小劳动报酬增长导致的物价上涨对低收入阶层造成较大冲击,需要继续提高最低工资标准,以保障城乡低收入阶层的收入水平和消费水平。

最后,政府可以采取提高个人所得税起征点、改善社会福利等多种方式间接提高劳动报酬,减少劳动报酬直接增长对物价的推动作用。

第二章

薪酬水平对员工敬业度的影响

第一节 相关研究综述

一 相关概念及研究综述

薪酬是指员工因向其所在的组织提供劳务而获得的各种形式的报酬。狭义的薪酬指货币及可以转化为货币的报酬。广义的薪酬除了包括狭义的薪酬以外，还包括获得的各种以非货币的形式提供的报酬，如股权、期权、奖金、培训等形式。本书的薪酬水平是指员工实际取得的货币形式的狭义薪酬的水平，包括基本工资、岗位工资、绩效工资、生活水平调整增资等，用员工实际得到的月平均货币收入来衡量。

目前国内外关于薪酬水平的研究主要集中在薪酬水平的影响因素、薪酬水平和薪酬满意度的关系、CEO 薪酬水平对企业绩效水平的影响以及绩效薪酬对于员工满意度影响等方面。

关于薪酬水平的影响因素，Padmakumar Ram 和 Gantasala V. Prabhakar（2010）指出薪酬满意度的决定因素中最主要的依次为薪酬晋升、福利、行政因素、薪酬水平。[1] 吴海波（2009）实证研究了影响员工薪酬水平的各种因素，其中包括年龄、工龄、性别、学历、海外工作经历、毕业院校、所学专业、所在公司、职位等级、

---

[1] Ram, Padmakumar; Prabhakar, G. V., "Determinant of Pay Satisfaction: A Study of the Hotel Industry in Jordan", *European Journal of Social Sciences*, 2010 (3): 442–454.

所属行业以及所在省份整体薪酬水平。[①]

关于薪酬水平、绩效薪酬及薪酬公平与员工满意度的关系，Charlie O. Trevor、David L. Wazeter（2006）[②]、Dr Kamarul Zaman Ahmad（2010）[③] 指出以企业内部为参照的薪酬水平可以影响薪酬公平感；通过大量多层次的回归分析说明薪酬公平感和薪酬满意度之间的关系在较小规模的企业中是积极的，而在较大规模的企业中是消极的。Benjamin Artz（2008）[④]，Colin Green、John S. Heywood（2008）[⑤]，Konstantinos Pouliakas（2010）[⑥]，Anne C. Gielen、Marcel J. M. Kerkhofs、Jan C. van Ours（2010）[⑦] 指出在其他条件公平的前提下，在公司规模较大的情况下绩效薪酬水平的提高以及较高的奖金幅度可以提高工人的工作满意度，增加了工人达到最优化的机会，且并不会使工人的内在工作动力减弱。Donald B. Gratz（2009）[⑧]，Ateev Mehrotra、Melony E. S. Sorbero、Cheryl L. Damberg（2010）[⑨] 指出当绩效被明确定义并被广泛接受的时候，绩效薪酬才会起到激励作用，建立得分制的薪酬使员工为了更多地得分而积极工作，远比进行工作教育有效，且借鉴行为经济学的研究方法可以

[①] 吴海波：《企业员工薪酬水平影响因素实证研究》，《经济论坛》2009年第453（5）期，第89—90页。

[②] Trevor, Charlie O. ; Wazeter, David L. , "A Contingent View of Reactions to Objective Pay Conditions: Interdependence among Pay Structure Characteristics and Pay Relative to Internal and External Referents", *Journal of Applied Psychology*, 2006, 91 (6): 1260 – 1275.

[③] Ahmad, K. Z. , "Pay Equity Sensitivity and Person-Environment Fit", *Intenational Jounal of Psychologieal Studies*, 2010 (2): 127 – 135.

[④] Artz, B. , "The Role of Firm Size and Performance Pay in Determining Employee", *Job Satisfaction*, 2008, 22 (2): 315 – 343.

[⑤] Green, C. , Heywood, J. S. , "Does Performance Pay Increase Job Satisication", *Economica*, 2008 (75): 710 – 728.

[⑥] Pouliakas, K. , "Pay Enough, Don't Pay Too Much or Don't Pay at All? The Impact of Bonus Intensity on Job Satisfaction", *Kyklos*, 2010 (63): 597 – 626.

[⑦] Gielen, A. C. ; Kerkhofs, M. J. M. ; van Ours J. C. "How Performance Related Pay Affects Productivity and Employment", *Journal of Population Economics*, 2010 (23): 291 – 301.

[⑧] Gratz, D. B. , "The Problem with Performance Pay", *Educational Leadership*, 2009 (11): 76 – 79.

[⑨] Mehrotra, A. ; Sorbero, M. E. S. ; Damberg, C. L. , "Using the Lessons of Behavioral Economics to Design More Effective Pay-for-Performance Programs", *American Journal of Managed Care*, 2010, 16 (07): 497 – 503.

提高绩效薪酬的激励作用。Peter Dolton（2011）[①]，David E. Terpstra 和 Andre L. Honore（2009）[②] 指出在教育体系中采用绩效薪酬并加快薪酬的晋升对于提高整个组织的绩效水平有积极作用。Donald G. Gardner，Linn Van Dyne，Jon L. Pierce（2004）[③] 指出薪酬水平的提高会影响员工基于组织的自尊进而提高员工的绩效水平。吴先金、万正风（2005）[④]，汪雯（2007）[⑤] 对于西方的薪酬制度进行了述评，其中包括效率工资理论、激励理论、公平理论等，并从水平、结构和政策三方面对企业薪酬的均衡问题进行了分析，为企业制定科学化定量化的薪酬方案提供了依据。陈晓勤（2008）[⑥]、陈晶瑛（2010）[⑦] 指出提高员工的薪酬和福利水平，设计合理的薪酬等级能够激发员工的积极性，提高忠诚度和归属感，建立绩效薪酬和弹性薪酬能够影响薪酬满意度从而达到薪酬激励的目的。

关于 CEO 薪酬水平对企业绩效水平的影响，Gerwin Van Der Laan、Hans Van Ees（2010）[⑧]，Kevin F. Hallock、Regina Madalozzo、Clayton G. Reck（2010）[⑨]，Laarni Bulan、Paroma Sanyal、Zhipeng

---

[①] Dolton, P.; Marcenaro-Gutierrez, O. D., "If You Pay Peanuts Do You Get Monkeys? A Cross-Country Analysis of Teacher Pay and Pupil Performance", *Economic Policy*, 2011 (26): 5 - 55.

[②] Terpstra, D. E.; Honore, A. L., "Merit Pay Plans in Higher Education Institutions: Cliaracteristics and Effects", *Public Personnel Management*, 2009, 38 (04).

[③] Gardner, D. G.; van Dyne, L.; Pierce J. L., "The Effects of Pay Level on Organization-Based Self-Esteem and Performance: A Field Study", *Journal of Occupational and Organizational Psychology*, 2004 (77): 307 - 322.

[④] 吴先金、万正风：《企业薪酬均衡探讨》，《电子科技大学学报》（社会科学版）2005 年第 7 (3) 期，第 8—11 页。

[⑤] 汪雯：《薪酬的水平、差距与制度——现代西方企业薪酬管理理论述评》，《现代管理科学》2007 年第 11 期，第 36—38 页。

[⑥] 陈晓勤：《企业员工薪酬满意度研究》，《现代商贸工业》2008 年第 20 (2) 期，第 128—129 页。

[⑦] 陈晶瑛：《制造业员工的薪酬满意度实证研究》，《管理世界》2010 年第 1 期，第 179—180 页。

[⑧] Laan, G. V. D.; van Ees, H.; Witteloostuijn, A. V., "Is Pay Related to Performance in The Netherlands? An Analysis of Dutch Executive Compensation", 2002 - 2006, *De Economist*, 2010 (158): 123 - 149.

[⑨] Hallock, K. F.; Madalozzo, R.; Reck, C. G., "CEO Pay-for-Performance Heterogeneity Using Quantile Regression", *Financial Review*, 2010, 45 (1): 1 - 19.

Yan（2010）① 指出 CEO 的薪酬水平越高，其与企业绩效水平的相关性越强；企业生产率与 CEO 的绩效薪酬中的股票价值激励成倒 U 关系，与股票期权激励成正向关系。

二 敬业度的概念及相关研究综述

关于敬业度的概念，国内外并没有一致的定论，以下是几个员工敬业度概念的经典定义：

（1）Kahn（1990）对敬业度的定义作了概括，指出敬业度是个体在促进与他人有联系的工作进程中表达自我的心理状态，是从认知上、体力上和情感上全身心投入并积极地表达自我，是追求最佳角色表现的工作状态。他总结出"全情投入"的概念，当员工全情投入时，会表现并达到他们在认知、生理或情感上认同于工作角色所期望的绩效；当员工做不到全情投入时，会将自我脱离于工作角色之外，从而达不到去创造工作角色所要求的绩效，员工还可能会做出离职的决定，他指出了影响员工敬业度的心理因素分别为有效性、工作意义和安全感，员工敬业度更关心在执行任务过程中的心理感觉以及影响员工出勤率的外部环境。②

（2）Maslach（1997）等将员工敬业度的概念从工作倦怠的角度进行扩充，认为工作倦怠是敬业度的反面，其中敬业度以充沛的精力、工作全情投入和较高效能感为特点，敬业度高的员工能更好地进入工作状态并能做到与他人和谐相处，并且感觉能够完全地胜任工作任务。③

（3）杨玲（2007）④ 认为员工敬业度的定义除了韬睿咨询公司提出的意愿和能力两个因素外，还应包括员工对其所在公司工作环境、文化理念等产生的认同感。

---

① Bulan, L.; Sanyal, P.; Yan, Z., "A Few Bad Apples: An Analysis of CEO Performance Pay and Firm Productivity", *Journal of Economics and Business*, 2010 (4): 273 – 306.

② Kahn, W. A., "Psychological Conditions of Personal Engagement and Disengagement at Work", *Academy of Management*, 1990, 33 (4): 692 – 724.

③ Maslach, C.; Leiter, M. P., "The Truth About Burnout: How Organizations Cause Personal Stress and What to Do About It", *Jossey-Bass*, 1997.

④ 杨玲：《酒店员工满意度及其因素对敬业度的影响》，湖南师范大学，2007 年。

（4）方来坛、时勘（2010）更明确地提出员工敬业度是指在完成角色任务的工作进程中，员工把自身与其工作角色相结合，并对团队、工作本身及组织的承诺、认同以及投入的程度。[①]

尽管中外学者们对敬业度概念的定义有所不同，但都认为敬业度的衡量包括以下两个方面的内容：一是一种精力充沛、积极投入工作并充满活力的心理状态和工作状态；二是对工作及组织本身的认同。

目前关于敬业度的相关研究主要集中在影响敬业度的因素、敬业度与满意度及忠诚度的关系以及不同领域的人员其敬业度对绩效水平的影响等方面。

关于敬业度的影响因素，翰威特咨询公司的研究结论指出影响员工敬业度的7个因素分别为文化与目标、成长机会、全面薪酬、生活质量、工作内容、领导关系、人际关系。盖洛普咨询公司开发并利用 Q^{12} 量表测量团队和组织层面的敬业度，提出12个软性问题，来测评员工所在团队的工作环境及员工敬业度的高低，以此来测量与员工敬业度相关的工作环境因素对企业绩效的影响。Maureen F. Dollard, Arnold B. Bakker（2010）[②]、Bledow Ronald, Schmitt Antje, Frese Michael, Jana, Kuhnel（2011）[③]、Edgar Breso, Wilmar B. Schaufeli, Marisa Salanova（2011）[④] 通过研究指出员工的心理健康程度也会对员工的工作敬业度有预测性影响，而且员工的工作敬业度与正面情感和负面情感的交叉作用有关，如果正面情感紧随在负面情感之后，那么负面情感与工作敬业度正相关，同时员工通过对个人认知行为的干预，可以有效地减少倦怠，提高敬业度水平。

[①] 方来坛、时勘、张风华：《员工敬业度的研究述评》，《管理评论》2010年第5期，第47—55页。

[②] Dollard, M. F.; Bakker, A. B., "Psychosocial Safety Climate as APrecursor to Conducive Work Environments, Psychological Health Problems, and Employee Engagement", *Journal of Occupational and Organizational Psychology*, 2010, 83 (3): 579 – 599.

[③] Ronald, B.; Antje, S.; Michael, F.; Kuhnel, J., "The Affective Shift Model of Work Engagement", *Journal of Applied Psychology*, 2011, 96 (6): 1246 – 1257.

[④] Breso, E.; Schaufeli, W. B.; Salanova, M., "Can Self-Efficacy-Based Intervention Decrease Burnout, Increase Engagement, and Enhance Performance? A Quasi-Experimental Study", *Higher Education*, 2011, 61 (4): 339 – 355.

Uta Klusmann, Mareike Kunter（2008）①、P. Matthijs Bal（2010）②研究表明尽管学校数据与敬业度和精疲力竭情绪有关，但影响教师敬业度和精疲力竭情绪的关键因素是教师个体的差异，而且一个资源丰富的工作环境，可以促进教师每周的工作投入，从而间接地对敬业度产生积极的影响，这也证明了工作环境是影响敬业度的关键因素之一。肖圣洁（2012）③从企业人力资源管理的角度指出薪酬是影响党政人才敬业度的一个重要因素，薪酬的合理程度对员工的工作积极性和满意度产生重要的影响，并通过敬业度体现出来。张仲华（2007）指出组织的薪酬制度是否合理，以及员工是否认为企业薪酬体现公平，对员工敬业度产生的影响作用是最主要的。④

关于员工敬业度、满意度、忠诚度与企业绩效的关系，Andrew J. Wefald, Ronald G. Downey（2009）得出敬业度与满意度的相关性水平很高。⑤刘小平、邓靖松（2008）指出员工敬业度对企业绩效有着十分重要的影响，并对如何提高员工的敬业度提出了解决方案。⑥曾晖、赵黎明（2009）⑦采用《综合敬业度量表》（MEEI）对酒店服务业员工的敬业度情况进行调查，结论证明敬业度与绩效

---

① Klusmann, Uta; Kunter, M.; Trautwein, Ulrich; Ludtke, Oliver; Baumert, J., "Engagement and Emotional Exhaustion inTeachers: Does the School Context Make A Difference?" *Applied Psychology*, 2008, 57 (sl): 127 – 151.

② Bal, M. P.; Bakker, A. B., "Weekly Work Engagement and Performance: A Study Among Starting Teachers", *Journal of Occupational and Organizational Psychology*, 2010, 83 (1): 189 – 206.

③ 肖圣洁：《薪酬对党政人才敬业度影响研究》，《劳动保障世界》2012年第12期，第87—89页。

④ 张仲华：《影响员工敬业度的薪酬公平因素分析》，《科学与管理》2007年第1期，第43—45页。

⑤ Wefald, A. J.; Downey, R. G., "Construct Dimensionality of Engagement and its Relation With Satisfaction", *The Journal of Psychology: Interdisciplinary and Applied*, 2009, 143 (1): 91 – 112.

⑥ 刘小平、邓靖松：《员工敬业度探析》，《科学与管理》2008年第6期，第40—42页。

⑦ 曾晖、赵黎明：《企业员工敬业度的结构模型研究》，《心理科学》2009年第32 (1) 期，第231—235页。

密切相关并具有一定的职业特点。吴冰（2010）[①]将员工放在社会及组织网络中进行研究，详细探索了影响员工敬业度的组织网络因素，强调了组织氛围及社会网络与敬业度的关系，提出了许多具有针对性的建议。方来坛、时勘、张风华、高鹏（2011）[②]通过调查分析得出员工敬业度、工作满意度和工作绩效之间存在显著正相关关系；员工敬业度影响工作绩效，继而通过工作绩效体现出员工满意度的高低。

目前尚未发现直接研究薪酬水平对敬业度影响程度的相关文献，本书实证分析薪酬水平对敬业度的影响，是对组织行为理论及人力资源管理理论研究视角的拓展。

第二节 研究设计

一 研究假设

全球领先的人力资源管理咨询机构翰威特咨询公司的研究结果表明，影响敬业度的因素总体来说有六个方面，分别是人员因素、工作因素、薪酬因素、机遇因素、规程因素和生活质量因素。而在以上六个因素中，人员因素、薪酬因素和机遇因素这三种因素在多数情况下作为主要因素。其中，在薪酬这一因素上，最能引起员工关注的是基本工资。对基本工资满意的员工，其工作投入程度要高于那些对可变薪酬计划满意的员工。

中国人力资源开发网在2005年的在线调查结果显示，公司的福利待遇是影响员工敬业度的主要因素之一。

世界经理人网站在2006年所做的"最影响员工敬业度的因素是什么"的调查显示，薪酬、价值观和职业发展机会是影响员工敬业度的三个主要因素。

此外，组织支持理论认为，组织对员工的整体态度和支持程度，

[①] 吴冰：《社会网络视角下员工敬业度的培育与提升》，《中国人力资源开发》2010年第1期，第22—25页。

[②] 方来坛、时勘、张风华、高鹏：《员工敬业度、工作绩效与工作满意度的关系研究》，《管理评论》2011年第23（12）期，第108—115页。

如组织是否珍惜员工的劳动贡献、是否关心他们的福利待遇等，是导致员工是否愿意留在组织内部，并为组织做出贡献的主要原因。支持性和认可性的上级关系会促使员工以积极的态度、行为、较好的业绩来回报组织。

尽管许多研究表明了薪酬是影响敬业度的因素，但员工薪酬水平的不同是否会影响敬业度的水平尚未可知，为此，我们提出假设一：

H_1 员工薪酬水平对敬业度存在影响作用

1959年美国心理学家、行为科学家弗雷德里克·赫茨伯格创造了激励—保健因素理论，即"双因素理论"。该理论指出，使职工感到不满意的因素通常与工作关系或工作环境等外界因素有关。改善这些因素可以消除或预防职工的不满，但不能起到直接激励员工的作用，也不能有效地提高员工的满意度，故称为保健因素，包括监督方式、薪酬、公司政策与管理、人际关系、工作条件、工作安定、地位等。而使员工感到满意的某些因素，能够对员工起到较好的激励作用，调动员工的工作积极性，这些因素称为激励因素，包括晋升机会、工作表现机会、工作乐趣、工作成就感等。因此，调动员工积极性，提高员工满意度，要实现物质与精神的双向激励。

根据委托代理理论，企业所有者作为委托人，员工作为代理人，在信息不对称的前提下，如果没有有效的约束监督机制，代理人很容易做出与委托人利益相冲突的仅为了追求自身利益最大化的"败德行为"，这样即使实行薪酬激励，也依然无法保证员工的敬业度会因此而提高。

此外，菲尔与施密特建立的收入差距偏好模型，认为人们不仅关心自己的薪酬水平，还关心自己与他人薪酬水平的差距，即薪酬差距及分配的公平程度会影响薪酬激励的效果，这表明敬业度受到薪酬差距的影响，而个人的绝对薪酬水平对于敬业度的影响作用有限。路易斯·凯尔索等人提出的"二元经济"理论，指出必须将生产性的资本像劳动力报酬一样广泛分配，即：使每个公民都获得劳动收入和资本收入两种收入,员工出卖劳动力获得劳动收入的同时持有股票或者期权等资本收入,才能达到对员工的薪酬激励目的,由此看出单纯地提高员工的薪酬水平并不足以达到可持续提高员工敬业度的目的,薪酬政策必须加入股票或期权等资本收入的分配,才能达到激励员工的目的。

企业管理的实践经验也发现员工薪酬水平提高可以提升员工敬业度,但促进作用并未达到期望的可持续程度。综上所述,我们提出假设二与假设三:

H_2 随着员工薪酬水平的提高,敬业度呈现先升后降的倒 U 形曲线关系

H_3 随着员工薪酬水平的提高,敬业度上升,但上升速度逐渐下降,趋于平缓

二 变量定义

(一)控制变量的选取

针对敬业度影响因素的研究已经取得很多成果,研究表明员工的某些个体因素会对敬业度产生影响。不同学者对影响员工敬业度的各种人口统计学变量进行研究,结果显示工作岗位与敬业度相关,当样本数量扩大到 500—1000 人时,年龄、性别等因素显示出与敬业度具有显著相关性。操芳(2009)[①] 对知识员工敬业度进行实证研究,在对回收的调查问卷进行统计分析后,发现"企业员工因其个人属性(包括性别、年龄、部门、学历、工龄、职位)不同,敬业度有显著差异"。孙洁(2009)[②] 对敬业度的实证研究得出学历对敬业度的个别维度有影响。杨红明、廖建桥(2009)[③] 通过对我国公务员敬业度的实证研究得出结论:公务员敬业度由奉献和活力两个维度构成;男性公务员的活力和奉献程度显著高于女

[①] 操芳:《企业知识型员工敬业度研究》,江苏大学,2009 年。
[②] 孙洁:《员工敬业度定义与结构实证研究》,北京邮电大学,2009 年。
[③] 杨红明、廖建桥:《员工敬业度研究现状探析与未来展望》,《外国经济与管理》2009 年第 5 期,第 25—26 页。

性；工龄较长、职务较高、年长的公务员敬业度水平较高。袁凌、李健、郑丽芳（2012）[①]对国有企业知识型员工的实证研究表明，年龄及教育水平对敬业度的不同维度存在显著影响。因此，本研究选取以下变量作为控制变量：

（1）年龄。个体行为的变化会导致企业绩效的不同，而个体行为又因个体因素的不同而产生差异。文献研究表明年龄的差异会导致个体行为的不同结果，而员工个体行为又会对敬业度产生影响。因此，本书选取年龄作为敬业度研究的控制变量。

（2）学历。在社会活动中，随着个体学历水平的提高，高层次的社会参与和学术参与次数也随之增加（Hu，2011）。学生积极参与社会活动的持久性与学生的学术水平层次是相关的（Young，2010）。因此，本书选取学历作为敬业度研究的控制变量。

（3）职位。建立合理的员工晋升渠道是企业人力资源激励的有效措施，也是员工职业生涯规划的重要环节，升职是企业对员工工作努力的认可，职位的不同必然造成员工对工作敬业水平的差异。翰威特咨询公司研究得出，敬业的员工往往会采取积极的行动提升自己在企业中的价值，这种价值观的外在表现为对公司战略政策的支持，内在表现为对更高职位所愿意付出的努力以及自我完善。因此，本书选取职位作为敬业度研究的控制变量。

（4）工作年限。工作年限对企业人力资源管理者职业高原整体状态存在显著性影响，人力资源管理者工作年限越长，对职业高原的感受越强烈。Gifford（2011）[②]、Yancey（2005）[③]对成年人社会参与程度、不同年龄人员在信息试验中的行为及员工行为预测机制等的研究中都将工作年限作为影响因素。因此，本书选取工作年限作为敬业度研究的控制变量。

[①] 袁凌、李健、郑丽芳：《国有企业知识型员工敬业度结构模型及其实证研究》，《科技进步与对策》2012年第3期，第76—78页。

[②] Gifford, R.; Comeau, L. A., "Message Framing Influences Perceived Climate Change Competence, Engagement, and Behavioral Intentions", *Global Environmental Change*, 2011, 21(4): 1301-1307.

[③] Yancey, D. L., "The Predictability of Performance Using the Q12 Engagement Survey", Roosevelt University, 2005.

（二）问卷设计

通过选取控制变量，并借鉴心理学及企业管理研究的调查问卷，本书设计了《员工敬业度调查问卷》，包含如下具体内容：

（1）年龄（Age）：18岁以下=1，18—25岁=2，26—30岁=3，31—35岁=4，36—40岁=5，41—45岁=6，46—50岁=7，51—55岁=8，55岁以上=9。

（2）学历（Education）：高中以下=1，高中=2，专科=3，本科=4，硕士=5，博士=6。

（3）职位（Position）：技工=1，专业技术人员=2，班/组长等初级管理人员=3，主管等中级管理人员=4，副总经理等中高级管理人员=5，董事长/总经理等高级管理人员=6。

（4）工作年限（Tenure）：未满一年=1，1—2年=2，3—5年=3，6—10年=4，11—15年=5，16—20年=6，21—25年=7，26—30年=8，30年以上=9。

（5）月平均收入（Pay）：1500元以下=2，1501—3000元=4，3001—4500元=6，4501—6000元=8，6001—7500元=10，7501—9000元=12，9001—12000元=16，12001—15000元=20，15001—20000元=28，20000元以上=40。

（6）敬业度（Engagement）：本书借鉴咨询公司行为量表，编制了以员工工作的主动性和积极性为标准来衡量敬业度等级的《敬业度行为量表》：

表2.1　　　　　　　　　　敬业度行为量表

敬业度等级	敬业度行为描述
1	认为工作标准太高，实在难以达到，只要得到基本工资福利待遇就好（工作努力程度和绩效都未达到岗位基本要求）
2	付出一定努力，完成基本工作任务，未充分发挥潜力
3	尽量解决面对的困难，在现有岗位上会尽己所能做好工作，如果代价或成本较高或力所不及就放弃，未想过创造条件完成任务（工作付出80%的努力）
4	具有较少的工作倦怠，总体上可以保持每一天较好的工作状态
5	积极完善自我，提高工作技能，完善专业知识，主动搜集工作所需的相关信息和拓展工作技能、方法（工作付出超过100%，自愿超时工作）

续表

敬业度等级	敬业度行为描述
6	不断提升工作目标，承担更多的工作责任
7	即使面临失败也坚持在工作方式、工作内容上持续创新
8	组织目标和个人目标协同合一，将组织的发展目标转化为自己的发展目标，实现个人与组织的同步成长
9	倡导新思想、新观念并影响他人，以实现新的价值观

此外，问卷还包含性别（男、女）及企业性质（国有企业、民营企业）两个背景变量，作为分类讨论的依据。

（三）调查对象选取

山东省是经济大省，其主导产业是工业，在其工业发展中，制造业占主导地位。山东省的制造业门类齐全，有些行业更是在全国的产业发展中具有举足轻重的地位，其制造业发展在较好的资源基础条件下，利用人口优势，吸纳了大量的劳动力，并经过产业结构调整和科技创新，形成了一定的规模经济，在全国范围内具有较强的竞争力。因此本书选择山东省制造业作为研究对象，选取了山东省青岛市、济南市、烟台市、德州市四个地市的行业领先、规模较大的10家代表性企业为研究样本，企业涉及石化工业、通信设备制造、肥料制造、啤酒制造、合成纤维制造、电机制造等行业。实地发放300份调查问卷，针对问卷问题对企业员工进行逐一讲解，并对员工进行深入访谈，最终收回有效问卷298份。

第三节 实证分析

根据研究假设，对搜集到的问卷数据进行分析处理，并对统计结果加以解释和讨论。利用SPSS18.0及Eviews7.0这两种统计软件，先对问卷进行描述性统计分析；再进行问卷的信度效度分析及控制变量的多重共线性检验；然后对问卷数据进行回归分析得出基本结论；利用分位数回归对结论进行深入剖析，最后对数据进行分类，讨论不同背景下薪酬水平对敬业度影响的差异性。

一 描述性统计分析

描述性统计分析用以说明样本资料的基本结构,本书通过对数据进行描述性统计分析,可以得出数据的基本信息,包括因变量、自变量和控制变量的均值、标准差、最大值、最小值,另外得出各变量间的相关系数及其显著性。相关系数在 1 和 -1 之间,相关系数的绝对值越接近于 1 时,变量之间的相关性就越高。相关系数绝对值在 0—0.1 之间表示相关较弱;相关系数绝对值在 0.1—0.4 之间表明低度相关;相关系数绝对值在 0.4—0.7 之间表明中度相关;而相关系数绝对值在 0.7 以上则表示高度相关。表 2.2 为描述性统计。

表 2.2 描述性统计

变量	均值	标准差	最大值	最小值	年龄	学历	职位	工作年限	月平均收入	敬业度
年龄	3.99	1.768	9	1	1	-0.182***	0.497***	0.891***	0.374***	0.396***
学历	2.84	0.978	5	1		1	0.403***	-0.250***	0.341***	0.488***
职位	2.57	1.370	6	1			1	0.424***	0.747***	0.862***
工作年限	3.89	1.947	9	1				1	0.335***	0.361***
月平均收入	6.33	5.984	40	2					1	0.817***
敬业度	4.43	1.734	9	1						1

上表中各变量的均值、标准差、最大值、最小值数值均以上述变量定义中的代码表示。各变量的相关系数上 *** 表示 $p<0.01$ 水平下显著,$n=298$。根据上表数值可知除工作年限(Tenure)与年龄(Age)之间的相关系数较高属于自然相关外,其余控制变量间相关系数均小于 0.5,表明控制变量间相关程度较低,问卷设计合理。自变量(Pay)与因变量(Engagement)间相关系数为 0.817,且相关显著,表明了敬业度与员工薪酬水平之间存在正相关关系。

二 信度、效度与多重共线性检验

信度是指测量结果的可靠程度,即问卷调查所得的测量结果的一致性和稳定性。Cronbach's Alpha 系数是衡量内部一致性最为普遍的方法,其数值在 0.6 以上是可以接受的信度值。效度检验涉及对量表测量与外部标准之间关系的评价,是指一种测量工具真正能够准确测量出所欲测量的事物的特质和属性的程度,即测量接近真实的程度。本书主要检验结构效度,即某问卷测验的实际得分能解释某一特质的程度。KMO 检验统计值大于 0.5 且 Bartlett's 球形检验结果显著,是可以接受的效度值。本研究用方差膨胀因子 VIF 检验变量是否存在多重共线性,VIF 越大,显示多重共线性越严重,VIF 在 0 到 10 之间表示变量间不存在多重共线性,当 VIF 大于 10 时,表明变量间存在较强的多重共线性。

表 2.3　　　　　　信度、效度与多重共线性检验

变量	容忍度	方差膨胀因子	克朗巴哈系数		0.708
年龄	0.187	5.355	KMO 值		0.730
学历	0.617	1.622	Bartlett's 球形检验	近似卡方	1466.025
职位	0.499	2.005		自由度	15
工作年限	0.196	5.094		相伴概率	0.000

Cronbach's Alpha 可靠性系数为 0.708,表明问卷的信度较高。KMO 值为 0.730,Bartlett 球度检验给出的相伴概率为 0.000,小于显著性水平 0.05,表明问卷的效度较高。各控制变量的容忍度(Tolerance)均大于 0.1,膨胀因子(VIF)均小于 10,表明各变量之间不存在多重共线性。

三 回归分析

(一) 逐步回归分析

多元线性回归分析是用来分析一个变量与多个变量之间线性关系最常用的统计方法,可以检验自变量及控制变量对因变量影响的显著程度,并比较它们影响作用的大小,进而用两个或多个变量的

变化解释和预测因变量的变化情况。本研究首先采用逐步回归的方法进行回归分析，然后采用分位数回归方法进行进一步深入分析。

将薪酬水平（Pay）作为自变量，员工敬业度（Engagement）作为因变量进行逐步回归分析，结合假设得出各模型的回归系数表和回归统计量表。表2.4中数据为各模型中各变量的系数值及其t检验值。

表2.4　　　　　　　　　逐步回归分析结果

变量	模型1 系数	模型2 系数	模型3 系数	模型4 系数
常数项	0.665***	1.029***	0.702***	-0.204
	3.121	(5.526)	(4.459)	(-1.527)
年龄	-0.110**	-0.092*	-0.027	0.025
	(-1.758)	(-1.701)	(-0.603)	(0.650)
学历	0.385***	0.334***	0.237***	0.184***
	(6.166)	(6.209)	(5.211)	(4.791)
职位	0.944***	0.617***	0.366***	0.275***
	(19.029)	(11.642)	(7.452)	(6.599)
工作年限	0.178***	0.143***	0.075*	0.024
	(3.202)	(3.000)	(1.858)	(0.690)
薪酬水平（Pay）		0.107***	0.393***	
		(10.305)	(14.937)	
Pay^2			-0.007***	
			(-11.500)	
ln（Pay）				1.994***
				(22.838)
R^2	0.776	0.835	0.886	0.919
F检验统计量	253.501	296.846	380.591	667.442
AIC	2.474	2.170	1.802	1.455
F统计量概率	0.000	0.000	0.000	0.000

模型1与模型2比较可以看出，模型2的拟合优度R^2较高，表明加入自变量后回归方程更加显著，假设一得到支持，即员工薪酬水平对敬业度存在影响作用。模型3与模型4比较可以看出，模型4的拟和优度R^2较高，F统计量值较高且F统计量的显著值为

0.000，AIC 值最小，其回归方程有效，因此假设 H_3 得到支持，表明随着员工薪酬水平的提高，敬业度上升，但上升速度逐渐下降，趋于平缓，拒绝假设 H_2。

（二）分位数回归分析

分位数回归方法是利用解释变量的多个分位数（例如四分位、十分位、百分位等）来得到被解释变量的条件分布的相应的分位数方程。本研究选取解释变量的十分位数即解释变量的 0.1—0.9 共 9 个分位点，观察自变量和控制变量对因变量影响程度的变化情况。表 2.5 和表 2.6 中数据为各分位点上各变量的系数值及其 t 检验值。

表 2.5　　　　　　　　分位数回归分析结果

变量	分位数				
	0.1	0.2	0.3	0.4	0.5
	系数	系数	系数	系数	系数
常数项	-0.967***	-0.690***	-0.593***	-0.504***	0.019
	(-4.975)	(-3.608)	(-3.018)	(-2.893)	(0.118)
年龄	-0.044	-0.048	-2.47E-17	0.034	-1.85E-16
	(-0.998)	(-0.950)	(-4.11E-16)	(0.726)	(-4.13E-15)
学历	0.164***	0.189***	0.218***	0.253***	0.133**
	(3.232)	(3.439)	(4.089)	(5.728)	(2.353)
职位	0.275***	0.308***	0.307***	0.255***	0.152**
	(5.190)	(6.952)	(6.704)	(4.777)	(2.013)
工作年限	0.121***	0.104**	0.051	0.023	0.019
	(3.566)	(2.413)	(0.915)	(0.513)	(0.471)
ln(Pay)	2.061***	1.971***	1.944***	1.984***	2.228***
	(18.694)	(26.529)	(26.356)	(20.452)	(13.446)
R^2	0.694	0.693	0.709	0.698	0.708
F 检验统计量	570.537	745.779	866.904	860.667	1086.848
F 统计量概率	0.000	0.000	0.000	0.000	0.000

续表

变量	分位数			
	0.6	0.7	0.8	0.9
	系数	系数	系数	系数
常数项	0.100	0.148	1.04E−15	0.633
	(0.912)	(1.341)	(7.74E−15)	(0.917)
年龄	0.005	−0.007	0.048	0.100
	(0.150)	(−0.251)	(0.962)	(1.249)
学历	0.060**	0.040	0.097***	0.167*
	(2.003)	(1.544)	(2.648)	(1.701)
职位	0.083**	0.061**	0.097**	0.300***
	(2.203)	(1.987)	(1.981)	(4.663)
工作年限	0.010	0.018	4.05E−16	−0.067
	(0.348)	(0.701)	(1.06E−14)	(−0.974)
ln（Pay）	2.491***	2.573***	2.466***	1.924***
	(26.801)	(28.578)	(15.903)	(4.016)
R^2	0.735	0.735	0.725	0.746
F检验统计量	1600.002	1782.725	1359.665	546.744
F统计概率	0.000	0.000	0.000	0.000

根据分位数回归分析结果可以看出，在各分位数上，年龄（Age）对敬业度的影响作用均不显著，而学历（Education）和职位（Position）在各分位数上对敬业度的影响作用均比较显著，工作年限（Tenure）对敬业度的影响作用在低分位数上较显著，在中高分位数上不显著，表明工作年限较高时，其对敬业度的促进作用不明显。薪酬水平（Pay）对敬业度的影响作用在各分位数水平上均十分显著。为了更直观地反映对敬业度产生显著影响的各变量对敬业度影响作用在不同分位点上的变化情况，绘制以下各变量的参数估计变化图。

由图2.1可以看出，薪酬水平对敬业度的影响程度总体呈现先升后降的趋势，从0.7分位点开始逐渐下降，对应薪酬水平在（3000—4500元）这个区间上，薪酬水平对敬业度的影响程度逐渐下降，敬业度水平对薪酬水平的边际增加量降低。该结果表明在薪酬水平较低的区间内,薪酬水平对敬业度的激励作用较强,此时通过提高薪酬水平可以达到提高敬业度水平的目标。而薪酬水平增加到较高区间内时,薪酬水平对敬业度的激励作用减弱,通过提高薪酬水平不能够达到大幅度提高敬业度的目标。

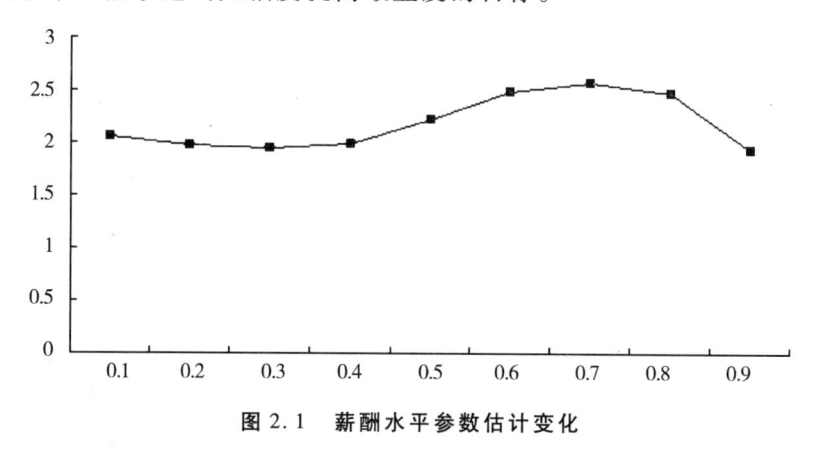

图 2.1 薪酬水平参数估计变化

由图 2.2 可以看出,学历对敬业度的影响程度在低分位数区间逐渐升高,在中分位数区间逐渐降低,在高分位数区间逐渐升高,这表明在学历较低时,随着学历的升高,敬业度升高的趋势增强,在学历中等的区间内,学历这一因素对敬业度的促进作用减弱,而学历较高的区间内,学历对敬业度的促进作用随着学历的提高,有增强的趋势。

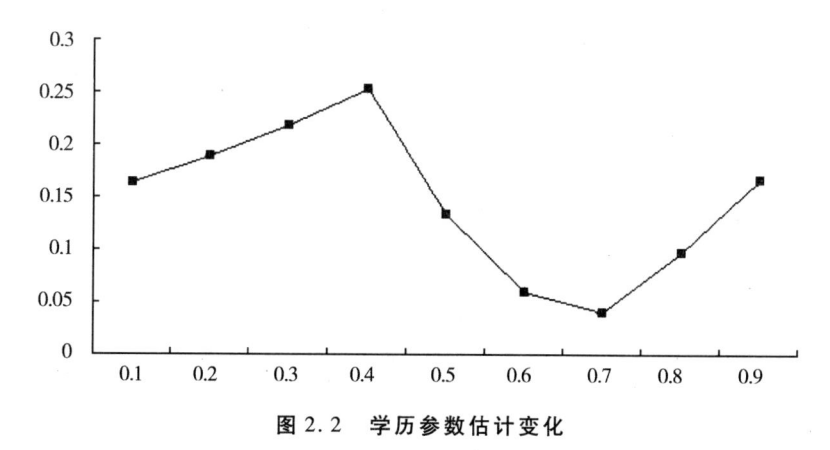

图 2.2 学历参数估计变化

由图 2.3 可以看出，职位对敬业度的影响作用在中低分位数逐渐降低，在高分位数区间大幅度升高，表明职位较低时，职位这一因素对敬业度的促进作用逐渐减弱，而职位较高时，随着职位提高，职位对敬业度的促进作用会大幅度增强。

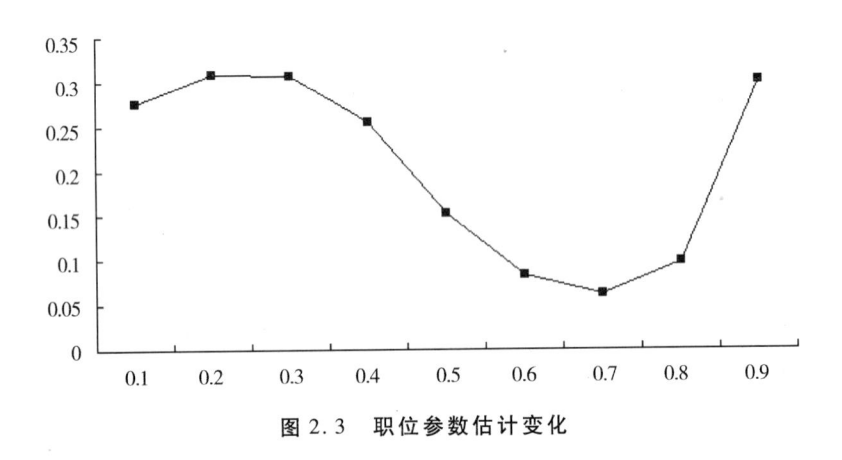

图 2.3 职位参数估计变化

(三) 类别分析

1. 性别分类分析

Rothbard (2001) 从工作与家庭因素的角度研究了性别差异对敬业度的影响，结论表明，女性的敬业度相较于男性更易受到家庭因素的正面或者负面影响。因此，性别的不同会导致敬业度的差异。下面将样本数据分为男性和女性两类，对样本的基本情况进行描述性统计，本书分别统计了男女样本的数量及各变量的最大最小值。

表 2.6　　　　　性别分类的描述性统计

性别	样本数量	年龄 最小值	年龄 最大值	学历 最小值	学历 最大值	职位 最小值	职位 最大值	工作年限 最小值	工作年限 最大值	薪酬水平 最小值	薪酬水平 最大值	敬业度 最小值	敬业度 最大值
男性	174	1	9	1	5	1	6	1	9	2	40	1	9
女性	124	2	8	1	5	1	6	1	9	2	28	1	9

描述性统计发现，样本数目上男性高于女性，这也反映出制造业企业中男性员工人数大于女性员工人数的现实情况。男性和女性样本中各变量的最大值和最小值略有差异。通过对男性女性样本分别进行回归，也验证了前述假设 H_3，即在不同性别的样本中，随着员工薪酬水平的提高，敬业度上升，但上升速度仍是逐渐下降，趋于平缓。下面对男性和女性样本对数曲线模型中的各变量参数进行比较。

表 2.7　　　　　　　　　　性别分类的参数比较

性别	样本数量	年龄 系数	学历 系数	职位 系数	工作年限 系数	ln（Pay） 系数	常数项 系数
男性	174	0.010 (0.208)	0.174*** (3.479)	0.362*** (6.479)	0.017 (0.372)	1.807*** (15.466)	0.012 (0.068)
女性	124	0.036 (0.549)	0.191*** (3.086)	0.139** (2.204)	0.046 (0.898)	2.282*** (17.165)	-0.504** (-2.476)

根据性别分类的回归分析结果可以看出，控制变量中，学历（Education）和职位（Position）分别对男性和女性的敬业度产生显著的影响，而年龄（Age）和工作年限（Tenure）对男性和女性样本的敬业度均没有显著影响，这和前述整体样本所反映的情况相同。

女性样本的学历系数大于男性样本，表明女性样本的敬业度水平受学历的影响大于男性样本。男性样本的职位系数大于女性样本，表明男性样本的敬业度水平受职位的影响大于女性样本。

自变量薪酬水平（Pay）对男性和女性样本的敬业度影响均十分显著，且女性样本的薪酬水平系数大于男性样本，表明女性样本的敬业度水平受薪酬水平的影响大于男性样本，比起男性样本，提高薪酬水平，对女性样本的敬业度会起到更大的促进作用。

2. 企业分类分析

国有企业与民营企业在地位、性质以及发展改革的状况等方面均有不同，这就决定了国有企业和民营企业的文化、发展理念各有不同。翰威特咨询公司的研究得出了影响员工敬业度的 7 个因素：

文化与目标、成长机会、全面薪酬、生活质量、工作内容、领导关系、人际关系。越来越多的研究也证明企业的重视与组织认同程度及个人成长机会的不同，都会对敬业度产生影响，而这些因素在我国的国有企业和民营企业中是有很大差异的。因此，本书根据企业性质不同，将样本分为国有企业的员工样本和民营企业的员工样本两类，分析比较不同性质企业背景下的员工敬业度的差异。

首先对样本的基本情况进行描述性统计，分别统计了国有企业和民营企业样本的数量及各变量的最大最小值。

表2.8　　　　　　　　　企业分类的描述性统计

企业	样本数量	年龄 最小值	年龄 最大值	学历 最小值	学历 最大值	职位 最小值	职位 最大值	工作年限 最小值	工作年限 最大值	薪酬水平 最小值	薪酬水平 最大值	敬业度 最小值	敬业度 最大值
国企	144	2	9	1	5	1	6	1	9	2	40	1	9
民企	145	1	9	1	5	1	6	1	9	2	40	1	9

描述性统计发现，样本数目上国有企业和民营企业相当。通过对国有企业和民营企业员工样本分别进行回归，也验证了前述假设H_3，即在不同性质企业员工的样本中，随着员工薪酬水平的提高，敬业度上升，但上升速度仍是逐渐下降，趋于平缓。下面对国有企业员工和民营企业员工样本对数曲线模型中的各变量参数进行比较。

表2.9　　　　　　　　　企业分类的参数比较

企业	样本数量	年龄 系数	学历 系数	职位 系数	工作年限 系数	ln（Pay）系数	常数项 系数
国企	144	-0.027 (-0.467)	0.255*** (5.077)	0.165*** (2.658)	0.120** (2.302)	2.099*** (16.387)	-0.551*** (-2.863)
民企	154	0.049 (0.963)	0.141** (2.423)	0.369*** (5.839)	0.048 (1.005)	1.963*** (15.857)	-0.073 (-0.384)

根据企业分类的回归分析结果可以看出，控制变量中，学历（Education）和职位（Position）分别对国有企业员工和民营企业员

工的敬业度产生显著的影响，而年龄（Age）对国有企业员工和民营企业员工样本的敬业度均没有显著影响。在国有企业员工样本中，工作年限（Tenure）对敬业度呈现显著的正向影响作用，而在民营企业样本中，工作年限（Tenure）对敬业度的影响作用不显著。

国有企业员工样本的学历系数大于民营企业员工样本，表明国有企业员工样本的敬业度水平受学历的影响程度大于民营企业员工样本。国有企业员工样本的职位系数小于民营企业员工样本，表明国有企业中员工敬业度水平受职位的影响小于民营企业员工。

自变量薪酬水平（Pay）对国有企业员工和民营企业员工样本的敬业度影响均十分显著，且国有企业员工样本的薪酬水平系数略大于民营企业员工样本，表明国有企业员工的敬业度水平受薪酬水平的影响大于民营企业员工。比起民营企业，在国有企业中，提高薪酬水平对敬业度会起到更大的促进作用。

第四节 研究结论、不足及建议

一 研究结论与不足

本书首先对敬业度及薪酬水平的相关研究文献进行综述，在此理论基础上，针对薪酬水平与敬业度的关系提出研究假设，据此设计了调查问卷，并实地搜集数据，对数据进行实证分析，其中包括整体样本的回归分析和对样本分类别进行的回归分析，对回归分析得到的统计结果加以解释和讨论。本书最终得到以下结论：

（1）员工薪酬水平提高，敬业度呈现上升趋势，但上升速度逐渐降低。本研究回归分析的结果验证了上述员工薪酬水平与敬业度之间的相关关系。图 2.4 为薪酬水平对敬业度影响的散点示意图，可以直观地看出调查样本的薪酬水平与敬业度分别对应的数值分布情况，从而描绘出薪酬水平对敬业度的影响情况。根据分位数回归结果，得出薪酬水平对敬业度的影响程度呈现先升后降的趋势，在薪酬水平较低的区间内，薪酬水平对敬业度的激励作用较强，此时通过提高薪酬水平可以达到大幅度提高敬业度水平的目标。而薪酬水平增加到较高区间内时，薪酬水平所对应的敬业度水平的边际增加量降低，薪酬水平对敬业度的激励作用减弱，提高薪酬水平对提升敬业度无实际效果。

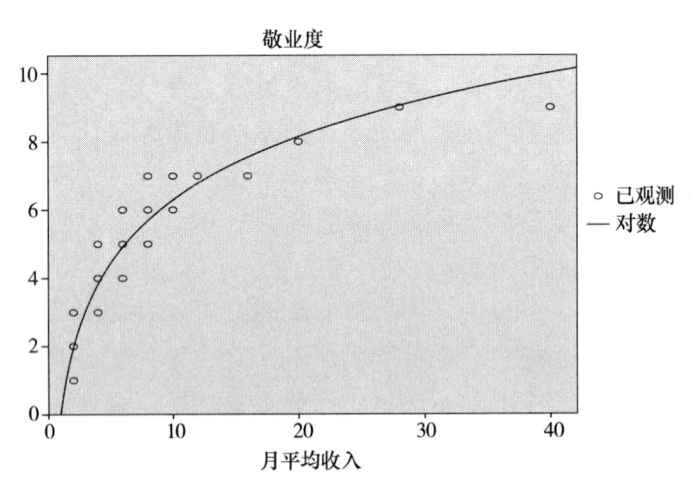

图 2.4 薪酬水平与敬业度散点示意

根据性别分类进行回归分析得出结论，女性样本的敬业度水平受薪酬水平的影响大于男性样本，比起男性样本，提高薪酬水平，对女性样本的敬业度会起到更大的促进作用。根据企业性质分类进行回归分析得出结论，国有企业员工的敬业度水平受薪酬水平的影响大于民营企业员工。比起民营企业，在国有企业中，提高薪酬水平对提升员工敬业度会起到更大的促进作用。

（2）员工的学历及职位对敬业度具有积极的促进作用。根据总体样本回归分析结果得出结论，学历及职位与员工敬业度呈现显著的正相关关系。根据总体样本分位数回归分析得出结论，在学历较低时，随着学历的升高，敬业度升高的趋势增强，在学历中等的区间内，学历这一因素对敬业度的促进作用减弱，而学历较高的区间内，学历对敬业度的促进作用随着学历的提高有增强的趋势；职位较低时，职位这一因素对敬业度的促进作用逐渐减弱，而职位较高时，随着职位提高，职位对敬业度的促进作用会大幅度增强；工作年限对敬业度的影响作用在工作年限较低的区间内呈现显著的正相关关系，而在工作年限较高时，其对敬业度的促进作用不明显。

根据性别分类进行回归分析得出结论，女性样本的敬业度水平受学历的影响大于男性样本，女性学历越高，会对其敬业度起到更大的促进作用。男性样本的敬业度水平受职位的影响大于女性样本，男性职位越高，会对其敬业度起到更大的促进作用。根据企业性质分类进行回归分析得出结论，国有企业中员工敬业度水平受学历的影响程度大于民营企业中的员工。国有企业中员工敬业度水平受职位的影响小于民营企业中的员工。

（3）在国有企业中，员工工作年限对敬业度呈现显著的正向影响作用，而在民营企业中，员工工作年限对敬业度的影响作用不显著。

本书的不足之处在于：首先，本书用于衡量敬业度的量表并不能完全覆盖衡量敬业度的所有因素，从而不能做到精确地衡量员工敬业度的数值量度。其次，本书以山东省制造业企业为例，抽取的样本企业来自山东省的不同城市，由于城市发展水平不同，且薪酬水平难免受到企业所在城市发展水平及经济水平的影响，故薪酬水平的相对性没有得到体现，且没有挖掘企业中薪酬水平的纵向差距给员工敬业度带来的影响。最后，由于数据搜集的困难性，使得样本容量较小。

二　对企业管理实践的建议

2013年年底发布的全球雇员敬业度调查结果显示，全球员工的敬业比例为13%，而中国远远低于世界水平，敬业员工比例只有6%，其中，文秘和办公室员工的敬业程度最低仅为3%，且中国员工敬业度较低的样本更多地集中在25岁以下的基层员工。中国的员工工作勤恳刻苦，这都是有目共睹的，但勤劳不等同于敬业，面对我国劳动力过剩的现实，就业压力加大，很多劳动者把工作当成饭碗，职业认同度低，工作投入程度也相应不高，难以做到"敬业"，因此，提升我国企业员工敬业度任重而道远。本书根据实证研究结论，提出以下建议：

（1）企业应制定合理的薪酬政策，对于薪酬水平较低的基层员工，企业应当提高薪酬水平以提升员工敬业度，而对于薪酬水平较高的管理层员工，应更加重视在薪酬外的其他方面促进其敬业度的提升，如成长机会、企业文化、和谐的组织氛围和优化的管理模式等方面。薪酬是员工劳动价值的具体体现，是员工工作业绩的回报。对于薪酬水平较低的企业基层员工，生存保障的需求成为他们的首要需求，其他的激励因素必须在基本保障得以实现的基础上才能发挥效用，低底薪高奖励的薪酬体系并不适合他们，反而会造成基层员工的工作恐慌及大量流失。而对于管理层员工，他们的首要需求是更高层次的自我实现需求，薪酬水平并不是吸引他们的唯一因素，他们更需要物质薪酬之外的精神满足。合理的薪酬福利体系能够体现企业对人才的尊重和认可，企业的薪酬福利体系必须具备竞争力，必须能够满足各层次员工的不同需要，使员工在满意的基础上实现合理和公正。

（2）企业应制订合理的职业晋升计划，重视员工的职业发展机会，同时，应对员工进行系统的培训，弥补学历不高的员工在完成工作任务过程中面临的认知困难，提高员工的综合素质和技能，以员工整体受教育程度的提高和工作胜任力的提高来提升员工的敬业度水平。作为员工，其职业发展的途径，通常是从低级的岗位或职务向高级的岗位或职务升迁，从简单工作向复杂工作过渡，或从不喜爱的工作岗位向喜爱的工作岗位迈进。如果员工发现企业无法实现其职业计划目标，他们就可能降低对工作的期望值，不再敬业，对目前的工作失去信心和动力，工作效率也会随之降低，逐渐不再关心企业的发展与未来。在我国的很多国有企业里，存在"论资排辈"的现象，职位晋升往往看中工作年限而非能力和业绩，这使得很多热血青年进入企业后，没有了职位晋升的动力，从而导致国有企业中职位对于敬业度的促进作用不明显，而很多民营企业为了鼓励人才，将职位与业绩挂钩，给了新员工更多晋升的机会。但是大部分中小民营企业并没有系统的、科学的职业晋升计划和职业生涯规划，这对企业和员工的长久发展是不利的。企业应该建立起合理的职业发展路径，细化岗位的任职需求，让每一位员工有针对性地成长；作为领导，也应该做到真正了解员工的个人需求和职业发展愿望，积极参与对下属员工的培养，达到企业和员工共同成长、长远发展的目标。

（3）注重企业文化的建设，让员工认同文化，融入文化。我国的很多大型国有企业经过多年企业文化的建设，得到了员工的认同，使得员工更能融入组织环境中，同时通过协调员工之间的关系，提高了员工间信任与合作的程度，增强了组织的内部凝聚力，因此国有企业中，员工的工作年限增加使员工对企业投入感情，融入企业的文化氛围，能够促进员工敬业度的提升。而很多中小民营企业老板认为，我们中小型企业关键是生存，谈不上企业文化建设问题，认为企业文化只是形式主义，中小民营企业不需要。这种观点使得中小型企业的文化建设更为滞后，而员工工作生活和工作压力日益加大，需要用企业文化和团队精神来激励自己的工作，在这种矛盾下，员工的敬业度必然大打折扣。企业需要建设自己的文化，形成自己独特的价值观、道德观以及企业发展理念，并得到员工的认同，创造一个良好的人文环境，培养和提升员工的归属感，从而形成企业凝聚力，推动企业高速长远发展。

（4）企业应定期进行匿名问卷调查，掌握员工敬业度的现实状况，做到知己知彼，对员工反映的问题及时采取处理措施加以改进。企业可以定期组织各部门进行敬业度测评，并组织各部门广泛交流，共同解决问题，分享有益经验，促进各部门协调发展，同时也通过展现企业对敬业度的关注，来增强员工对敬业度的关注程度，有意识地提升自己的敬业度水平。

第三章

薪酬差距对企业系列财务成果的影响

企业的激励机制是实务界和学术界关注的重点,企业薪酬契约被认为是解决公司内部代理机制、提高企业绩效的重要手段。为此,国内外大量学者分析了薪酬差距对企业绩效的影响,他们从不同角度、不同层面分析了薪酬差距的影响机制,并形成了以下三个比较有代表性的理论流派:锦标赛理论、行为理论和管理者权力理论。

大部分学者研究薪酬差距对企业绩效的影响,主要是从高管团队内部薪酬差距着手,研究高管—员工薪酬差距的相对较少;同时,绩效度量指标的选取也存在差异。度量公司业绩的指标主要有财务指标和市场指标,市场指标使用的有效性依赖于市场的有效程度。Kin Wai Lee, Baruch Lev, Gillian Hian Heng Yeo (2008)[①] 采用美国 1855 家上市公司的 1992—2003 年 11 年间共 12197 个数据进行实证研究分析公司绩效、薪酬差距、代理成本和公司治理之间的关系时,就采用了托宾 Q 值 Tobin's Q 和股票回报等市场指标来反映绩效。但是,我国现阶段的股市受宏观经济因素影响很大,证券市场的价格存在较大失真,与市场价值指标相比,会计业绩指标较少受到管理层不可控因素的影响,因此我国学者多采用财务指标来衡量企业业绩,主要是采用每股收益等成果类指标。企业完整的绩效

---

① Lee, K. W.; Lev, B.; Yeo, G. H. H., "Executive Pay Dispersion, Corporate Governance, and Firm Performance", *Review of Quantitative Finance and Accounting*, 2008, 30 (3): 315-338.

评价应该从企业的偿债、营运、盈利、发展等各方面能力进行全面分析，同时进行横纵向比较，因而分析高管—员工薪酬差距对企业偿债、营运、盈利、发展等财务能力及财务成果的影响极有意义。

本书选择 2005—2010 年批发零售业 A 股上市公司为研究样本，实证分析了高管员工薪酬差距对企业财务成果的影响。结果表明：高管员工薪酬差距对资产负债率、应收账款周转率和每股收益呈负线性相关，与利息保障倍数、流动资产周转率和净资产增长率呈倒"U"形关系，与净资产收益率和净利润增长率则无影响。因此，综合各财务指标，高管与员工的薪酬差距不应该被过度拉大，企业应该依据自身财务现状和所处行业特点来制定高管的薪酬政策。

第一节 文献综述

一 锦标赛理论

1981 年，Lazear 和 Rosen 提出了"锦标赛理论"的概念，认为企业高层管理者可以被看作绩效竞赛中的比赛者，全部奖励归赢家所有。[1] 基于锦标赛理论基础上的薪酬方案，绩效排名决定了高管人员的所得而非绩效本身，不同职位之间薪酬差距进一步拉大，且更高的职位可以带来几何式的收益增长，这些都给予了竞争者充分的激励。锦标赛理论同时认为大的薪酬差距可以平衡委托人与代理人之间的利益，降低监督成本，这解决了监督难度不断加大的难题，因此拉大的薪酬差距可以提高企业绩效。

Bishop (1987) 支持锦标赛理论的观点，他认为较大的薪酬差距有三个好处：鼓励员工、吸引人才、降低绩效优秀的人到处寻找好工作的成本。[2] Ericsson (1996)[3] 基于丹麦 1992—1995 年对 210 个企业 2600 多个管理者分析的数据，得出企业薪酬差距与管理层

---

[1] Lazear, E. P.; Rosen, S., "Rank-order Tournament as Aptimum Labor Contracts", *Journal of Political Economy*, 1981, 89 (5): 41-64.

[2] Bishop, J., "The Recognition and Reward of Employee Performance", *Journal of Labor Economics*, 1987, 5 (4): 36-56.

[3] Ericsson, K. A., "The Acquisition of Expert Performance, An Introduction to Some of The Issues", Mahwah, NJ, *Lawrence Erlbaum Associates*, 1996: 1-50.

人数存在正相关关系的结论。同时该研究发现，绝对薪酬差距的变动不会影响管理者的付出，但是相对薪酬差距的改变会在很大程度上影响高管努力的程度，从而影响企业绩效。因此，要想激励高管人员，不能仅仅改变其薪资而应该通过加大管理层的薪酬差距来实现。Main、Crystal 和 O'Reilly（1998）[①]选取了 1984 年美国 105 家上市企业的管理者薪酬为样本数据，分析结果支持了竞争人数与薪酬差距存在正相关关系的观点，说明锦标赛理论能更好地解释高管薪酬差距与企业绩效之间的关系。Conyonetal（2001）[②]研究了英国 1997—1998 年 100 家上市企业的数据，通过回归分析，认为组织内部等级越高，相邻等级间的薪酬差距就会越大，研究还认为高管人员的贡献与整个组织的绩效之间没有相关关系。

国内支持锦标赛理论的研究成果：林浚清、黄祖辉、孙永祥（2003）[③]，发现我国上市企业高管团队内薪酬差距与绩效之间呈显著的正相关关系，符合锦标赛理论的预期。胡婉丽、汤书昆和肖向兵（2004）[④]通过实证研究得出相同的观点，即高管团队内薪酬差距对公司业绩有正的影响。陈震、张鸣（2006）[⑤]研究了上市公司2004 年的数据，得出高级管理层的内部薪酬差距与净资产收益率和每股收益均相关，且没有区间效应，他分析了两组不同成长性的上市企业样本，发现高增长企业和低增长企业的高管薪酬差距与公司绩效之间均存在显著正相关关系。魏明海（2006）[⑥]以 2002 年上市公司为研究样本，发现同一行政级别的股权激励水平有利于提高公

[①] O'Reilly, C. A.; Main, B. G.; Crystal, G. S., "CEO Compensation as Tournament and Social Comparison: A Tale of two Theories", *Administrative Science Quarterly*, 1998, 33 (2): 257 - 274.

[②] Conyontal, M. J.; Simon, S. I., & Sadler, G. V., 2001, "Corporate Tournaments and Executive Compensation: Evidence from the UK", *Strategic Management Journal*, 22: 805 - 815.

[③] 林浚清、黄祖辉、孙永祥：《高管团队内薪酬差距、公司绩效和治理结构》，《经济研究》2003 年第 38（4）期，第 31—40 页。

[④] 胡婉丽、汤书昆、肖向兵：《上市公司高管薪酬和企业业绩关系研究》，《运筹与管理》2004 年第 13（6）期，第 118—123 页。

[⑤] 陈震、张鸣：《高管层内部的薪酬差距研究》，《中国会计评论》，2006 年第 4 (1) 期，第 15—28 页。

[⑥] 魏明海：《管理激励和业绩评价的会计研究》，中国财政经济出版社 2006 年版。

司的绩效，不同层级间拉大股权激励的差距同样有利于公司业绩的提高。鲁海帆（2007）[1] 发现高管货币薪酬差距在团队中会显著的正向影响公司绩效，薪酬差距与绩效无区间效应。同时，研究发现我国的上市公司在研究制定薪酬差距时，多考虑如何提高资产利用效率，如何处理好与股东和资本市场的关系。相比之下，较少关注企业的债务水平和成长能力。邹嫄（2007）[2] 以我国上市企业 2004 年度报表数据为样本，通过对高管薪酬差距和绩效指标的实证分析，证实了锦标赛理论的观点。黄维和余宏（2009）[3] 以沪深两市房地产行业 153 家上市企业 2005—2007 年的数据为研究对象，选择总资产收益率衡量公司绩效，实证结果表明，高管内薪酬差距在团队中对绩效有正的影响，支持了锦标赛理论。洪功翔、董梅生（2010）[4] 从董事会和监事会薪酬差距的角度分析了其与公司治理结构之间的关系，得出大的董事会和监事会薪酬差距会带来高绩效，从而支持了锦标赛理论，且董事会和监事会薪酬差距对绩效不存在区间效应。他们认为：锦标赛的弱监督的特点使我国国有上市企业由于主体缺位而不得不采取这种激励机制，但是这种现象在现实中被扭曲了：一方面，国有股股东由于其性质不能提供锦标赛激励的强度；另一方面，我国上市企业监事会的监督功能流于形式使得董事会"专断薪酬"，甚至出现高管过分追求在职消费和灰色收入的现象。孙亮、刘春（2010）[5] 从国有企业内部高管员工薪酬差距的角度出发，得出他们之间存在显著正相关关系，支持锦标赛理论。研究还发现不同地区和行业薪酬差距的激励强度也不相同，随年度和地区呈现出显著的边际递减效应。

---

[1] 鲁海帆：《高管团队内部货币薪酬差距与公司业绩关系研究——来自中国 A 股市场的经验证据》，《南方经济》2007 年第 4 期，第 34—44 页。

[2] 邹嫄：《上市公司经营者团队内部薪酬差距的有效性分析》，《改革与战略》2007 年第 162（2）期，第 106—108 页。

[3] 黄维、余宏：《高管团队内部薪酬差距与企业绩效—以我国房地产行业为例》，《价值工程》2009 年第 8 期，第 41—43 页。

[4] 洪功翔、董梅生：《董事会和监事会薪酬差距与公司治理结构关系研究》，《安徽工业大学学报》（社会科学版）2010 年第 27（1）期，第 48—51 页。

[5] 孙亮、刘春：《薪酬差距与企业绩效：来自国企上市公司的经验证据》，《南开管理评论》2010 年第 13（2）期，第 30—39 页。

二 行为理论

行为理论支持较小的薪酬差距会带来较高的公司绩效。该理论指出，由于组织内部成员包括高管团队成员会对不同人员、不同层级之间的薪酬进行比较，从而做出自己是否被剥削的判断，进而影响到组织内部的合作。行为理论指出尽管扩大薪酬差距可能会增加其他人员的努力程度，但这种努力是通过减少合作、增加利己行为来实现的，同时还会增加从事"政治阴谋"的可能性。经过多年研究，不同学者从不同角度论证了行为理论，使得行为理论演化为以下几个分支：

行为理论的第一个分支——社会比较理论。最早由 Leon Festinger 于 1954 年提出，他强调人们会通过和周围的人发生比较，来评价自己收入的合理性。[1] 后来 O'Reilly (1988)[2] 将它引入企业薪酬水平的研究。O'Reilly 的研究认为应该减少员工间的薪酬差距，鼓励员工之间进行更多协作，追求企业业绩。Martin 等 (1981)[3] 认为薪酬差距很容易衡量，但是能力差别和贡献差别却很难衡量，同时企业绩效增加的原因很多，并不一定能够说明是薪酬差距的扩大造就了高绩效，基于这个原因不应该过分扩大薪酬差距。此外，即使薪酬差距是由生产力的不同所造成的，也有可能造成员工的不满，从而损害企业整体业绩。Roberts 和 Milgrom (1988)[4] 的研究结果显示：对于高管团队成员来说，合作是最重要的企业品质，由于晋升竞争和政治行为的存在，为促进有效合作，应该尽量减小薪酬差距，甚至应使其小于 CEO 和其他高管人员的边际产出差别。

Akerlof 和 Yellen 于 1990 年[5]提出行为理论的第二个分支：组织

---

[1] Festinger, L., "A Theory of Social Comparison Process", *Human Relations*, 1954 (7): 117-140.

[2] O'Reilly, C. A.; Main, B. G.; Crystal, G. S., "CEO Compensation as Tournament and Social Comparison", *A Tale of Two Theories*, 1988, 33 (2): 257-274.

[3] Martin, Thomas N; Price, J. L.; Mueller, Charles W, "Job, Performance and Turnover", *Journal of Applied Psychology*, 1981, 66 (1): 116-119.

[4] Roberts, J.; Milgrom, P., "Communication and Inventory as Substitutes in Organization Production", *The Scandinavian Journal of Economics*, 1988, 90 (3): 275-289.

[5] Akerlof, G. A.; Yellen, J. L, "The Fair Wage-Effort Hypothesis and Unemployment", *The Quarterly Journal of Economics*, 1990, (02): 275-289.

政治学理论,该理论认为企业绩效的提高更多地依赖高管团队成员之间的合作,团队之间的政治合作尤为重要,较小的薪酬差距可以避免政治阴谋的发生,促使高管团队成员通力合作,从而提高企业绩效。因此,应该减小团队成员之间的薪酬差距,"甚至应该减少到 CEO 和其他高层管理人员的边际产出差别以下"。

1992 年,Levine 和 Cowherd[1] 提出了行为理论的第三个分支:相对剥削理论,相对剥削理论承认大的薪酬差距可以促使企业董事长和 CEO 更加努力地工作,但对于其他高管人员来说,会给他们带来被剥削的感觉,带来一种不被认可的不公平感,进而影响他们和董事长或者是 CEO 的团队合作,从而影响组织绩效。

分配偏好理论是行为理论的第四个分支,该理论认为:维持组织的和睦很重要,团队成员的过度竞争会损害他们之间的合作,使他们不得不玩弄政治阴谋来达到自己的利益,而且团队合作相较于竞争,更能影响企业绩效。并且,个人对于组织的贡献度难以准确衡量,因此依据不准确衡量的个人贡献度来提高单个组织成员的薪酬是不明智的。基于这些理由,即使个体绩效存在明显差异,也应该遵循行为理论,采用相对均等的薪酬。Greenberg (1993)[2] 的研究认为低薪酬的员工会认为自己的价值没有得到认同,从而产生挫败感,甚至愤怒的感受,为了弥补这种"价值差距",或者是不公平感,员工可能会通过灰色渠道来寻求满足,甚至是通过偷盗的行为来发泄,导致企业整体绩效的降低。Pfeffer 和 Langton (1993)[3] 以美国各大专院校全体教员为样本,发现在科研院所薪酬差距越大,研究生产率和个人满意度就越低,研究人员在学术上合作的可

---

[1] Cowherd, D. M.; Levine, D, "Product Quality and Pay Equity Between Lower-level Employees and Top Management: An Investigation of Distributive Justice Theory", 1992, (37): 302 - 320.

[2] Greenberg, Douglas, "Get Out of The Way If You Can't Lend AHand: The Changing Scholarship and The Significance of Special Collections", *Journal of Library Administration*, 1993, 19 (1): 83 - 98.

[3] Pfeffer, J.; Langton, N., "The Effect of Wage Dispersion on Satisfaction, Productivity, and Working Collaboratively: Evidence from College and University Faculty", *Administrative Science Quarterly*, 1993, 38 (3): 382 - 407.

能性就越小。Siegel 和 Hambrick（2005）[①] 研究了 1991 年美国高新技术企业的数据，发现高科技行业的企业对高管团队的协作精神和信息共享有较高的要求，在这种情况下，过大的薪酬差距会对高管团队协作产生负面影响。

我国学者张正堂、李欣（2007）[②] 以我国上市企业 2001—2004 年的财务数据为样本，探讨了绝对薪酬差距与公司业绩之间的关系，研究发现，绝对薪酬差距对企业业绩的影响显著为负，这符合行为理论的预期。随后张正堂（2007）[③] 又再一次证明了锦标赛理论的局限性，他用两种方法来衡量绝对薪酬差距，指出高管团队薪酬差距对于企业绩效的影响是负向的，而企业规模、技术复杂性和薪酬差距的交互性对公司业绩有正向的影响，这说明在中国文化背景下，锦标赛理论对我国企业高层管理团队薪酬差距的解释能力有限。鲁海帆（2009）[④] 基于心理契约的角度分析了高管团队成员内薪酬差距对绩效的影响，指出高管人员出于对公平的渴求使得他们在工作的过程中，会主动与所在团队内其他成员比较相对薪酬，如果薪酬差距过大，他们会产生负的心理情绪，甚至漠视企业经营，影响企业绩效，因此薪酬差距不宜过大。中华文化注重社会的公平，强调集体和团结，这与西方文化强调自由和个人贡献是不同的。在这种文化背景和社会氛围下，上市公司高管团队内部薪酬差距过大，不利于公司绩效的发展。平海永、王亚玲（2005）[⑤] 认为我国现在处于东西方文化和机制融合的初期，上市企业在治理机制和运行模式等方面与国外上市企业有着较大的差别，因此国外关于

[①] Siegel, P. A.; Hambrick, D. C., "Pay Disparities Within Top Management Groups: Evidence of Harmful Effects on Performance of High-Technology Firms", *Organization Science*, 2005, 16 (3): 259–274.

[②] 张正堂、李欣：《高层管理团队核心裁员薪酬差距与企业绩效的关系》，《经济管理》2007 年第 29（2）期，第 16—25 页。

[③] 张正堂：《高层管理团队协作需要、薪酬差距和企业绩效：竞赛理论的视角》，《南开管理评论》2007 年第 10（2）期，第 4—11 页。

[④] 鲁海帆：《内生性视角下高管层薪酬差距与公司业绩研究》，《软科学》2009 年第 23（12）期，第 22—29 页。

[⑤] 平海永、王亚玲：《锦标赛理论在我国上市公司的适用性》，《浙江金融》2005 年第 5 期，第 31—32 页。

高管团队内薪酬差距对绩效影响的理论并不适合我国,而应从我国现阶段的实际出发来具体分析。他们利用沪深两市 A 股上市企业的财务数据进行实证检验,发现我国高管团队成员之间薪酬差距对绩效的影响是负向的。

三 管理者权力理论

锦标赛理论和行为理论都是基于解决委托代理问题而提出的,均认为薪酬差距会对绩效产生影响,Bebchuk 和 Fried (2003)[①] 所提出的管理者权力理论(managerial power theory)则与传统代理理论相反,强调在内部人控制的情况下,高管人员薪酬合约的决定具有内生性,即高管人员尤其是 CEO 可以通过控制董事会设计出符合自身利益最大化的薪酬方案。

关于高管人员薪酬的决定,由于传统的委托代理理论的最优合约设计方法遵循了完全合同思想,因此假定董事会及其控制的薪酬委员会具有完全的制定高管人员薪酬政策的权力。Grabke-Rundell[②] 指出,对于董事会开出的薪酬合约,高管人员只有接受或拒绝并另谋高就两种选择,对于薪酬条款的设计,高管人员没有讨价还价的权力和提议权。

但是,现实生活中,管理者权力弱势的假设引起了人们的怀疑,与企业运作的现实情况也不相符合,管理者权力理论从这个现实出发,认为在企业运作中,管理者拥有的巨大权力会弱化来自股东、董事会、监事会以及员工等各方面的约束和监督,使高管层凌驾于公司规定和治理机制之上,这种绝对权力势必引起高管人员以权谋私、忽视企业利益,追逐个人利益最大化。因此,Fried 和 Bebehuk (2003) 认为相对于高管人员薪酬差距是解决企业代理问题的手段,还不如说是代理问题本身带来的一种表现,管理者实际拥有的巨大权力和寻租可能是决定高管人员薪酬水平的最主要因素,企业管理者权力失控是

[①] Bebchuk, L. A.; Fried, J. M., "Executive Compensation as an Agency Problem", *Journal of Economic Perspectives*, 2003, 17 (3): 71 – 92.

[②] Grabke-Rundell, A.; Gomez-Mejia, L. R., "Power as a Determinant of Executive Compensation", *Human Resource Management Review*, 2002, 12 (1): 3 – 23.

导致近年来高管人员与普通员工薪酬差距倍增的主要原因。

　　Lrecker 和 Holthausen（2003）以及 Core 等人（1999）[①] 指出企业所有权结构和董事会结构的具体形态决定了管理者权力的大小。由于外部治理机制失灵和董事会成员的自利行为，高管人员实际上可以左右自身薪酬的确定。孙天法（2003）[②] 总结了内部势力利用自身权力侵占企业资产的主要形式，包括：提高隐性消费和在职消费、提高薪酬和福利、任人唯亲，结成利益同盟、随意占用公司财产、非法调整税负、挪用公款、利用并购收取回扣或额外利益、利用商贸地位在购销交易中向关联方索取、钳制或融资收购上游企业等。

　　另外，中国传统儒家文化强调对上级和权力的绝对尊崇，加上中国正处于现代化改革阶段，这些因素都不利于抑制管理者权力的滥用。因此，在当代中国企业中，高管层权力是影响薪酬差距的一个主要因素。

四　对薪酬差距理论的国内研究

　　除了单纯支持锦标赛理论或行为理论的研究外，不少学者通过研究发现，其实要论证锦标赛理论和行为理论的作用，需要置身于薪酬发展和企业发展的不同阶段，有些学者研究得出在不同的薪酬差距范围内，锦标赛理论和行为理论分别起不同的作用。也有些学者认为不引入其他影响公司治理的因素，单纯地研究薪酬差距与绩效的关系并不科学。因此，我国学者在这方面得出了丰富的理论成果。

　　张正堂（2007）认为薪酬差距是一把双刃剑，一方面，一定程度上可以改善员工工作态度、提高个人和组织绩效；另一方面，也可能因为破坏员工间合作关系而损害个人和组织利益。

　　王怀明、史晓明（2009）[③] 从产权性质和经济发展阶段的角度，

[①] Core, J. E.; Holthausen, R. W.; Lrecker, D. F., "Corporate Governance, Chief Executive Officer Compensation, and Firm Performance", *Journal of Financial Economics*, 1999, 51(3): 371－406.

[②] 孙天法：《内部人控制的形式、危害与解决措施》，《中国工业经济》2003 年第 184（7）期，第 53—60 页。

[③] 王怀明、史晓明：《高管—员工薪酬差距对企业绩效影响的实证分析》，《经济与管理研究》2009 年第 8 期，第 23—27 页。

选择 2002—2007 年我国 A 股上市公司为研究样本，探讨了高管—员工薪酬差距与企业绩效的关系，得出薪酬差距对企业绩效是非线性的影响，两者之间呈倒"U"形关系，且存在区间效应。结论表明，适度的薪酬差距有利于激发高管及员工的积极性从而提升企业的绩效，随着薪酬差距的过度拉大，员工会因为"不公平"而影响其积极性，对企业绩效产生不利影响。卢锐（2007）[①] 研究发现，高管内部薪酬差距和绩效之间符合锦标赛理论，高管与员工之间的薪酬差距与企业绩效则符合行为理论。也就是说，高管团队内部的薪酬差距有利于企业绩效的提高，但高管与员工间的薪酬差距反而会影响绩效，员工可能会因较大的薪酬差距而产生不公平感，从而影响企业绩效。张正堂（2008）[②] 以我国上市公司为样本进行实证研究，提出了高管团队内部薪酬差距、高管与员工间的薪酬差距对组织未来绩效影响的理论假说。研究发现：高管团队内部薪酬差距对组织未来绩效有负向影响作用，二者存在负相关关系；技术复杂性、企业人数和高管团队内部薪酬差距的交互项对组织未来绩效有正向的影响作用，二者之间存在正相关关系；高管员工间薪酬差距对组织未来绩效没有显著影响，不存在相关关系；技术复杂性、企业人数和高管与员工间薪酬差距的交互作用对组织未来绩效有正向影响作用，存在正相关关系；当企业最终控制人的类型为国有时，高管与员工间薪酬差距对组织未来绩效有负向影响作用，二者之间存在负相关关系。孙贻文、李超佐（2008）[③] 以行为理论和锦标赛理论的不同观点为研究基础，实证分析了企业高管层内部的薪酬差距与内部合作需要之间的关系及两者相互作用之后对企业业绩产生的影响。结果表明，高管层内部薪酬差距与企业的业绩指标之间相

---

① 卢锐：《管理层权力、薪酬差距与绩效》，《南方经济》2007 年第 7 期，第 60—70 页。

② 张正堂：《企业内部薪酬差距对组织未来绩效影响的实证研究》，《会计研究》2008 年第 9 期，第 81—87 页。

③ 李超、孙贻文：《高管团队薪酬差距影响公司绩效的因素分析——基于高管团队内合作需要和薪酬差距的实证研究》，《北方经贸》2008 年第 8 期，第 123—126 页。

关关系不显著。鲁海帆（2007）[①]通过对2001—2005年沪深两市A股上市公司的面板数据分析，得出：多元化企业中业务种类数量的增加和各业务间相关程度的加大在提升高管团队内部薪酬差距的同时也会降低薪酬差距对绩效的激励作用。鲁海帆（2009）[②]的实证研究发现：薪酬差距具有内生性，如果薪酬差距是内生变量，则很可能出现变量与随机误差项相关，这时，采用最小二乘法（OLS）估计量是有失偏颇的且非一致的。鲁海帆认为，根据常识，我们知道不仅是薪酬差距会影响企业绩效，企业绩效反过来也会影响薪酬差距，也就是说薪酬差距应该被认为是内生的。而大部分学者在研究薪酬差距与企业绩效时，将薪酬差距视为外生变量，并采用简单的OLS回归方法来分析，并未考虑业绩对薪酬差距的影响。她同时还发现，在没有控制内生性的情况下，绩效对薪酬差距并无显著影响。在将薪酬差距视为内生变量后，薪酬差距对公司绩效的影响呈倒"U"形，即较小的薪酬差距有利于公司绩效的提高，但当薪酬差距达到一定水平后，进一步扩大薪酬差距会导致绩效的降低。在未考虑薪酬差距的内生性问题时它仅对绩效产生线性影响。这说明现有研究认为薪酬差距对绩效呈线性影响的研究结论可能是由于未控制薪酬差距的内生性而导致模型设定偏误所造成的。2010年鲁海帆利用2001—2007年我国沪深两市A股上市公司的面板数据，研究了高管层成员间薪酬差距与CEO内部继任的可能性及其激励作用的影响。分析结果表明：当CEO由内部继任，扩大薪酬差距有利于绩效的提高，而当CEO两职兼任以及从外部继任时扩大薪酬差距是不利于绩效提升的。[③]

五　绩效综述

在绩效指标的选取上，不同的学者有不同的选择，既包括财务

[①] 鲁海帆：《高管团队内部货币薪酬差距与公司业绩关系研究——来自中国A股市场的经验证据》，《南方经济》2007年第4期，第34—44页。

[②] 鲁海帆：《内生性视角下高管层薪酬差距与公司业绩研究》，《软科学》2009年第23（12）期，第22—29页。

[③] 鲁海帆：《高管层内薪酬差距、CEO内部继任机会与公司业绩研究——基于锦标赛理论的实证分析》，《南方经济》2010年第5期，第23—33页。

指标，又包括市场指标。Jerry Cao 等（2011）[①] 基于中国上市公司数据，选取三个绩效指标：总资产收益率（Return on Assets, ROA）、年度股票收益率（Annual Stock Return, ASR）和销售利润率（Return on Sales, ROS），研究发现：国有控股企业高管薪酬与企业会计表现（ROA 和 ROS）显著相关而与市场表现（ASR）不显著相关，非国有控股企业则相反，所有权结构和控股类型共同影响薪酬与绩效之间的关系。James（2011）[②] 用股东权益增加值来衡量绩效，他把股东权益增加值分为总市场价值增加值（Aggregate Market Value Changes）和累积超常证券收益（Cumulative Abnormal Stock Returns），得出高管薪酬与总市场价值增加值显著相关，绩效薪酬的中位数与累积超常证券回报率显著相关。我国学者邹永成（2009）[③] 从商业银行薪酬激励的角度分别研究了不良贷款率、净利润增长率、净资产收益率和每股收益与高管平均薪酬和员工平均薪酬的关系，得出不良贷款率与高管平均薪酬和员工平均薪酬均存在负相关关系，净利润增长率、净资产收益率和每股收益分别与高管平均薪酬、员工平均薪酬存在正相关关系。王怀明、史晓明（2009）[④] 认为由于"净资产收益率是证监会对上市公司进行首次公开发行、配股和特别处理的考核指标，公司对这一指标进行盈余管理的现象比较严重"，同时考虑到总资产收益率能反映整体资产的盈利能力，因此仅选取总资产收益率来衡量企业绩效。鲁海帆（2007）以每股净资产代替非流通股市价，用负债的账面值代替其市值，用公司总资产的账面价值代替其重置成本，计算出了企业的 Tobin's Q 并作为绩效指标，得出高管团队内部货币薪酬差距与

[①] Cao, J.; Pan, X.; Tian, X., "Disproportional Ownership Structure and Pay – performance Relationship: Evidence from China's Listed Firms", *Journal of Corporate Finance*, 2011, 17 (3): 541 – 554.

[②] Gong, J. J., "Examining Shareholder Value Creation over CEO Tenure, A New Approach to Testing Effectiveness of Executive Compensation", *Journal of Management Accounting Research*, 2011, 23: 1 – 28.

[③] 邹永成：《我国商业银行薪酬激励实证研究》，《农村金融研究》2009 年第 3 期，第 49—53 页。

[④] 王怀明、史晓明：《高管—员工薪酬差距对企业绩效影响的实证分析》，《经济与管理研究》2009 年第 8 期，第 23—27 页。

Tobin's Q 之间存在显著正相关关系。鲁海帆同时指出，我国上市公司在制定高管薪酬时，更多考虑的是如何提高资产利用效率、如何处理好与股东和资本市场的关系。相比之下，对于负债水平、成长能力等方面关注程度较低。肖继辉、彭文平（2002）[①]研究了净资产收益率、股票回报率、主营业务收入、扣除非经常项目后的净资产收益率、市场面的平均净资产收益率与高管薪酬的关系，研究结果显示不加入控制变量，主营业务收入与高管薪酬正相关，扣除非经常项目后的净资产收益率、市场面的平均净资产收益率与高管薪酬无显著相关。

六 薪酬差距的衡量

关于薪酬差距的衡量，鲁海帆（2009）依据 Lambert 等人的研究，将高管层划分为两个层级：董事长与总经理属于 CEO 层级，其余高管属于非 CEO 层级。高管团队薪酬差距就是 CEO 薪酬与非 CEO 薪酬的差额。由于数据披露的原因，她用核心高管人员与非核心高管人员薪酬差额来表示，其中"核心"指前三名高管薪酬的均值，"非核心"指全部高管薪酬减去前三名高管薪酬后的平均值。张正堂（2007）认为高管团队内薪酬差距的衡量对象包括总经理与其他两位核心成员之间的薪酬差距和总经理与团队整体的薪酬差距。

第二节 绩效指标选取

绩效指标的选取是激励研究中的难题，综合以往研究，绩效指标主要有财务指标和市场指标。市场指标使用的有效性依赖于市场的有效程度，我国现阶段的股市受宏观经济因素影响很大，证券市场的价格存在较大失真，长期存在的股权分置也影响了股价的信息含量，与市场价值指标相比，会计业绩指标较少受到管理层不可控

[①] 肖继辉、彭文平：《高管人员报酬与业绩的敏感性——来自中国上市公司的证据》，《经济管理》2002 年第 18 期，第 4—16 页。

制因素的影响。因此，本书选择财务成果指标来研究企业绩效。

财务能力分析是评价企业经营业绩和财务状况的重要方法，它涉及企业所有者、管理人员、普通员工、上下游企业、债权债务人等主体，是对各经济组织有关筹资、投资、经营、分配等活动的盈利、营运、偿债、发展状况进行分析与评价的经济管理活动。郑丽雅（2012）[①]认为财务分析的主要内容除这四项外，还包括"财务状况分析指标"，她将流动资产周转率、存货周转率、应收账款周转率归为这一项。高教版《财务管理》认为基本的财务比率分析包括偿债能力比率、营运能力比率、盈利能力比率三个方面，2009年注册会计师考试辅导教材《财务成本管理》认为"总结和评价企业财务状况与经营成果的分析指标包括偿债能力指标、营运能力指标、盈利能力指标和发展能力指标"。因此，本书以这两本书为依据，从这四个角度来分析。

偿债能力包括短期偿债能力和长期偿债能力，是企业偿还到期债务（包括本息）的能力。短期偿债能力是企业流动资产对流动负债及时足额偿还的保证程度，是衡量企业当前流动资产变现能力的重要标志。长期偿债能力是企业保证未来到期债务（一年或一个营业周期以上）及时偿付的可靠程度。企业对长期债务的清偿义务，包括两个方面：一是财务本金的偿还，二是债务利息的支付。因此，用于评价长期偿债能力的基本财务指标主要有资产负债率和利息保障倍数两项。由于批发零售行业流动资产周转速度较快，变现能力强，因此作者认为从短期偿债能力角度来分析绩效，时间周期较短，应该从长期偿债能力的角度来分析。

营运能力是用于衡量企业组织、管理和营运特定资产的能力和效率，一般用资产的周转速度来衡量。企业的资产如果能够尽快地周转回收，单位时期内能被使用的资产就越多，资产的利用程度和利用效率就越高。资产是资金运用的具体化，加快资产运转速度，能减少资产结存量，加快资产回收，企业的经营状况也就越安全稳

[①] 郑丽雅：《财务管理中财务分析方法的研究》，《财经界》2012年第1期，第104—105页。

定。现代财务评价中,常用的营运能力比率有存货周转率、应收账款周转率、流动资产周转率和总资产周转率四项。非流动资产一般包括长期股权投资、固定资产、在建工程、无形资产、商誉、长期待摊费用和其他非流动资产等长期项目,受企业短期经营绩效、经营手段等影响较小。因此,本书着重考虑高管员工薪酬差距对应收账款及总的流动资产方面的影响。

盈利能力是企业获取利润的能力,是财务评价的核心内容。衡量盈利成果的指标很多,自1987年起,在美国公开发行或上市的公司,已强制要求必须提供每股收益的资料,此后市场经济发达的国家和各新兴经济体相继出台相同或相近的规定。另外,我们知道企业理财的重要目标之一就是股东权益最大化,而股东财富的增长从企业内部来看,主要来源于利润,且能够为股东享有的仅仅是扣除所得税后的净利润,而净资产收益率恰恰很好地反映了股东财富最大化的目标。国内方面,众多学者均采用这两个指标来研究绩效,张正堂(2007)选取每股收益作为主要的绩效指标,鲁海帆(2009)选取净资产收益率来衡量企业绩效,因此,本研究借鉴其他学者,以这两个指标来说明企业的盈利能力。

发展能力,又称企业的成长能力,是企业在生存的基础上,扩大规模、壮大实力的潜在能力。衡量一个企业的发展潜力,我们可以从不同的角度分析,比如盈利增长能力、资产增长能力、技术投入增长能力等。由于批发零售行业对技术的投入要求相对较低,所以,本书从盈利和资产两个角度,分别选取净利润增长率和净资产增长率作为分析发展能力的指标。

第三节 研究设计

一 研究假设

我们发现:以往研究在绩效指标的选取上存在以下现象:第一,重财务指标轻市场指标。由于市场指标(如 Tobin's Q 值)使用的有效性依赖于市场的有效程度,而我国现阶段股市受宏观经济影响较大,证券市场的价格存在较大失真,长期存在的股权分置也影响了股价的信息含量,与市场价值指标相比,会计业绩指标较少受到管理层不可控因素的影响(胥佚萱,2010),因此,我国学者多采用财务指标来衡量企业业绩。第二,重盈利能力分析轻综合能力分析。完整的绩效评价体系应该从企业的偿债、营运、盈利、发展等方面全面分析,而大部分研究通常选取净资产收益率、总资产收益率、每股收益等来度量企业绩效,即仅仅从盈利能力的角度进行了研究。

此外,以往研究多集中在高管薪酬或高管内部薪酬差距对绩效的影响上,受社会普遍关注的高管和员工间的薪酬差距研究较少。那么,高管员工薪酬差距对以财务成果为主的绩效指标究竟有何影响?由于批发零售业资金周转较快,对各财务成果指标有较高要求的典型特点,本书基于批发零售行业来研究高管员工薪酬差距对财务成果指标的影响。

借鉴已有的研究成果,我们提出如下假设:

假设1 高管—员工薪酬差距与财务成果指标具有正向的线性关系

假设2 高管—员工薪酬差距与财务成果指标具有负向的线性关系

假设3 高管—员工薪酬差距与财务成果指标具有非线性关系

假设4 高管—员工薪酬差距与财务成果指标无关

二 样本选取

本书选取在沪深两市 A 股上市的我国 48 家批发零售企业 2005—2010 年的数据为研究样本,剔除数据不全、ST[①]、PT 企业[②]、中小板和创业板的企业、薪酬差距小于零的企业,通过

[①] 上市公司如果连续 2 年亏损、亏损 1 年且净资产跌破面值、公司经营过程中出现重大违法行为等情况之一,交易所对公司股票进行特别处理,亦即 ST 制度。

[②] PT 是英文 Particular Transfer(特别转让)的缩写。依据《公司法》和《证券法》规定,上市公司出现连续三年亏损等情况,其股票将暂停上市。沪深交易所从 1999 年 7 月 9 日起,对这类暂停上市的股票实施特别转让服务,并在其简称前冠以 PT,称为 PT 股票。

SPSS17.0 和 Eviews6.0 软件完成统计与检验。数据来源主要为国泰君安 CSMAR 数据库和财经网。

三　变量说明

表 3.1　　　　　　　　　　变量说明

变量		指标	定义
偿债能力指标	资产负债率	ALR	负债总额/资产总额
	利息保障倍数	TIE	息税前利润/利息支出
营运能力指标	应收账款周转率	ART	主营业务收入净额/应收账款平均余额
	流动资产周转率	CAT	主营业务收入净额/平均流动资产总额
盈利能力指标	净资产收益率	ROE	税后利润/所有者权益
	每股收益	EPS	归属于普通股股东的当期净利润/当期发行在外普通股的加权平均数
发展能力指标	净利润增长率	EG	当期净利润/基期净利润 − 1
	净资产增长率	NAV	期末净资产总额/期初净资产总额 − 1
高管员工薪酬差距	相对薪酬差距	GAP	$\dfrac{\sum 担任行政职务的前三名高管薪酬/3}{支付给职工及为职工支付的薪酬/企业员工总数}$
控制变量	股权集中度	Herf	选取前五大股东的赫芬达尔指数 $H_5 = \sum_{i=1}^{5} r_i^2$
	主营业务增长率	Growth	本期主营业务收入/上期主营业务收入 − 1
	控股类型	Contype	国有控股取 1，非国有控股取 0
	人才比例	Rate	大专及以上学历员工总数/员工总数

四　模型设计

本书采用平衡面板数据分析方法。为了验证高管员工薪酬差距对各财务指标是否呈线性关系，即假设 1 和假设 2，我们以各财务指标为被解释变量，高管员工薪酬差距为解释变量，引入上述 4 个控制变量，构建模型（Ⅰ），对应方程为（1）—（8）。在模型（Ⅰ）的基础上，引入薪酬差距的平方项，构建模型（Ⅱ）来验证薪酬差距对各财务指标是否呈非线性影响。对于面板数据模型进行非线性分析，本研究采用较为公认的间接模拟法，设 $Gap_{it}^2 = Gap'$，则非线性模型被置换为线性模型，对应方程（9）—（16）。模型如下：

$$Perf_{it} = \delta_i + \alpha_1 Gap_{it} + \alpha_2 Growth_{it} + \alpha_3 Herf_{it} + \alpha_4 Contype_{it} + \alpha_5 Rate_{it} + \varepsilon_{it} \quad (\text{I})$$

$$Perf_{it} = \delta_i + \alpha_1 Gap_{it} + \alpha_2 Gap_{it}^2 + \alpha_3 Growth_{it} + \alpha_4 Herf_{it} + \alpha_5 Contype_{it} + \alpha_6 Rate_{it} + \varepsilon_{it} \quad (\text{II})$$

模型中,δ 为常数项,ε 为残差项,下标 it 表示第 i 家企业第 t 年的数据。

模型的多重共线性诊断如表 3.2 所示。

表 3.2　　　　　方差膨胀因子 VIF 和条件指数

变量	2005 年	2006 年	2007 年	2008 年	2009 年	2010 年	总数据
主营业务增长率	1.070	1.177	1.156	1.066	1.263	1.064	1.037
股权集中度	1.041	1.025	1.066	1.131	1.202	1.250	1.055
控股类型	1.071	1.145	1.042	1.037	1.065	1.040	1.052
人才比例	1.123	1.168	1.236	1.165	1.304	1.166	1.106
相对薪酬差距	1.194	1.137	1.274	1.348	1.312	1.302	1.172
条件指数	<15	<15	<15	<15	<15	<15	<15

资料来源:作者由 SPSS 软件计算结果整理而得。

从表中看出所有预测变量的 VIF 都小于 2,且所有维数的条件指数均小于 15,表明所建的回归方程不存在多重共线性问题。

第四节　实证分析

一　描述性统计

表 3.3　　　　　　　各变量的描述性统计

变量	最小值	最大值	均值	标准差
资产负债率	3.72	109.52	54.224	18.457
利息保障倍数	-19.440	2279.7	32.534	156.458

续表

变量	最小值	最大值	均值	标准差
应收账款周转率	2.060	1703179	9916.918	104762.8
流动资产周转率	0.013	13.484	3.071	2.314
净资产收益率	−121.39	34.13	7.101	14.5247
每股收益	−1.61	2.89	0.207	0.3653
净利润增长率	−3985.762	844.669	−57.171	446.513
净资产增长率	−211.07	258.352	13.054	35.437
相对薪酬差距	1.540	55.761	9.946	8.477
主营业务增长率	−72.240	220.660	16.912	3.097
股权集中度	0.0004	0.5143	0.1319	0.1077
控股类型	0.000	1.000	0.698	0.460
人才比例	0.077	0.923	0.409	0.189

由表3.3可以看出，2005年到2010年，批发零售业Gap的平均倍数约为8.5倍，并且高管员工薪酬差距有较大的差异。主营业务增长率、股权集中度、最终控制人类型、人才比例各企业间差异较大，但各企业股权普遍较分散，同时国有控股公司占企业数近七成，人才比例行业平均值为40.9%。

偿债能力方面，ALR平均值达到54倍之多，TIE最小值近−20倍，且两指标标准差分别为18.457和156.458，这说明，我国批发零售行业现在总体上是高负债经营，偿债能力堪忧。

营运能力方面，ART的行业平均值近10000，表明批发零售上市企业紧缩信用政策，赊销规模很低。同时该指标的标准差和最大最小值表明，各企业的ART差异显著。CAT的行业平均值约为3.1，标准差约为2.3，说明，各企业流动资产周转率差异不大，行业水平较平稳。

盈利能力方面，EPS行业普遍很低且企业间差异不大。与此同时，各企业ROE差异显著，但行业平均水平不高，原因有二：一是由于2007年以来全球金融危机，影响了企业的盈利能力；二是我国上市企业忽视投资者收益分配权，且分配政策波动性较大，缺乏连续性。

发展能力发面，EG和NAV企业间差异巨大，净利润增长幅度最大减少了近 4000 倍，行业平均值为 -57。而净资产增长方面的数值也不容乐观，原因为全球性经济危机的后续效应、物价上涨导致的成本的上升、居民购买力不强等。

二 趋势分析

由图 3.1 我们看到，我国批发零售业上市企业在 2008 年全球性经济危机爆发之前，净利润增长率、净资产增长率、应收账款周转率、每股收益和净资产收益率快速增长，流动资产周转速度平稳上升，利息保障倍数在曲折中上升，说明我国上市企业从财务分析的角度总体上发展势头良好，处于快速增长期。但是与此同时，资产负债率也随之快速上升，从某种程度上来说，高负债经营是绩效快速增长的一个重要原因。

随着经济危机的爆发，除了应收账款周转率持续快速增长外，各主要增长指标快速下滑或放慢了增长速度，资产负债程度加剧，这说明经济危机冲击了批发零售业快速增长的步伐，各企业均通过大规模负债来缓解经济危机的冲击，同时企业也更加重视对应收账款的管理，遵循财务管理"现金为王"的经营原则，加快应收账快周转，缩短应收账款的回收期。

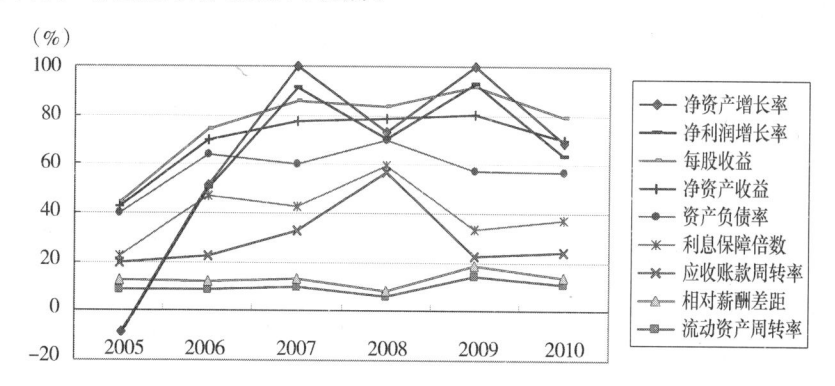

图 3.1 主要变量百分比折线

2009 年以后，由于国家面对经济现状而采取的宏观调控措施和各企业积极应对困境，各增长指标增速曾一度回升，2010 年，经济波动加剧；上市企业财务现状仍未走出经济危机的阴影。

2005年至今，我国经济快速增长的同时，受国际经济形势和我国现阶段发展进程的影响较深，我国上市企业高管员工薪酬差距也随之变动，但不同的是，薪酬差距受这些因素影响较小，甚至总体上还呈上升趋势，因此，社会各界对企业高管巨额薪资颇多关注，对持续拉大的高管员工薪酬差距也强烈不满。

三 各研究变量间的相关分析

表 3.4　　　　　　　　　Pearson 相关性检验

	资产负债率	利息保障倍数	应收账款周转率	流动资产周转率	净资产收益率	每股收益	净利润增长率	净资产增长率	相对薪酬差距	主营业务增长率	股权集中度	控股类型	人才比例
资产负债率	1												
利息保障倍数	-0.212**	1											
应收账款周转率	-0.042	-0.014	1										
流动资产周转率	0.013	0.013	0.009	1									
净资产收益率	-0.093	0.017	-0.002	0.164**	1								
每股收益	0.066	0.056	-0.024	0.129*	0.591**	1							
净利润增长率	-0.136*	0.033	0.031	0.158**	0.730**	0.346**	1						
净资产增长率	0.002	-0.007	-0.018	0.116	0.505**	0.368**	0.377**	1					
相对薪酬差距	0.158**	-0.04*	-0.024*	0.152**	0.145	0.131*	0.115	0.140*	1				
主营业务增长率	0.210**	0.015	-0.016	0.210**	0.150*	0.171**	0.119*	0.151	0.126*	1			
股权集中度	0.129**	-0.066*	-0.075	0.242**	0.147	0.182*	0.075	0.186**	0.191**	0.097	1		
控股类型	0.031*	-0.057	-0.124*	0.145	0.104*	0.034	0.107**	0.144*	0.138*	0.144*	0.127*	1	
人才比例	0.067*	0.116*	-0.024**	-0.187**	0.009	0.006	-0.008	0.091**	-0.298**	-0.025	-0.013	0.036	1

注：*表示在 0.05 水平（双侧）上显著相关。**表示在 0.01 水平（双侧）上显著相关。

由表 3.4 可知，高管员工薪酬差距与除净资产收益率和净利润增长率以外的财务成果指标在 1% 或 5% 的置信水平下，呈显著相关关系；除应收账款周转率和净资产增长率外，主营业务增长率与各财务成果指标存在显著关系；股权集中度与除应收账款周转率外的财务指标显著相关；控股类型和人才比例也与绝大多数财务成果指标显著相关。表明各变量间存在着研究的现实意义，其具体关系有待于在回归结果中加以明确。

同时，各控制变量之间在 1% 和 5% 的显著水平下无相关关系，初步判断各控制变量间无相关关系，说明本书模型设定较为合理，具体研究结果将在下文给出。由于本书采用的是面板数据分析，首先，通过 Hausman 检验和 F 统计量对模型进行筛选；其次，基于模型（Ⅰ）和模型（Ⅱ）筛选出对各因变量有显著相关性的控制变量，具体分析过程如下。

四 回归分析

回归分析之前，本研究通过 F 检验和霍斯曼检验对模型的形式进行判断，判断过程见表 3.5。

表 3.5　　模型组形式判定的 F 检验和 Hausman 检验

财务成果	变量	模型（Ⅰ）		模型（Ⅱ）	
		F 检验	Hausma 检验	F 检验	Hausman 检验
偿债能力分析	ALR	167.82***	10.41（0.064）	161.17***	10.29（0.1129）
	TIE	6.43***	1.18（0.9469）	5.98***	1.67（0.9476）
营运能力分析	ART	3.89***	1.62（0.8983）	3.74***	1.77（0.9398）
	CAT	49.68***	14.95（0.0106）	53.67***	14.63（0.0234）
盈利能力分析	ROE	7.90***	9.34（0.0961）	6.45***	11.01（0.0881）
	EPS	11.84***	14.56（0.0124）	11.29***	16.63（0.0107）
发展能力分析	EG	1.40**	7.74（0.1710）	1.41**	9.30（0.1574）
	NAV	1.89***	2.25（0.8137）	1.81***	2.47（0.8713）

注："***""**"依次表示在 99%、95% 的置信水平上显著。

模型（Ⅰ）中 F 统计量的概率值非常小，拒绝了误差项全部为零的假设，表明与固定效应变截距模型相比，混合回归模型是无效的。同时，除流动资产周转率（CAT）和每股收益（EPS）外，其他变量 Hausman 检验结果表明不能拒绝检验的原假设，即固定效应模型和随机效应模型的估计量没有实质差异。Judge 曾经做出判断，当截面数较大而时期数较小时，如果我们确定样本数不是随机抽取出来的，则使用固定效应模型进行估计是合适的。因此，模型（Ⅰ）为固定效应变截距模型，模型（Ⅱ）同理。为了验证这个结论，我们用随机效应模型分别判断 Gap 与各财务成果指标的关系，结果验证了其估计量与固定效应模型无实质差异。

1. 线性回归分析

模型（Ⅰ）的回归结果见表 3.6。

表 3.6　　　　　　　　模型（Ⅰ）的回归结果

变量	偿债能力		营运能力		盈利能力		发展能力	
	方程 1	方程 2	方程 3	方程 4	方程 5	方程 6	方程 7	方程 8
	资产负债率	利息保障倍数	应收账款周转率	流动资产周转率	净资产收益率	每股收益	净利润增长率	净资产增长率
截距项 C	58.37***	30.59***	10981.36***	3.38***	8.01***	0.30***	-35.09	14.31***
相对薪酬差距	-0.14***	-0.21	3.95	0.01	-0.07	-0.003**	1.61	0.07
主营业务增长率	0.05***	0.11***	-3.57	0.01**	0.03***	0.001***	0.41**	0.04
股权集中度	2.25	10.60	-2242.76	-3.72***	-5.86	-0.25	-3.54	-4.67
控股类型	-5.18	-2.51	-383.78	-0.22	-4.13***	-0.11	-41.61	-7.50
人才比例	-0.80	6.04	-1172.03	0.32**	7.24***	0.09**	-37.96	7.79
Adj R^2	0.975	0.493	0.332	0.922	0.645	0.704	0.084	0.195

注："***""**"依次表示在 99%、95% 的置信水平上显著。

由表 3.6 可知，高管员工薪酬差距与资产负债率和每股收益负线性相关，而与其他变量无线性关系，但是，当因变量为不同财务指标时，并非所有控制变量都能通过显著性检验，而统计学上不显著的控制变量会降低方程的显著程度，因此，进一步精确模拟效果如表 3.7 所示。

表3.7　　　　　　　模型（Ⅰ）的回归结果（修正）

变量	偿债能力		营运能力		盈利能力		发展能力	
	方程1 资产负债率	方程2 利息保障倍数	方程3 应收账款周转率	方程4 流动资产周转率	方程5 净资产收益率	方程6 每股收益	方程7 净利润增长率	方程8 净资产增长率
截距项	54.62***	30.96***	10167.95***	3.25***	7.45***	0.21***	-78.98***	11.42***
相对薪酬差距	-0.12***	-0.03	-25.24***	0.01	-0.07	-0.005***	1.62	0.16
主营业务增长率	0.05***	0.11***	—	0.01***	0.03***	0.0008***	0.33**	—
股权集中度	—	—	—	-3.82***	—	—	—	—
控股类型	—	—	—	—	-4.71***	—	—	—
人才比例	—	—	—	0.32**	7.78***	0.08**	—	—
Adj R²	0.972	0.637	0.572	0.920	0.662	0.729	0.083	0.445

注："***""**"依次表示在99%、95%的置信水平上显著。

表3.7显示，在剔除统计学上不显著相关的控制变量后，高管员工薪酬差距与资产负债率、应收账款周转率和每股收益负线性相关。此时，不支持假设1，假设2得证。同时，主营业务增长率与资产负债率、每股收益呈显著正相关，人才比例与每股收益正线性相关，即随着主营业务收入的增加，企业资产所担负的负债额增加、每股收益也随之增长。企业人才比例越高，每股收益越多。

2. 非线性回归分析

模型（Ⅱ）的回归结果如表3.8所示。

表3.8　　　　　　　模型（Ⅱ）的回归结果

变量	偿债能力		营运能力		盈利能力		发展能力	
	方程9 资产负债率	方程10 利息保障倍数	方程11 应收账款周转率	方程12 流动资产周转率	方程13 净资产收益率	方程14 每股收益	方程15 净利润增长率	方程16 净资产增长率
截距项	58.58***	31.60***	10979.70***	3.19***	6.76***	0.27***	-48.57***	11.99**
相对薪酬差距	-0.15	-0.06	14.61	0.05***	0.21	0.0004	5.01**	0.71**
相对薪酬差距平方项	0.0005	-0.001	-0.29	-0.001***	-0.006**	-6.83**	-0.08	-0.02**
主营业务增长率	0.05***	0.06**	-3.82	0.005***	0.02***	0.001***	0.43**	0.04
股权集中度	1.53	4.17	-2729.10	-3.84***	-2.83	-0.28	-25.43	-12.59
控股类型	-5.16	-1.42	-363.57	-0.19	-4.49***	-0.11**	-46.64	-7.67
人才比例	-0.93	3.13	-1174.04	0.21	5.93**	0.10**	-39.44	7.27
Adj R²	0.975	0.454	0.319	0.926	0.585	0.696	0.084	0.197

注："***""**"依次表示在99%、95%的置信水平上显著。

由表可知，高管员工薪酬差距与流动资产周转率、净资产增长率呈非线性型关系，同理，我们进一步精确模拟，得出模型（Ⅱ）修正后的回归结果，见表3.9：

表3.9　　　　　　　模型（Ⅱ）的回归结果（修正）

变量	偿债能力		营运能力		盈利能力		发展能力	
	方程9	方程10	方程11	方程12	方程13	方程14	方程15	方程16
	资产负债率	利息保障倍数	应收账款周转率	流动资产周转率	净资产收益率	每股收益	净利润增长率	净资产增长率
截距项	54.58***	26.46***	104787***	3.11***	6.75***	0.25***	-96.02***	7.47***
相对薪酬差距	-0.12	0.67**	-74.94***	0.05***	0.20	0.0005	4.61**	0.91***
相对薪酬差距平方项	-6.89**	-0.01**	1.08	-0.001***	-0.006**	-6.76***	-0.07	-0.02**
主营业务增长率	0.05***	0.1***	—	0.005***	0.02**	0.001***	0.34**	—
股权集中度	—	—	—	-3.50***	—	—	—	—
控股类型	—	—	—	—	-4.76***	-0.13**	—	—
人才比例	—	—	—	—	5.78***	0.11***	—	—
Adj R^2	0.971	0.645	0.464	0.919	0.573	0.692	0.077	0.358

注："***""**"依次表示在99%、95%的置信水平上显著。

由表3.9可以看出，高管员工薪酬差距与利息保障倍数、流动资产周转率和净资产增长率呈非线性关系，通过进一步的计算，可以得到薪酬差距与利息保障倍数的拐点为33.5，与流动资产周转率的拐点为25，与净资产增长率的拐点为22.75，有效地支持了假设3。表明当高管员工薪酬差距低于33.5倍，薪酬差距的扩大可以有效地增加企业息税前利润，从而使利息保障倍数提高，当高管员工薪酬差距超过33.5倍时，薪酬差距的过分拉大减少了企业的息税前利润，利息保障倍数降低。流动资产周转率和净资产增长率也呈现相同结论。

同时，综合表3.7和表3.9得出，高管员工薪酬差距与净资产收益率和净利润增长率既无线性关系也无非线性关系，假设4得证。

我们注意到，在批发零售行业，高管员工薪酬差距与大多数学者选择的绩效指标净资产收益率并无关系，这表明从净资产收益率的角度出发，企业高管员工薪酬差距不应该被过分拉大。

我们同时揭示出，主营业务增长率分别与利息保障倍数、流动资产周转率、净资产收益率和净利润增长率呈显著正相关。股权集中度与流动资产周转率呈显著负相关。最终控制人类型只与净资产收益率呈负相关。人才比例与两个盈利能力指标呈正相关关系，与其他指标则无关。

五 结论与启示

本书对我国批发零售业上市公司高管与员工之间的薪酬差距与财务成果指标之间的关系进行了研究，以担任行政职务的前三名高管的平均薪酬与员工的平均薪酬之比作为高管员工薪酬差距，通过面板数据的回归分析，揭示了其与财务成果各指标的关系。

研究结果显示：高管员工薪酬差距与资产负债率、应收账款周转率和每股收益负线性相关，与净资产收益率和净利润增长率既无线性关系又无非线性关系，与利息保障倍数、流动资产周转率和净资产增长率呈先升后降非线性关系，并计算出了相应的拐点。当薪酬差距低于这些拐点时，利息保障倍数、流动资产周转率和净资产增长率显示高管员工薪酬差距的扩大能带来相关财务成果的提高，当高管员工薪酬差距大于这些倍数时，相关财务成果会随之降低。若从其他财务指标角度考虑，我们则可以认为拉大高管与普通员工薪酬差距会对企业财务指标不起作用甚至起反作用，这间接支持了行为理论。当前，我国上市公司在制定高管薪酬时，更注重流动资产的周转、净资产的增长水平、资产的利用效率和股东与资本的关系，对财务成果的其他方面有所忽视，因此企业应依据自身财务现状和所处行业的特点，制定相应的薪酬策略。

本书结果还表明：第一，除应收账款周转率和净资产增长率外，主营业务增长率对大部分财务成果指标的提升有显著的正向的影响，这说明主营业务是企业财务成果提升的基础，企业应该高度重视主营业务增长率的实现。第二,本书得出我国上市企业股权集中度只对流动资产周转率有负的影响而与其他财务指标无关,而相当一部分上市企业为国有企业,这说明股权集中(尤其在国有企业)在很大程度上阻碍了资产的流动性。第三,控股类型只对净资产收益率有负的影响而与其他指标无显著关系,这表明国有控股企业净资产的利用率较民营企业低,国家应强化股权改革,增加国有控股企业的净资产利用率。这是今后国企改革的一个重要方面。第四,企业人才比例的高低对盈利能力有直接影响而对其他财务能力的提升无直接作用。

六 国外应对高管薪酬的措施

(一)看得见的手:行政管制

2009年2月,针对美国上市企业高管层与员工之间巨大的薪酬差距和美国民众的不满,美国总统奥巴马推出"限薪令",以政府行政命令的方式强行规定高管层薪酬的上限。要求所有上市企业必须披露奢侈消费明细,同时凡是接受美国政府"援助"的企业,高管层薪酬必须低于50万美元,并且严格限制对离职高管的"金色降落伞"政策。针对美国近期发生的AIG"奖金门"事件,规定当高管层侵犯股东利益时,依据公司治理的规则和公司法,股东可以通过诉讼等司法途径寻求帮助。包括企业与高管的合约问题和公司与股东之间的治理问题,都可以寻求司法救济。媒体普遍解析,这是根据AIG"奖金门"事件实际上涉及的两层关系而专门提出的:一是在AIG高管奖金的发放问题,这是合约问题;二是拥有AIG控股权的美国政府是否应该同意AIG的做法,这是公司治理问题。美国政府拥有AIG将近80%的股份,是公司的最大股东,对企业拥有控股权和决策权,依据"限薪令",对于自己控股企业滥发奖金的行为,美国政府完全可以向AIG的注册地特拉华州提起诉讼,然而通过司法途径介入高管薪酬的各个方面绝非易事,因为不管薪酬契约是否合理,美国法院一般都不会轻易判其无效。只要合同是由当事人双方自愿签订的,通常都会得到法律的支持。任何一个合同当事方很难证明合同的签署是由于当初受到胁迫而签订的。如果合同明显有失公允，法院也可以判定合同无效，但是在美国，显失公平原则通常只适用于商业买卖合同，一般并不适用于包括薪酬合同在内的其他合同。哈佛大学教授弗里德和伯切克指出，司法介入实际上不能解决高管的薪酬问题，因为司法机关没有足够的人力、能力去判断薪酬政策和薪酬包（薪酬整合）是否令人满意，也不能判断契约的签署是否违背了公平原则，而且美国信奉"自由市场"，除非商业贸易问题，一般情况下不会介入市场选择，较高的高管薪酬完全有可能是市场选择的结果。因此对股东而言，寻求来自司法机关的保护在实践中是不可行的。一项研究发现，上市公司董事会（薪酬委员会）做出的薪酬方面的决定自1990年以来，几乎都没有被美国司法机关推翻过。

高管薪酬的决定属于企业的个性化事宜，政府有意干涉企业决策，强加意志于股东之上的做法与美国信奉的市场原则相违背，因此面临正当性的质疑。

首先，高管薪酬差距拉大的主要目的在于"激励"，是为了将高管层的个人利益与企业所有者的利益统一化，从而保证管理层决策均有利于股东权益最大化。但是，高管薪酬困局能不能通过设定上限的行政强制政策解决呢？降薪之后能不能完全保证高管层会更加积极主动地关注风险，实现股东权益的长期最大化利益呢？答案是否定的，因为奥巴马政府并没有改变薪酬评价标准而是单纯限制数额，这是干预的短期行为，即使高管薪酬的绝对数量下降了，对高管薪酬的长期影响也不大。此外，限薪的对象也很有限，都是正在与政府谈判想获得"额外援助"的企业，并不包括之前已经获得的政府援助的企业，比如花旗银行、AIG等，因此这个想法很难在较长时间里维系。

其次，美国各行业市场竞争相当激烈，人才流动大，这正是猎头公司存在的一个重要原因，随着"限薪令"的出台，各企业会丧失对高层管理人才的足够吸引力，需要"额外援助"的企业本身就身陷囹圄，有可能导致接受政府"额外援助"的企业因无法寻觅到优秀人才而难以走出困局。而原来企业的管理者的积极性也会受到一定影响，并有可能引发隐性消费、规制法律等行为。美国是高度崇尚自由与自治的国家,在企业自治领域,政府的干预行为历来受到董事会、股东、高管层的抵制。也许只有原本就能力平平的管理者会接受政府援助,从而达到继续掌控公司的目的。真正有实力有能力的管理者一般情况下不会接受政府的干预和援助,或者在企业接受额外援助后,出现现有高管另谋高就的情况,因而援助资金并不一定能够得到最优回报。退一万步讲,即使优秀高层人才继续留任,行政命令的缺乏连续性也会使企业高管可能因为"限薪"而去追求其他个人利益以补偿损失,以更隐蔽的方式侵犯股东利益。

最后,"限薪令"仅仅是针对公司高层管理人员薪酬,但对于企业其他人员的薪酬并没有涉及。美国薪酬顾问公司詹姆斯·里达合伙公司资深薪酬顾问戴维·施密特认为,奥巴马政府的措施可能只会对一小部分管理人员起到限制作用,而众多高收入的华尔街精英会游离于计划之外。这些人包括经纪人、业绩优秀交易员和销售人员等,他们仍然会获得丰厚的收入,而不会因为"限薪令"受到影响。例如,我们从2008年次贷危机中的住房抵押贷款业务来看,中低层企业人员的薪酬结构与其业务数量而不是业务质量挂钩,这实际上是对违规发放房屋贷款行为的纵容和对直接参与贷款审核和贷款发放业务人员的一大诱惑;而风险管理部门同时又缺乏足够的监管和薪酬激励。所以不光是对高层管理人员的监管,对中低层员工的监管和激励,对中低层薪酬情况的调查及改进对各个行业机构来说更具意义,否则可能会重蹈覆辙。

美国政府采用行政命令的方式规制这类市场行为,其最大目的并非是要加强对经济的监管、规范华尔街行为、改善其业务收益风险特征,而在于稳定经济和平息民众的愤怒情绪。事实上,与美国政府谈判并接受"额外援助"的大企业并非美国国际集团(American International Group,AIG)一家,奥巴马政府此举并非指针对AIG,而是借此事件树立政府权威,预防群起效应。美国政府虽然对大企业大金融机构注资,但并没有直接参与管理,并没有进入公司董事会,若想阻止企业向高管层发放巨额奖金就需要提起派生诉讼,而这种司法程序的时间成本巨大是不得不考虑的。当"奖金门"这类重大事件发生时,若任凭其他企业效仿而不加以有力地限制，错误将不能及时修正，经济危机的后果可能会因此进一步加大，激化社会矛盾。显然，"限薪令"的政治意味着经济意义更浓。

（二）建立透明信息披露机制

董事会或薪酬委员会与高管层选择偏向高级管理人员的薪酬制度，其实并不是因为此安排对股东有多么不利，有多么损害了他们的利益。而是因为外部人员包括普通员工认为对他们和股东有多么不利。所以越是包装正当和合理的薪酬制度，越会使高管层获得更多利益。通常薪酬委员会会采用隐藏方式，或者公布说明高管薪酬与公司绩效之间较高的相关度等信息来帮助解释其收入的合法性和正当性。因此加强信息披露显得越发重要，强制性的披露信息可以增加股东对高管人员决策包括薪酬制度的有效监督，降低股东监督成本。1992年，SEC提高了高管薪酬信息披露标准，要求企业高管层薪酬必须使用标准化信息采集图表的方法披露。该规则要求披露的信息图表有7个，主要有：公司过去三年CEO及除CEO外的前四位高管人员的股票期权和股票增值权的图表；公司业绩表及薪酬委员会报告；获得最高报酬的高管人员的报酬汇总表等。同时，高级管理人员的长期激励措施也被列入强制披露的内容。从理论上说，提高企业信息透明度应当可以引起高管薪酬的降低，但是现实数据显示1992年的美国证券交易委员会（the U. S. Securities and Exchange Commission, SEC）规则并没有导致之后高管薪酬降低，反而是提高了。这种情况至少说明了两点：20世纪90年代股票市场环境造成了上市企业高管薪酬的情况，这种情况的发生足够抵消好的披露制度引起的效果，这是其一；其二，上市企业高管薪酬制度的设计及运行过程中存在很大程度的掩饰行为，这些薪酬规则被高管层或者薪酬委员会等设计者给巧妙地规避过去了。总的来说，在抑制企业高管薪酬的1992年SEC颁布的信息披露制度并没有起多大作用。

2006年1月，SEC通过新的高管薪酬信息披露提议，要求上市企业必须详细披露董事会与管理层的工资、福利、津贴、奖金等薪酬情况。依据新规定，企业必须在其授权委托书的摘要和具体分析部分分别解释说明给予这些人员薪酬福利的具体原因、动机及执行情况，并详细说明董事会（薪酬委员会）在制定这些薪酬细则方面，都考虑了哪些因素。由于股权激励成为企业高管收入的重要组成部分，占比越来越大，因此，新规则要求企业必须披露这些高层管理人员所拿股票期权的具体市场价值。针对企业的市场并购，新规则明确要求企业在向美国证监会提交并购报告中，对"控制权变更"的条款须做出比以往更加详细的说明。如果企业的并购会引起管理权、控股权和责任的变更，则必须说明管理人员在此次并购中获得的经济利益。

  SEC之所以作出这样明确的规定，是基于这样的共识：没有明确透明的信息披露，就无法从外部监管，没有有效的外部监督，就没有有效的外部审查，这就容易导致董事会为高管层做出有力的契约安排。然而，新规则只是沿袭了SEC的传统职能：让企业透明化的决策。这样越来越透明的信息披露只会让董事会做出越来越"合理"的薪酬安排，但面对日益高涨的高管薪酬，SEC不能也没有做出更多实质的规制，难以发挥有效作用。因为单靠提高透明度只是让现象透露在阳光下，由于股东投票权的缺陷，股东即使发现薪酬契约并不合理，即使发现这样的契约在损害他们的利益，也无法保护权益。如果想让披露规则起到更大的作用，就应该赋予普通股东对薪酬事务的投票权，至少让股东有权责投票的权利。直到最近，SEC才刚刚通过一项措施，要求接受政府"额外援助"的上市企业就高管层薪酬问题进行非强制性的股东投票，但是注意，与奥巴马政府的"限薪令"一样，这项规定的对象仅仅是"额外援助"的企业，并不包括所有的企业。

第四章

薪酬差距对企业绩效影响的行业比较

薪酬差距加大不仅体现在行业内部、企业内部，行业间薪酬差距也在扩大中，深入比较行业间薪酬差距对企业绩效影响的差异性，有助于解决行业薪酬差距过大产生的不良影响。

第一节 研究设计

一 研究假设

有关薪酬差距与公司绩效相关性的研究是近年来国内外学者讨论的焦点。根据锦标赛理论，随着监督难度的提高，大的薪酬差距可以降低监督成本，为股东和代理人的利益一致提供激励，因此加大薪酬差距可以提高企业绩效。行为理论则认为缩小薪酬差距有利于企业绩效的提升。国内外学者研究成果主要支持的是锦标赛理论。同时，我国各行业发展水平很不平衡，基于不同的行业特征，多数行业的企业在实践工作中也选择拉大薪酬差距的方法来提升企业绩效。基于以上分析，提出假设：扩大高管—员工薪酬差距会提升企业绩效适用于不同行业。

二 样本选取及数据来源

本书选取2006—2010年国内A股主板的上市公司作为研究对象，以中国证监会发布的《上市公司行业分类指引》为标准，将上市公司分为13个门类，其中制造业又分为10个次类。为确保数据的准确性和可比性，本书对样本公司及数据进行了以下处理：1. 剔除了公布的数据不齐全的公司；2. 剔除了ST、PT的公司；3. 剔除了样本行业中公司数量不足5家的行业（行业门类中的社会服务业和制造业次类中的木材家具业、其他制造业）；4. 考虑到极端值对结果的不利影响，剔除了主营业务增长率大于1000%（2007年新华锦2323.96%、2009年西藏城投1199.03%、2010年西王食品1609.59%、2010年豫能控股1149.38%、2010年芜湖港3116.79%、2010年广发证券20239.11%、2010年三普药业4360.71%）和净资产收益率大于1000%（2006年棱光实业2898.27%）的共8家异常数据变动的公司；5. 剔除了薪酬差距为零和负值（即高管—员工薪酬水平等于或小于公司平均水平）的公司。这样，选取了741家公司来研究高管—员工薪酬差距与企业绩效相关性的行业差异，分别属于12个行业门类，其中制造业中包括8个次类。本书全部数据均取自网易财经网和中国证监会官方网站各上市公司2006—2010年的年报。采用的统计软件为Eviews 6.0和Excel 2003。

三 变量选取与描述

1. 被解释变量

本书研究高管—员工薪酬差距与企业绩效的相关性，因此采用企业绩效作为被解释变量。随着企业所有权与经营权的分离，多种财务指标构成的绩效评价体系也应运而生。常用的绩效指标主要有净资产收益率（ROE）、每股收益（EPS）、总资产收益率（ROA）、托宾Q值等。本书采用净资产收益率（ROE）和每股收益（EPS）这两个重要指标来衡量企业绩效。ROE、EPS值越大，说明企业绩效越好。

（1）净资产收益率（ROE）

净资产收益率又称股东权益收益率，是指净利润额与平均股东权益的比值，该指标越高，说明投资带来的收益越高；净资产收益率越低，说明企业所有者权益的活动能力越弱。该指标体现了自有资本获得净收益的能力。

净资产收益率（ROE）= 净利润／[（期末股东权益 + 期初股东权益）／2]

（2）每股收益（EPS）

每股收益（EPS），又称每股税后利润，指税后利润与股本总数的比率。是普通股股东每持有一股所能享有的公司净利润或需承担的企业净亏损。每股收益通常被用来反映企业的经营成果，衡量普通股的获利水平及投资风险。

每股收益（EPS）= 净利润／年末普通股总股数

2. 解释变量

薪酬通常包括现金薪酬、隐性薪酬和各种福利等，现金薪酬是薪酬的主要部分，所以本书衡量薪酬时仅包括现金收入。本书将高管—员工薪酬差距作为研究对象，借鉴卢锐（2007）关于高管—员工薪酬差距的计算方法，选取上市公司薪酬金额最高的前三名高管薪酬平均数作为高管薪酬的代表值。在计算员工薪酬时利用现金流量表"支付给职工以及为职工支付的现金"除以员工人数得到。[①]

在计算薪酬差距时，采用薪酬差距的相对值作为本书高管—员工薪酬差距的计量方法，并用 GAP 来表示。

高管－员工薪酬差距变量（GAP）= 高管－员工薪酬差距 = 高管平均薪酬／员工平均薪酬

其中：

高管平均薪酬 = 年度薪酬最高的前三名高管薪酬总额／3
员工平均薪酬 = 年度支付给职工以及为职工支付的现金／年度员工总数

[①] 卢锐：《管理层权力、薪酬差距与绩效》，《南方经济》2007 年第 7 期，第 60—70 页。

3. 控制变量

为了保证研究结果的可靠性和真实性，本研究将公司的主营业务收入增长率（GROWTH）、股权集中度（HERF）和管理人员比例（MNO）作为控制变量，尽可能地控制这些变量对公司绩效的影响作用。

主营业务收入增长率（GROWTH）可以用来衡量公司的产品生命周期，判断公司发展所处的阶段。产品市场需求越大，市场竞争力越强，企业的盈利能力越强。

股权结构决定了股东的监管能力。股权的集中程度影响股东参与公司管理的程度，影响公司绩效。赫芬达尔指数作为衡量股权集中度（HERF）的比较理想指标，本书采用前五大股东持股比例的平方和作为股权集中度的指标。

管理者作为企业最重要的人力资源，对企业决策、生产和日常经营管理等活动有着重要的影响。管理人数多造成管理活动的复杂性和成本的增加，管理人数少会造成个人主义从而影响决策和企业绩效。管理人员比例（MNO）作为控制变量，代表管理者规模。

具体的变量选取与描述如表4.1所示。

表4.1　　　　　　　　变量选取与描述

变量类型	变量名称	符号	变量描述
被解释变量	净资产收益率	ROE	公司净利润/[（期末股东权益＋期初股东权益）/2]
	每股净收益	EPS	净利润/年末普通股总股数
解释变量	高管—员工薪酬差距	GAP	高管平均薪酬/员工平均薪酬
控制变量	主营业务收入增长率	GROWTH	（本期的主营业务收入－上期的主营业务收入）/上期主营业务收入
	股权集中度	HERF	前五大股东持股比例的平方和
	管理人员比例	MNO	管理层人数/公司总人数

4. 模型构建

为了研究高管—员工薪酬差距和企业绩效的相关性，以高管—员工薪酬差距（GAP）作为自变量，以净资产收益率（ROE）和每股净收益（EPS）分别代表企业绩效来作为因变量，以主营业务收入增长率（GROWTH）、股权集中度（HERF）和管理人员比例（MNO）为控制变量。采用面板数据模型，根据理论假设，构建如下模型：

模型一：
$$ROE_{it} = \alpha_1 + \beta_1 GAP_{it} + \beta_2 GROWTH_{it} + \beta_3 HERF_{it} + \beta_4 MNO_{it} + \varepsilon_{it}$$

模型二：
$$EPS_{it} = \alpha_2 + \beta_5 GAP_{it} + \beta_6 GROWTH_{it} + \beta_7 HERF_{it} + \beta_8 MNO_{it} + \varepsilon_{it}$$

其中，α_1 和 α_2 表示常数项；β_1 到 β_8 表示各变量的系数；GAP 表示高管—员工薪酬差距；GROWTH 表示主营业务收入增长率；HERF 表示股权集中度；MNO 表示管理人员比例；i 表示企业；t 表示年份；ε 表示误差项。

第二节 实证分析

一 基于上市公司整体层面的面板数据分析

本书首先对 2006—2010 年 741 家公司的 22230 个数据进行整体分析，研究全体上市公司高管—员工薪酬差距与企业绩效的相关性。

1. 总体描述性统计

表 4.2　　　　　　　　　　总体描述性统计

变量	净资产收益率（%）	每股收益（元）	高管—员工薪酬差距（倍）	主营业务收入增长率（%）	股权集中度（%）	管理人员比例（%）
均值	8.635161	0.254186	9.721279	22.62944	0.167356	0.117863
标准差	13.96879	0.454674	10.20948	52.40399	0.122535	0.083217
最小值	-193.2900	-2.280000	151.7500	-97.77000	0.000373	0.004680
最大值	151.8800	5.900000	1.000000	770.4300	0.977371	0.851981

从表 4.2 的描述性统计中可以看出，2006—2010 年，ROE 的均值为 8.635161%，最高为 151.88%，最小值为 -193.29%，标准差为 13.96879%；EPS 的均值为 0.254186 元，最高为 5.9 元，最小值为 -2.28 元，标准差为 0.454674 元。在这五年内，我国上市公司的高管的平均薪酬大概是企业员工的平均薪酬的 9.721279 倍。最大的薪酬差距有 151.88 倍，而最小的薪酬差距只有 1 倍，标准差为 10.20948。对于控制变量，主营业务收入增长率的均值为 22.62944%，股权集中度的均值为 0.167356%，管理人员比例的均值为 0.117863%。

表 4.3 　　　　　　　　　总体动态描述性统计

变量		2006 年	2007 年	2008 年	2009 年	2010 年
净资产收益率（%）	均值	6.617166	10.92456	6.683846	8.640202	10.31003
	标准差	14.87392	14.79484	14.31996	12.09781	13.00783
	最小值	-193.2900	-118.8600	-92.89000	-115.1500	-121.3900
	最大值	58.41000	151.8800	76.69000	58.68000	134.0400
每股收益（元）	均值	0.195061	0.290513	0.211687	0.246842	0.326829
	标准差	0.341215	0.422900	0.526698	0.445721	0.501438
	最小值	-1.630000	-1.650000	-2.280000	-1.690000	-0.970000
	最大值	1.830000	3.260000	5.900000	4.560000	5.350000
高管—员工薪酬差距（倍）	均值	11.79868	10.67008	8.490607	9.447679	8.199352
	标准差	12.43842	10.91514	9.252756	9.120876	8.362933
	最小值	1.160000	1.050000	1.020000	1.090000	1.000000
	最大值	151.7500	114.6000	90.04000	75.80000	93.13000
主营业务收入增长率（%）	均值	20.70309	32.81968	14.66497	10.49961	34.45987
	标准差	41.42464	61.24710	35.79694	51.46410	62.36873
	最小值	-75.94000	-65.05000	-72.93000	-97.77000	-84.49000
	最大值	622.6700	656.6700	331.5400	641.9300	770.4300
股权集中度（%）	均值	0.176001	0.167741	0.167109	0.165552	0.160378
	标准差	0.124990	0.118048	0.120333	0.124831	0.124124
	最小值	0.006203	0.006428	0.005970	0.000373	0.004701
	最大值	0.977371	0.705632	0.726570	0.871712	0.831711
管理人员比例（%）	均值	0.111721	0.115204	0.118646	0.121882	0.121862
	标准差	0.076659	0.081670	0.082253	0.086709	0.088057
	最小值	0.005092	0.005139	0.004802	0.004859	0.004680
	最大值	0.505703	0.730061	0.851981	0.834813	0.846754

数据显示，ROE 的均值从 2006 年的 6.617166% 上升到 2007 年的 10.92456%，同比增长 65.1%；但在 2008 年 ROE 的均值迅速下降后又缓慢回升，2008 年 ROE 的均值为 6.683846%，同比下降 38.8%；2010 年 ROE 的均值回升到 10.31003%，却仍未恢复到 2007 年的水平。EPS 均值的变化趋势和 ROE 相同，都是从 2006 年上升到 2007 年，在 2008 年大幅下降后回升，但在 2010 年 EPS 的均值已高于 2007 年的水平。2006 年和 2007 年，在良好的经济环境下，企业的营利性较好。但在 2008 年受到国际金融危机的影响，使企业绩效普遍下降，随着经济的复苏，公司业绩逐步提升。

而 GAP 则同 ROE 和 EPS 的变化趋势有所不同。2006 年，高管平均薪酬是员工薪酬的 11.79868 倍，2007 年同比下降 9.6%，2008 年相对于 2007 年又下降 20.4%；2009 年 GAP 均值为 9.447679，同比上升了 11.3%；但在 2010 年 GAP 均值依旧下降，降速为 26.4%。GAP 均值在 2006—2008 年呈下降趋势，虽然 2009 年 GAP 的平均水平略大于 2008 年的水平，但整体水平依旧在下降。在金融危机的背景下，企业高管—员工薪酬差距没有呈现持续性变化，而是在不断地动荡变化中。

对于控制变量而言，GROWTH 均值在 2007 年上升，在 2008 年大幅下降，2009 年依旧呈下降趋势，在 2010 年才又回升至 2007 年的水平；HERF 的均值和 MNO 的均值在 5 年中的变化都不大。这说明，金融危机对主营业务收入增长率有影响，良好的外部经济环境使企业销售活跃，有利于主营业务收入的增加；而金融危机对股权集中度和管理人员比例不产生影响。

2. 总体回归分析

本书采用的是面板数据，共包括 741 家企业，时间跨度为 2006—2010 年。为避免虚假回归，首先对序列进行单位根检验，看面板数据是否平稳。对各变量分别进行 LLC、IPS（W）、ADF—Fisher 和 PP-Fisher 四种检验，原假设均为存在单位根。结果如表 4.4 所示，括号里为 Prob 值。

表 4.4　　　　　　上市公司整体的单位根检验结果

变量	水平值			
	LLC 检验	IPS 检验	ADF 检验	PP 检验
净资产收益率	-241.764	-27.5079	2215.19	2643.29
	(0.0000)	(0.0000)	(0.0000)	(0.0000)
每股收益	-66.1157	-14.2382	1910.28	2299.88
	(0.0000)	(0.0000)	(0.0000)	(0.0000)
高管—员工薪酬差距	-103.389	-30.4247	2537.30	3425.87
	(0.0000)	(0.0000)	(0.0000)	(0.0000)
主营业务收入增长率	-71.1910	-19.1547	2208.30	2586.25
	(0.0000)	(0.0000)	(0.0000)	(0.0000)
股权集中度	-8974.43	-1831.65	3312.19	3630.68
	(0.0000)	(0.0000)	(0.0000)	(0.0000)
管理人员比例	-1481.79	-81.7039	2346.51	2836.90
	(0.0000)	(0.0000)	(0.0000)	(0.0000)

通过对这些变量进行的单位根检验，四种检验方法都拒绝原假设，即不存在单位根。因此认为该面板数据是平稳的。

其次，面板数据既涉及截面，又涉及时间序列，面板数据模型分为：固定效应模型、随机效应模型和混合模型，通过 F 检验和 Hausman 检验来对模型的形式进行判断。F 检验来确定选择固定效应模型还是混合模型，Hausman 检验进一步来确定选择固定效应模型还是随机效应模型。如表 4.5 所示，F 检验和 Hausman 检验均拒绝原假设，本样本面板数据适用固定效应模型。同时，由于考虑到时间序列较短，存在大量的截面数据，因此采用广义最小二乘法估计，即选择截面加权消除截面数据造成的异方差性。

表 4.5　　　　　　F 检验和 Hausman 检验结果

业绩指标	F 检验	Hansman 检验
净资产收益率（模型一）	2.356092***	32.878881***
每股收益（模型二）	6.561142***	69.413315***

注："***"代表变量系数在1%水平下显著。

采用 Eviews6.0 进行整体回归分析，得到表 4.6 回归结果，其中括号里为 t 统计量值。

表 4.6　　　　　　　　　　整体回归结果

变量	净资产收益率（模型一）	每股收益（模型二）
常数项	6.718376*** （25.44097）	0.250260*** （34.22459）
高管—员工薪酬差距	0.014993 （1.337117）	-0.002312*** （-10.1030）
主营业务收入增长率	0.033753*** （20.78260）	0.001029*** （23.51510）
股权集中度	4.916521*** （4.529098）	0.049937 （1.391204）
管理人员比例	1.564635 （1.210153）	-0.0044504 （-1.46696）
R^2	0.845135	0.868273
Adj R^2	0.806210	0.835164
F 检验统计量	21.71166	26.22413
F 统计量概率	0.000000	0.000000
DW 统计量	2.068703	1.957418
样本数量	3705	3705

注："***"代表变量系数在 1% 水平下显著。

通过表 4.6 的回归分析结果，从整体回归效果看，R^2 均大于 0.8 且 Prob（F-statist）= 0.000000，说明模型显著且拟合程度较好。Durbin-Watson stat 值约为 2，说明各变量间不存在相关关系。

在模型一中，ROE 作为被解释变量，与 GAP 的线性相关性并不显著；在模型二中，EPS 作为被解释变量，与 GAP 的相关性显著为负。这说明高管—员工薪酬差距（GAP）和公司绩效之间是不相关的，或者在某种程度上高管—员工薪酬差距越大，公司绩效越低，即两者呈负相关关系。这不符合锦标赛理论的预测，假设不成立。现阶段，高管—员工薪酬差距与净资产收益率没有线性相关性，薪酬差距的变动并没有使净资产收益率呈同向或者反向变化的趋势。高管—员工薪酬差距与每股收益呈显著的负向线性相关性。拉大高管—员工薪酬差距对每股收益产生负向影响作用,薪酬差距越大企业绩效越低。由此可以看出,对上市公司整体而言,高管—员工薪酬差距对企业绩效不存在显著的正向线性相关性。

就其他控制变量而言,公司的主营业务收入增长率(GROWTH)与企业绩效(ROE和EPS)显著正线性相关,这说明公司的成长性对业绩有着正向的影响,在特定时间范围内,成长性越好的公司,预期业绩水平越高。股权集中度(HERF)与企业绩效呈正相关关系,股权的集中促使控股股东更加关注公司的长远发展,减少股东与经理的代理成本,有利于提高企业绩效。而管理人员比例(MNO)对业绩(ROE和EPS)的影响并没有通过显著性检验,这说明在这些上市公司中,管理人员比例不是影响业绩水平的主要因素。

二 分行业的面板数据分析

从行业层面对高管—员工薪酬差距与企业绩效相关性进行具体的分析,比较各行业间高管—员工薪酬差距与企业绩效相关性的差异并分析差异形成的原因。对样本进行行业划分后剔除了社会服务业,余下十二大门类行业如表4.7所示。我国经济发展所处的阶段和产业现状决定了我国上市公司主要集中于制造业,再对制造业进行细化,对制造业中的10个次类进行细致分析。其中木材、家具和其他制造业的数据过少,最后剩下的8个制造业次类如表4.8所示。

表4.7　　　　　　　　　12个行业门类

代码	行业名称	代码	行业名称
A	农、林、牧、渔业	G	信息技术业
B	采掘业	H	批发和零售贸易
C	制造业	I	金融、保险业
D	电力、煤气及水的生产和供应业	J	房地产业
E	建筑业	L	传播与文化产业
F	交通运输、仓储业	M	综合类

表 4.8　　　　　　　　　8 个制造业次类

代码	次类名称	代码	次类名称
C1	食品、饮料	C5	电子
C2	纺织、服装、皮毛	C6	金属、非金属
C3	造纸、印刷	C7	机械、设备、仪表
C4	石油、化学、塑胶、塑料	C8	医药、生物制品

1. 行业门类薪酬差距面板数据统计描述

按 12 个行业门类所选 741 家样本公司，2006—2010 年对各变量的均值描述情况见表 4.9。

表 4.9　　　　　　　各行业门类变量的均值

行业名称	企业个数	净资产收益率（%）	每股净收益（元）	高管-员工薪酬差距
农、林、牧、渔业（A）	12	4.005333	0.061500	13.09117
采掘业（B）	21	17.23476	0.729905	10.04705
制造业（C）	443	8.409684	0.253463	10.04976
电力、煤气及水的生产和供应业（D）	40	6.390850	0.131250	5.486700
建筑业（E）	15	8.674133	0.271200	6.612667
交通运输、仓储业（F）	26	10.69931	0.309538	8.418462
信息技术业（G）	36	6.926667	0.180000	8.841833
批发和零售贸易（H）	71	9.383746	0.440197	10.16025
金融、保险业（I）	8	17.16625	0.861500	11.42275
房地产业（J）	52	7.934308	0.195500	9.320192
传播与文化产业（L）	7	8.220571	0.231714	15.06800
综合类（M）	10	8.523800	0.069000	12.46120

从分行业的统计结果来看，表 4.9 中金融保险业、采掘业和交通运输仓储业的企业绩效均值最好，这些行业都带有一定的垄断性，企业绩效均高于整体企业绩效的平均水平。企业绩效均值最低的行业是农、林、牧、渔业，高度竞争使得行业盈利较低。

由于本书研究的是货币薪酬差距，所以我们从表 4.8 和图 4.1

中可以看出，传播与文化产业、农林牧渔业、综合类、金融保险业和采掘业的薪酬差距均值比较大，而电力煤气及水的生产和供应业的薪酬差距均值则最小。12 个行业门类中，有 7 个行业的薪酬差距均值都在 10 倍以上，其中传播与文化产业、农林牧渔业、综合类的薪酬差距均值已经大于 12 倍。

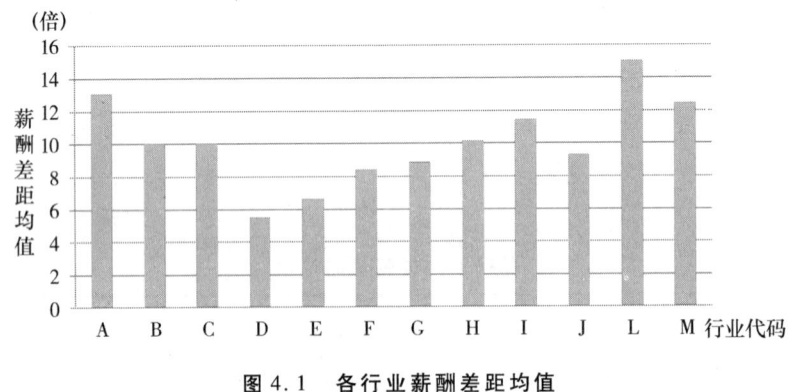

图 4.1 各行业薪酬差距均值

2. 行业门类数据回归分析

对各行业进行回归分析时，经过检验各序列平稳不存在单位根，而且仍然采用固定效应模型，利用模型一和模型二，对上市公司高管—员工薪酬差距与企业绩效的相关性进行分行业的面板数据固定效应分析，分析结果如表 4.10、表 4.11 所示。

表 4.10　　　　　行业门类中模型一的回归结果

行业代码	常数项	高管—员工薪酬差距	主营业务收入增长率	股权集中度	管理人员比例
A	-6.897448**	0.057461***	0.046853***	38.36908**	24.34667***
B	19.26623*	-0.114436	0.069619***	-5.940667	-18.60639
C	8.133087***	0.013226	0.043094***	-3.016363	-2.997985
D	11.59408***	0.313515**	0.029065	-38.99438***	-3.598454
E	7.509910***	-0.303667	0.012492	13.97294**	4.931694
F	19.43230***	0.094036*	0.037583**	-31.42981**	-18.92363***
G	17.51719***	-0.366318**	0.020820**	-42.55949***	-11.11215*

续表

行业代码	常数项	高管—员工薪酬差距	主营业务收入增长率	股权集中度	管理人员比例
H	8.611832***	-0.042247	0.017027**	1.500866	4.344409
I	21.55453**	0.112812	0.068929**	-48.48755	-5.500250
J	2.613244	-0.144249**	0.018655***	39.32274***	-2.520486
L	0.934201	-0.005271	0.002502	65.72123	-11.32563
M	10.23087**	-0.187072	-0.009820	6.995959	-1.017017

注："*"代表变量系数在10%水平下显著；"**"代表变量系数在5%水平下显著；"***"代表变量系数在1%水平下显著。

表4.11　　　　　　　　行业门类中模型二的回归结果

行业代码	常数项	高管—员工薪酬差距	主营业务收入增长率	股权集中度	管理人员比例
A	-0.163154***	0.000812**	0.000746*	0.844204**	0.488060***
B	-0.038839	-0.000357	0.001967***	1.917352*	1.687881
C	0.255442***	-0.002551***	0.001461**	-0.036996	-0.020159
D	0.203021***	0.009099**	0.000603***	-1.026155***	0.370630*
E	0.237531***	-0.028072***	0.000225	1.246073***	0.181560
F	0.466314***	-0.000404	0.000883***	-0.033156	-1.163495***
G	0.477472***	-0.009124***	-2.16***	-0.953226***	-0.562144***
H	0.500876***	-0.000952	0.001002***	-0.295995**	-0.148763***
I	1.945216***	0.017385**	0.002855***	-4.478655***	-4.948735***
J	-0.006321	-0.002595	0.000543***	0.929317***	0.303481**
L	0.422286*	-0.000783	-0.000255	-0.717085	-0.381780
M	0.039345	-0.000687	0.000426	-0.039652	0.279192

注："*"代表变量系数在10%水平下显著；"**"代表变量系数在5%水平下显著；"***"代表变量系数在1%水平下显著。

表4.10和表4.11分别描述了12个行业门类高管—员工薪酬差距与企业绩效之间的相关性。不同行业的上市公司高管—员工薪酬差距和企业绩效相关性存在差异，如表4.12所示。

表 4.12　　各行业门类薪酬差距与企业绩效的相关关系

行业门类	GAP 与 ROE、EPS 同时显著相关	GAP 与 ROE、EPS 同时不显著相关	GAP 与 ROE、EPS 不同时显著相关
农林牧渔业（A）	+		
采掘业（B）		N	
制造业（C）			ROE（N）、EPS（-）
电力煤气及水的生产和供应业（D）	+		
建筑业（E）			ROE（N）、EPS（-）
交通运输仓储业（F）			ROE（+）、EPS（N）
信息技术业（G）	-		
批发和零售贸易（H）		N	
金融保险业（I）			ROE（N）、EPS（+）
房地产业（J）			ROE（-）、EPS（N）
传播与文化产业（L）		N	
综合类（M）		N	

注："+"代表呈显著正相关关系；"-"代表呈显著负相关关系；"N"代表无显著相关关系。

从上述分析中我们可以看出，多数企业的高管—员工薪酬差距并不与企业绩效存在显著的正向线性关系，本书假设不成立。具体数据结论如下：

（1）农林牧渔业（A）和电力煤气及水的生产和供应业（D）两个行业高管—员工薪酬差距与企业绩效（ROE 和 EPS）高度正相关，即高管和员工薪酬差距越大，公司绩效越高。

（2）信息技术业（G）高管—员工薪酬差距与企业绩效（ROE、EPS）有高度的负相关性。较大的高管—员工薪酬差距对企业绩效是一种不利的影响，适当降低薪酬差距可以促进团队合作提升绩效。

（3）交通运输仓储业（F）的高管—员工薪酬差距与净资产收益率（ROE）显著正相关，但与每股收益（EPS）不相关。金融保险业（I）高管—员工薪酬差距对净资产收益率（ROE）无线性相关性，但与每股收益（EPS）呈显著正相关关系。

(4) 房地产业（J）的高管—员工薪酬差距显示出与净资产收益率（ROE）显著负相关，但与每股收益（EPS）不相关。制造业（C）和建筑业（E）高管—员工薪酬差距对净资产收益率（ROE）无线性相关关系，但与每股收益（EPS）呈显著负相关。

(5) 采掘业（B）、批发和零售贸易（H）、传播与文化产业（L）和综合类（M）的高管—员工薪酬差距与企业绩效（ROE和EPS）没有相关性，过大或者过小的高管—员工薪酬差距对企业绩效都没有影响。

(6) 多数行业上市公司的主营业务收入增长率和企业绩效之间均有显著的正相关关系。主营业务收入增长率越高，企业绩效越好，具有竞争力的产品无疑是企业获利的重要因素。

(7) 对于股权集中度对企业绩效的影响，各行业间有很大差异。对企业绩效的提高，农林牧渔业（A）、采掘业（B）、建筑业（E）和房地产业（J）应尽量使股权集中，而电力煤气及水的生产和供应业（D）、交通运输仓储业（F）、信息技术业（G）、批发和零售贸易（H）和金融保险业（I）则应尽量使股权分散。制造业（C）、传播与文化产业（L）和综合类（M）的股权集中与否，与企业绩效的升降无相关关系。

(8) 多数行业的管理人员比例和企业绩效没有相关性。只有农林牧渔业（A）和房地产业（J）的管理人数增加对企业绩效有利，而交通运输仓储业（F）、信息技术业（G）、批发和零售贸易（H）和金融保险业（I）的管理人数要适量减少。

3. 相关性存在差异的原因及相关启示

高管—员工薪酬差距与企业绩效的相关性存在行业差异，从不同行业的产品特性、竞争程度、高管—员工薪酬差距和企业绩效等状况出发，原因及相关启示如下：

(1) 农林牧渔业（A）的进入门槛较低，竞争比较激烈，技术含量不高，在各行业中收益最低，虽然企业内部高管—员工薪酬差距较大，但此行业的薪酬水平是全部行业中最低的，拉大高管—员工薪酬差距就会在很大程度上调动高管的积极性，进而拉升企业绩效。拉大高管—员工薪酬差距是调动企业绩效的强有力手段。

（2）电力煤气及水的生产和供应业（B）是高度垄断行业，企业绩效较高。电力、煤气、水这些重要资源受国家的统一调控，此行业中多数企业是国有及国有控股企业，由于这些企业长期存在较强的平均主义倾向，高管—员工薪酬差距最低，高管薪酬激励对拉升企业绩效效果明显。

（3）信息技术业（G）具有高投入性，多依赖于人力资源的开发和利用，企业内部的合作更利于产品的开发与设计，因此降低高管与员工间的薪酬差距有利于降低员工的不公平感，使更多人参与到企业活动中来提高企业绩效。

（4）建筑业（E）的高管—员工薪酬差距与每股收益存在显著负相关性。建筑业属于劳动密集型行业，实行包工制，较低的薪酬差距更适合该行业加强合作提高每股收益。

（5）交通运输仓储业（F）的高管—员工薪酬差距虽然与净资产收益率呈正相关性，但这种正相关性较弱，系数在10%水平下显著，趋向于不相关。

（6）金融保险业（I）的高管—员工薪酬差距与每股收益呈正显著相关性。金融保险业是现代经济的核心，影响着经济社会生活的各个方面。此行业是知识密集型行业，这就决定了金融保险业本身较大的高管—员工薪酬差距。对高管的高薪激励，使高管积极参与工作，从而带动每股收益的提升。

（7）房地产业（J）的高管—员工薪酬差距与净资产收益率显著负相关。房屋销售是整个房地产活动中最重要的环节，是直接产生利润的环节，销售人员是整个销售活动的执行者，因此销售人员的作用就显得至关重要。那么高管同员工的薪酬差距过大就会影响员工情绪，进而在一定程度上对净资产收益率产生负面影响。

（8）采掘业（B）、批发和零售贸易（H）、传播与文化产业（L）和综合类（M）的高管—员工薪酬差距与企业绩效不相关，而这些行业的高管—员工薪酬差距的均值都较大，传播与文化产业（L）和综合类（M）的薪酬差距均值都大于12倍，处于所有行业的前列，采掘业（B）和批发零售贸易（H）的薪酬差距均值在8倍左右，可以适当降低这些行业的薪酬差距减少人工成本。其中，综合类各企业之间的资产、产品等企业特征方面差异很大,具体公司情况还应具体分析。

(9) 制造业 (C) 是我国上市公司的主要行业,占总企业数60%左右,对制造业的分析不能一概而论,因此对制造业进行了下面的详细分析。

三 制造业次类进行面板数据分析

1. 制造业次类描述性统计

按8个制造业次类所选443家样本公司,2006—2010年对各变量的均值描述情况见表4.13。

表4.13 制造业次类变量的均值

制造业中次类名称	企业个数	净资产收益率(%)	每股净收益(元)	高管——员工薪酬差距(倍)
食品饮料 (C1)	44	10.19486	0.350955	10.60341
纺织服装皮毛 (C2)	26	5.891615	0.102462	12.99346
造纸印刷 (C3)	12	4.585333	0.173833	10.63367
石油化学塑胶塑料 (C4)	88	8.086955	0.211705	7.976364
电子 (C5)	26	3.183077	0.070923	10.86585
金属非金属 (C6)	76	6.959368	0.265974	10.15224
机械设备仪表 (C7)	115	10.45313	0.314435	9.485513
医药生物制品 (C8)	56	9.701357	0.272214	12.02186

从表4.13中可以看出,不同制造业次类上市公司的企业绩效水平和高管—员工薪酬差距也存在明显的差异。企业绩效水平比较高的有机械设备仪表、食品饮料和医药生物制品。机械设备仪表行业的公司绩效水平普遍都偏高,食品饮料行业绩效好的公司主要集中在贵州茅台、古井贡酒、泸州老窖、张裕A等酒类生产和销售公司。医药、生物制品行业与国民经济密切相关,国家对医药、生物制品行业大力扶持和调整。企业绩效水平较低的行业是:电子、造纸印刷和纺织服装皮毛,这些行业的竞争程度较大、利润较薄。

从图4.2中可以清楚看出,制造业次类的高管—员工薪酬差距均值多数在8—12倍,纺织服装皮毛和医药生物制品业的薪酬差距均值最大，已经超过了 12 倍。相比之下石油化学塑胶塑料业的高管—员工薪酬差距均值还未到 8 倍，差距最小，低于制造业平均水平。

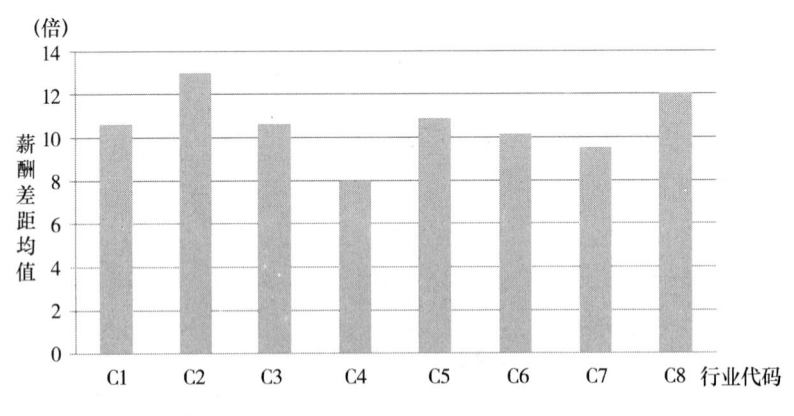

图 4.2 各制造业次类薪酬差距均值

2. 制造业次类回归分析

利用模型一和模型二对上市公司制造业次类高管—员工薪酬差距与企业绩效的相关性进行面板数据固定效应分析，分析结果如表 4.14、表 4.15、4.16 所示。

表 4.14　　　　　制造业次类模型一的回归结果

制造业次类代码	常数项	高管—员工薪酬差距	主营业务收入增长率	股权集中度	管理人员比例
C1	16.81886***	-0.245066***	0.034007***	-23.76435**	-4.737939
C2	4.317578**	0.054954	0.019183*	15.53043	-30.69231**
C3	3.378223	0.062300	0.034613*	11.58825	-16.58180*
C4	7.074359***	0.015587	0.037255***	7.684715	-11.66229***
C5	3.659401	0.617418***	0.076613**	-66.94510***	-3.281546
C6	4.347319**	0.061976	0.058821**	0.391783	4.106460
C7	8.403287***	0.002440	0.038849**	7.025406	-1.840948
C8	11.56260***	-0.234914**	0.095907***	-13.28035***	11.52850

注："*"代表变量系数在10%水平下显著；"**"代表变量系数在5%水平下显著；"***"代表变量系数在1%水平下显著。

表 4.15　　　　　制造业次类模型二的回归结果

制造业次类代码	常数项	高管—员工薪酬差距	主营业务收入增长率	股权集中度	管理人员比例
C1	0.689295***	-0.021205***	0.000949***	-0.772082*	0.034310
C2	0.121239***	-0.002907***	0.001682***	0.092662	-0.233470
C3	0.144759*	-0.002521	0.001061*	0.523263	-0.242212
C4	0.211263***	-0.000634	0.001417***	0.112801	-0.462660***
C5	0.101751	0.008595**	0.001750***	-1.252235***	-0.015862
C6	0.192645***	0.002267	0.001963***	-0.141484	0.354453
C7	0.258110***	0.000410	0.001036***	0.161522*	-0.024077
C8	0.431473***	-0.013510***	0.002033***	-0.417233	0.264927

注："*"代表变量系数在10%水平下显著；"**"代表变量系数在5%水平下显著；"***"代表变量系数在1%水平下显著。

表 4.16　　　　各行业门类薪酬差距与企业绩效的相关关系

制造业中次类名称	GAP与ROE、EPS同时显著相关	GAP与ROE、EPS同时不显著相关	GAP与ROE、EPS不同时显著相关
食品饮料（C1）	-		
纺织服装皮毛（C2）			ROE（N）、EPS（-）
造纸印刷（C3）		N	
石油化学塑胶塑料（C4）		N	
电子（C5）	+		
金属非金属（C6）		N	
机械设备仪表（C7）		N	
医药生物制品（C8）	-		

注："+"代表呈显著正相关关系；"-"代表呈显著负相关关系；"N"代表无显著相关关系。

表 4.16 描述了各制造业次类高管—员工薪酬差距与企业绩效的相关关系。从制造业次类整体上看，除电子行业外，高管—员工薪酬差距与企业绩效呈不相关或负相关关系，进一步说明本研究假设不成立。具体数据结论如下：

（1）电子业（C5）的高管—员工薪酬差距与企业绩效（ROE

和 EPS）呈显著的正向线性相关性。拉大高管—员工薪酬差距会提升企业绩效。

（2）食品饮料（C1）和医药生物制品业（C8）的高管—员工薪酬差距与企业绩效（ROE 和 EPS）存在显著的负向线性相关关系。

（3）纺织服装皮毛业（C2）的高管—员工薪酬差距与净资产收益率（ROE）无关，但与每股收益（EPS）显著负向线性相关。

（4）造纸印刷（C3）、石油化学塑胶塑料（C4）、金属非金属（C6）和机械设备仪表业（C7）的高管—员工薪酬差距与企业绩效（ROE 和 EPS）没有线性相关性。

（5）所有行业的主营业务收入增长率均与企业绩效呈显著的正相关关系，可见主营业务增长率对制造业的企业绩效重要性之大。

（6）股权集中度与企业绩效的相关性存在行业差异。股权集中度对食品饮料（C1）、电子（C5）和医药生物制品业（C8）的企业绩效有负向的相关性，股权集中度越分散，企业绩效越好。机械设备仪表业（C7）的股权集中度和企业绩效有正相关性，但程度比较弱。纺织服装皮毛（C2）、造纸印刷（C3）、石油化学塑胶塑料（C4）、金属非金属（C6）的股权集中度则和企业绩效没有相关关系。

（7）多数行业的管理人员比例对企业绩效都没有相关关系。制造业次类中，石油化学塑胶塑料（C4）的管理人员比例对企业绩效的相关性是负向的并且很显著，应当减少该行业管理人员的数量。在纺织服装皮毛（C2）和造纸印刷（C3）业中，两者之间也呈负向关系，但相关程度比石油化学塑胶塑料业（C4）要弱。

3. 相关性存在差异的原因及启示

（1）电子业（C5）处于市场的激烈竞争中，企业绩效在制造业中最低，对于电子行业的低业绩状态，扩大高管—员工薪酬差距，激励高管对公司的参与，有利于提升业绩。

（2）食品饮料业（C1）竞争激烈，需要各环节的紧密配合，对人力资本要求不高，拉大高管—员工薪酬差距对企业绩效产生负向影响。医药生物制品业（C8）的垄断性带来较高的企业绩效，本行业高管—员工薪酬差距均值已大于 12 倍，拉大高管—员工薪酬差距已不利于企业绩效的提升。纺织服装皮毛业（C2）的高管—员工薪酬差距与每股收益（EPS）呈显著负相关。该行业是劳动密集型，行业特征与食品饮料业相似，此行业的高管—员工薪酬差距均值也大于 12 倍。12 倍的薪酬差距会使这些行业的员工感到不公平，因此扩大薪酬差距对企业不利。

（3）造纸印刷（C3）、石油化学塑胶塑料（C4）、金属非金属（C6）和机械设备仪表业（C7），由于高管—员工薪酬差距和企业绩效之间无显著的相关关系，过大的薪酬差距对提升企业绩效没有作用，可根据企业自身的特点调节高管与员工间的薪酬差距。

第三节 研究结论与政策性建议

一 研究结论

本书在国内外相关理论和已有研究为基础，从锦标赛理论和行为理论出发，结合我国自身的特点提出本研究的研究假设。选取我国 A 股上市公司的 2006—2010 年年报数据，研究我国上市公司高管—员工薪酬差距与企业绩效相关性的行业差异。通过分析本研究主要得到以下结论：

1. 对上市公司整体而言，高管—员工薪酬差距的增大并不会带来企业绩效的提升，相反还可能在一定程度上带来企业绩效的下降，与本书假设不符。

主营业务收入增长率越大，会带来越好的企业绩效。股权集中度的集中也对企业绩效的提升有一定的作用。而管理人员比例的大小并不能改变企业的盈利能力，两者之间没有相关关系。

2. 在 12 个行业门类中，各行业高管—员工薪酬差距与企业绩效的相关性有所不同，有 2 个行业的高管—员工薪酬差距与企业绩效存在显著的正向线性相关关系，有 1 个行业两者相关性呈显著负向线性相关。多数的行业高管—员工薪酬差距对提升企业绩效是非常有限的，两者之间呈负相关关系或无相关关系居多，进一步证明本书假设不成立。

除 3 个行业外，各行业上市公司的主营业务收入增长率和企业绩效之间均有显著的正相关关系，主营业务收入增长率越高，企业绩效越好。股权集中度与企业绩效的相关性随行业不同而有所区别。多数行业的管理人员比例和企业绩效都没有相关性。

3. 在 8 个制造业次类中，不同次类的高管—员工薪酬差距与企业绩效也有所差异，多数行业的高管—员工薪酬差距依然与企业绩效是负相关或者无相关关系，只有电子行业的高管—员工薪酬差距与企业绩效（ROE 和 EPS）高度正相关，进一步推翻假设。

在制造业次类中，所有行业的主营业务增长率均与企业绩效呈显著的正相关关系。股权集中度与企业绩效的相关性随制造业次类的不同也有所差异。多数行业的管理人员比例仍然对企业绩效都没有相关关系。

从上述结论可以看出，无论从上市公司整体层面，还是从行业门类和制造业次类层面，高管—员工薪酬差距与企业绩效的相关性存在行业差异，且多数行业的高管—员工薪酬差距与企业绩效不存在显著的正向线性相关关系。多数行业的主营业务增长率与企业绩效显著正相关，股权集中度与企业绩效的相关性由行业不同而有所区别，多数行业的管理人员比例对企业绩效不产生影响。

一直以来，高管人员的高薪酬受到社会各层的关注，高薪作为激励高管人员提升企业绩效的方式，被各行各业视为重点管理手段。随着高管薪酬飞快地增加，越来越多的人开始质疑高薪激励的有效性。特别是在金融危机的背景下，各行业的企业纷纷传出业绩的下滑，但千万百万的高管年薪依旧层出不穷，如此大的反差不得不让我们思考一个问题：高管—员工薪酬差距是否会提高企业绩效？本书研究结论的得出给我们带来启示。多数行业的高管—员工薪酬差距的加大并不能提升企业绩效，还可能降低企业绩效。从上述分析中我们得知，在行业门类中传播与文化产业（L）和综合类（M）的高管—员工薪酬差距均值在 12 倍以上，但两者并无相关关系；在制造业次类中，纺织服装皮毛（C2）和医药生物制品（C8）的薪酬差距均值也超过了 12 倍，但两者的相关关系是负向的。因此各行业在制定企业内部薪酬机制时，考虑各行业的特征结合实际情况决定薪酬水平，而不是盲目提高高管薪酬，加大高管与员工之间的薪酬差距。

二 政策建议

锦标赛理论和行为理论一直是国内外学者研究的重要课题，针对不同国家不同行业，锦标赛理论和行为理论有其各自不同的适用范围。对于我国而言，薪酬激励机制的设计关系到企业绩效的高低，是薪酬制定者关注的重点问题。结合本书的研究结论，对薪酬制度的设计提出以下几点建议：

1. 加大高管薪酬的透明度，完善薪酬评价体系。随着我国经济的不断发展，上市公司年报中高管薪酬从无到有，对各公司信息披露的范围在不断增加，但关于高管人员薪酬状况的公布还不够透明。现金薪酬、隐形薪酬和各种福利等都应该标记清楚，展现在员工及公众面前，做到薪酬制度的公开与公平，让高管薪酬的制定有据可依。及时反映员工的意见，减少员工的不公平感。

2. 根据不同的行业特征，制定相宜的薪酬制度。不同行业有其自身的行业特征，薪酬制度的制定应该依据行业特征的不同做出相应的调整。锦标赛理论和行为理论的应用因具体环境而定，不能盲目扩大高管—员工的薪酬差距。

3. 完善社会、政府的监督管理体系。在企业外部，社会政府的监督令企业更加重视薪酬制度的设计。对各公司财务信息的真实性和公开性进行检验，对过高的高管薪酬进行抑制，对普通员工的薪资水平进行保护，是社会和政府促进企业薪酬制度的重要手段。

第五章

薪酬差距、股权集中度
与企业绩效

为进一步研究薪酬差距是否还通过其他因素影响企业绩效，引入股权结构等变量展开深入研究。

第一节 文献综述与研究假设

一 锦标赛理论

H1：高管团队内部薪酬差距对银行绩效具有正向的影响

二 行为理论

与锦标赛理论不同，行为理论认为小的薪酬差距会促进团队合作、降低管理者破坏同事业绩的可能，该理论强调更少的竞争奖金和更小的薪酬差距，薪酬分配更趋于平均，鼓励员工之间进行更多合作，共同追求企业业绩；即认为大的薪酬差距将不利于公司整体绩效的提高。国外基于行为理论的研究有：Siegel 和 Hambrick（1996）[1] 通过研究发现，管理层协作十分重要的行业，较小的内部薪酬差距可以带来较高的股票回报率；Mason. A. Carpenter 和 Wm. Gerard Sanders（2004）[2] 分析了 CEO 与高管团队之间的薪酬差

---

[1] Siegel, P. A.; Hambrick, D. C., "Business Strategy and the Social Psychology of Top Management Team", *Advances in Strategic Management*, 1996: 91–119.

[2] Carpenter, Mason A.; Sanders, Wm. Gerard, "The Effects of Top Management Team Pay and Firm Internationalization on MNC Performance", *Journal of Management*, 2004, 30 (4): 509–528.

距与跨国公司绩效之间的关系,发现前者对后者具有负向影响。我国学者张正堂和李欣(2007)①分别从相对剥削理论、组织政治学理论、分配偏好理论和社会比较理论四个视角解释了行为理论观点,并一致认为较小的薪酬差距会促进团队合作,有利于企业绩效的提高。基于以上理论及研究成果,我们提出如下假设:

H2:高管团队内部薪酬差距对银行绩效具有负向影响

三 股权集中度与绩效

著名经济学家伯利和米恩斯认为:公司股权结构过于分散必然导致经营者不能被有效激励和监督,以致经营者获得最大经营利益的动机不足,甚至会违背股东利益最大化的目标。Fama(1980)②认为:股权相对集中的股权结构最有利于促进公司经营绩效的提高。Shleifer 和 Vishny(1986)③当股权结构分散时,所有权与控制权相对分离,股东在监督经营者的过程中存在"搭便车"行为,随着大股东持股比例的增加,大股东对经营者的监管动力增强,公司绩效将会提高。Mcconnen 和 Servaes(1990)④发现公司绩效、公司价值与股权结构之间具有非线性的函数关系。Grossman(1998)⑤的模型表明,股权结构分散条件下,单个股东缺乏监督公司经营管理、积极参与公司治理和驱动公司价值增长的激励,因为他们从中得到的收益远小于他们的监督公司的成本,因而就没有足够的动机去参与

---

① 张正堂、李欣:《高层管理团队核心成员薪酬差距与企业绩效的关系》,《经济管理》2007 年第 2 期,第 16—25 页。

② Fama, E. F., "Agency Problems and the Theory of the Firm", *Journal of Political Economy*, 1980, 88 (2): 288 – 307.

③ Shleifer, A.; Vishny, R., "Large Shareholders and Corporate Control", *Journal of Political Economy*, 1986 (94): 461 – 488.

④ Mcconnell, John J., Henri, "Servaes, Additional Evidence on Equity Ownership and Corporate Value", *Journal of Financial Economics*, 1990, 27 (2): 595 – 612.

⑤ Grossman, Wayne; Hoskisson, Robert E., "CEO Pay at the Crossroads of Wall Street and Main: Toward the Strategic Design of Executive Compensation", *Academy of Management Executive*, 1998, 12 (1): 43 – 57.

公司治理，导致比较差的绩效表现。孙永祥和黄祖辉（1999）[①] 提出股权结构影响公司治理机制，进而影响公司绩效。张红军（2000）[②] 通过对 1998 年的 385 家上市公司前五大股东持股比例与公司绩效研究，得出股权集中度与公司绩效之间存在显著正相关关系的结论。徐二明、王智慧（2000）[③] 同样探讨了股权集中度与公司战略绩效的关系，进而指出股权集中度与公司价值成长能力之间存在密切正相关关系，大股东可以促进公司相对价值和价值创造能力的提高。刘国亮、王加胜（2000）[④] 通过对股权分散度与 ROA、ROE 以及 EPS 之间关系分析得出：股权分散与公司经营绩效呈正相关关系。陈小悦和徐晓东（2001）[⑤] 考察第一大股东持股比例与 ROE、ROA 关系后认为，在非保护性行业，第一大股东持股比例与企业业绩呈正相关关系。徐莉萍、辛宇、陈工孟（2006）[⑥]、李彬（2008）[⑦]、范玲（2010）[⑧] 认为股权集中度对公司绩效具有正效应。基于以上研究，我们提出如下假设：

H3：对于我国上市银行，其绩效与股权集中度之间具有正向影响关系

[①] 孙永祥、黄祖辉：《上市公司的股权结构与绩效》，《经济研究》1999 年第 12 期，第 23—30 页。

[②] 张红军：《中国上市公司股权结构与公司绩效的理论与实证分析》，《经济科学》，2000 年第 4 期，第 34—44 页。

[③] 徐二明、王智慧：《我国上市公司治理结构与战略绩效的相关性研究》，《南开管理评论》2000 年第 4 期，第 4—14 页。

[④] 刘国亮、王加胜：《上市公司股权结构、激励制度及绩效的实证研究》，《经济理论与经济管理》2000 年第 5 期，第 40—45 页。

[⑤] 陈小悦、徐晓东：《股权结构、企业绩效与投资者利益保护》，《经济研究》2001 年第 11 期，第 3—11 页。

[⑥] 徐莉萍、辛宇、陈工孟：《集中度和股权制衡及其对公司经营绩效的影响》，《经济研究》2006 年第 1 期，第 90—104 页。

[⑦] 李彬：《股权集中度与公司绩效—基于日本上市公司的经验证据》，《经济与管理研究》2008 年第 6 期，第 87—91 页。

[⑧] 范玲：《股权集中度与公司绩效的关系研究—基于钢铁行业的实证分析》，《管理探索》2010 年第 12 期，第 14—16 页。

Holderness 和 Sheehan (1988)[①] 指出当股权集中度超过一定比例时,大股东因拥有绝对控制权而成为控股股东,在公司治理中形成"超强控制",完全支配董事会和监事会。如果缺乏有效的外部监督机制,此时大股东可能把持董事会,从自身利益出发损害小股东利益,从而不利于企业绩效的提高。Mudambi 和 Nicosia (1998)[②] 认为股权集中度对公司绩效具有负效应。基于以上研究提出如下假设:

H4:对于我国上市银行,其绩效与股权集中度之间具有负向影响关系

Demsetz (1983)[③] 认为,股权结构是一个内生变量,反映了股东对公司的影响。不论是分散的股权结构,还是集中的股权结构,如果是由股东决定的,应该都可以使利润最大化。因此,公司绩效与股权结构之间不应该存在一种固定的关系。Demsetz 和 Lehn (1985)[④] 通过对前五大股东、前十大股东持股比例以及代表股权集中度的赫芬德尔指数与会计利润率之间的实证分析,发现股权集中度与公司绩效之间并不存在显著的相关性。傅家骥等 (2001)[⑤] 认为对职业经理的显性激励过小时,大股东持股比例与公司绩效无关。高明华 (2001)[⑥] 的研究认为,第一大股东持股比例与每股收益之间存在微弱的正相关关系,但使用其他指标,如前 3 位股东的

[①] Holderness, C; Sheehan, D. P., "The Role of Majority Shareholders in Publicly Held Corporations", *Journal of Financial Economics*, 1988, 20: 317–346.

[②] Mudambi, R.; Nicosia, C., "Ownership Structure and Firm Performance", *Applied Financial Economics*, 1998, 8: 206–231.

[③] Demsetz, Harold, "The Structure of Ownership and the Theory of the Firm", *Journal of Law & Economics*, 1983, 26 (2): 375–390.

[④] Harold, Demsetz, Kenneth, Lehn, "The Structure of Corporatte Ownership: Causes and Consequences", *Journal of Political Economy*, 1985, 93 (6): 1155.

[⑤] 傅家骥、周刚、雷家骕:《大股东治理与国有企业改革》,《数量经济技术经济研究》2001 年第 2 期,第 5—8 页。

[⑥] 高明华:《中国企业经营者行为内部制衡与经营绩效的相关性分析—以上市公司为例》,《南开管理评论》2001 年第 5 期,第 6—13 页。

持股比例和前 5 位股东的持股比例来度量股权集中度,统计结果却无显著性。于东智（2001）[①] 以 1999 年 923 家上市公司为样本,发现股权集中度与净资产收益率没有显著的关系。基于以上研究提出如下假设:

H5：对于我国上市银行,其绩效与股权集中度之间无相关性

在影响股权集中度的诸多因素中,我国学者张华等（2002）[②] 认为四种力量应受到特别重视,它们分别是企业规模、公司绩效、所有者的控制权偏好以及政治力量；并发现在正常的市场竞争中,随着企业的逐步扩张,一般来说股权集中程度也就逐步降低,二者存在一定的负相关关系；公司绩效对股权集中程度也有一定的影响,二者是互动的。

目前有关股权集中度的研究大多集中于股权结构对企业绩效的影响,而针对股权集中度的决定因素进行的研究较少,本书的实证分析首先对影响股权集中度的因素做一些初步的探索分析；然后在实证分析高管团队内部薪酬差距对银行绩效的影响时加入了股权集中度因素,希望从更为广阔的视角寻找提高银行绩效的途径。

第二节 变量设定与模型设计

一 数据和样本

本书选择在沪深 A 股上市的银行,剔除上市时间太短的农业银行和光大银行,以北京银行（BJ）、工商银行（GS）、华夏银行（HX）、建设银行（JS）、交通银行（JT）、民生银行（MS）、宁波银行（NB）、南京银行（NJ）、浦发银行（PF）、深发展 A（SFZ）、陕国投 A（SGT）、兴业银行（XY）、中国银行（ZG）、招商银行

[①] 于东智:《股权结构、治理效率与公司绩效》,《中国工业经济》2001 年第 5 期,第 54—62 页。

[②] 张华、鄢华:《企业股权集中度的决定因素》,《西南民族学院学报》（哲学社会科学版）2002 年第 23（3）期,第 192—194 页。

（ZS）、中信银行（ZX）15家银行2006—2010年的相关数据作为研究样本，共得到75个观测值，使用SPASS17.0和Eviews6.0软件完成统计与检验。数据主要来源于大智慧股票软件和新浪财经网。

二 变量定义与说明

表5.1　　　　　　　　　　变量定义

	变量	指标	定义
银行绩效 (Performance)	每股收益	EPS	本期净利润/期末总股本
	总资产收益率	ROA	本期净利润/平均资产总额
薪酬差距 (GAP)	薪酬绝对差距	GAP1	薪酬最高前三名高管薪酬总额/3 −（高管年度薪酬总额 − 薪酬最高前三名高管薪酬总额）/（高管人数 − 3）
	薪酬相对差距	GAP2	（薪酬最高前三名高管薪酬总额/3）/［（高管年度薪酬总额 − 薪酬最高前三名高管薪酬总额）/（高管人数 − 3）］
股权集中度 (Herf)	前十大股东持股	H10	前十大股东各股东持股比例平方和
	第一大股东持股	H1	第一大股东持股比例的平方
控制变量 (Control)	公司规模	SIZE	公司净资产总额的自然对数
	高管平均薪酬	APAY	高管薪酬总额/高管人数

三 变量的界定

（一）绩效（Performance）

企业绩效是指一定经营期间的企业经营效益和经营者业绩。企业经营效益水平主要表现在企业的盈利能力、资产运营水平、偿债能力和后续发展能力等方面。经营者业绩主要通过经营者在经营管理企业的过程中对企业经营、成长、发展所取得的成果和所做出的贡献来体现。企业经营绩效评价是当今世界企业界的一个重大课题，不仅为学术界理论工作者所关注，政府相关部门政策制定者、企业经营者甚至所有的利益相关者都会对企业的绩效关心，目前以每股收益和总资产收益率评价企业绩效达成基本共识。

（二）股权集中度（Herfindahl）

关于股权集中度的量化，我们用赫芬德尔指数作为衡量股权集中度的指标，选取第一大股东持股指数 H1 和前十大股东的持股指数 H10 作为计算 Herfindahl 指数的依据：

$$H_n = \sum_{i=1}^{n} r_i^2$$

其中，r_i 为持股排名第 i 位的股东所持股份占公司总股本的比例。

（三）企业规模（SIZE）

不同行业内的企业或是同一行业内的不同企业在市场中获取竞争优势所需的规模是各不相同的。一般情况下，当其他条件相同时，在市场竞争中成长起来的企业规模越大，其竞争力就越强；竞争力越强，企业的市场价值就会越高，较高的市场价值会吸引众多的投资者参与其中，从而使股权的集中程度开始降低。此外，当企业的规模扩大时，如果一小部分大股东试图保留有效的、集中的股权结构，则将面临两方面不可避免的矛盾：第一，企业规模的不断扩大意味着对更多资本资源的需求，而这一小部分大股东可能无法满足这种需求。钱得勒所提出的第一个现代企业——铁路企业的诞生，就是由于铁路企业所需的巨大资本是少数几个投资者无法提供的，正是这种资本供求的客观矛盾推动了现代企业股权结构的不断分散化。第二个不可避免的矛盾就是：在企业规模扩大的过程中，这一小部分大股东为了在企业中保留有效的、占据优势的股权结构，就必须向企业投入更多的财富。出于风险厌恶的心理影响，他们希望以较低的价格来获得企业的股份，这样不但可以保持原来的持股优势，同时也降低了因股价下跌所承担的风险。而一旦以较低价格增发新股，则意味着企业所筹得资金的规模缩水，从而阻碍企业规模的扩大。因此，这两方面矛盾的存在使大股东处于一个两难的境地：要么扩大企业规模，分散股权结构；要么保留集中的股权结构，则企业难以得到扩张。但是在激烈的市场竞争环境下，企业最终只能选择扩大规模和降低股权集中度，否则将无法生存。但是在这个过程中，股权出现分散化的趋势，持股主体也就多元化起来，这样一来，即使是较小比例的持股者也可以参与企业的决策过程，实现企业重大决策的科学合理。

总之，在激烈的市场竞争中，随着企业规模的不断扩张，一般来说股权集中程度就会逐步下降，两者之间存在一定的负相关关系。

四 高管团队的界定及高管团队内部薪酬差距（GAP）的衡量

（一）高管团队的界定

高管团队是对企业发展方向和企业绩效产生重大影响的核心群体，它一般是由在企业中承担主要战略决策的高层管理者所组成。企业高管团队属于企业战略的制定和执行层，负责整个企业的组织与协调，对企业的经营决策拥有很大的控制权和决策权，因此可以说，企业高管团队决定着企业的命运。Hambrick 与 Mason（1984）的研究把企业高管团队定义为：能够参与战略决策以及战略实施的企业高层经理的相关小群体，包括 CEO、总经理、副总经理以及直接向他们汇报工作的高级经理。在现代公司法中，企业的高管层被界定为由董事会成员、监事会成员、正、副总经理以及其他战略合作方所组成的高层管理者队伍。

最初，学者关于企业高管团队的研究大多只是着眼于 CEO 及一些个体领导者，即领导者个人行为理论。之后随着人们越来越意识到整个高管团队的重要性，学者们开始采用人口统计学特征研究方法研究高管团队个体特征、合作交流以及团队多样性等因素对组织选择的影响。而近年来有关高管团队薪酬问题的研究成为理论界的热点问题，国内外学者比较常见的研究对象是企业 CEO 的薪酬水平或者整个高管团队的整体薪酬水平，对高管薪酬水平与企业绩效的相关性加以研究。笔者认为，仅仅研究高管薪酬的绝对水平还是有较大的局限性，而如果把薪酬研究扩展到整个高级管理团队的薪酬结构，则更加易于得到普遍适用的规律性结论。此外，高管的绩效是整个团队共同努力的结果，在更加注重团队工作的今天，对高管团队的薪酬分配结构进行研究，是一件有意义的实践工作。因此，关于企业高层管理团队的研究具有重要的现实意义。

本书中将企业高管团队界定为：企业高级管理人员、董事会成员、监事会成员，即上市公司年报需要披露年薪的高管人员。这样界定，一方面有利于直接从上市公司年报中获取高管人员的薪酬数据；另一方面也有助于我们尽可能全面而又准确地对高管团队内部的薪酬差距情况进行分析对比，使研究结果更加可靠。

（二）高管团队内部薪酬差距（GAP）的衡量

一般来讲，高管团队内薪酬差距是指在高级管理层内部，CEO与非CEO高级管理人员之间的薪酬差距水平，有时也指除CEO外，高级管理人员之间的薪酬差距，薪酬在高管层的差距化分配方式，体现了不同高管人员对企业绩效的影响程度。国外学者关于高管薪酬的实证研究大多采用的是总薪酬、货币薪酬和长期股权报酬三种方式对高管人员的薪酬加以衡量。

目前，国内学者在有关高管团队内部薪酬的实证研究中，张正堂（2007）的研究中，采用CEO年度薪酬减去高管团队年度平均薪酬的方法衡量；胡婉丽（2004）和方阳春（2007）的研究中，用前三位高管人员平均薪酬与高管团队平均薪酬的差距作为薪酬差距指标；陈震（2006）、鲁海帆（2007）、卢锐（2007）的实证研究中，用前三名核心高管人员薪酬的平均值减去除前三名核心高管人员外其余高管薪酬的平均值的差额表示薪酬差距，在回归模型的构建中使用的是这一差额的自然对数。

以上国内学者对高管团队内部薪酬差距的衡量方法可以概括为两类：第一类，以CEO薪酬与高管团队平均薪酬的差距作为薪酬差距的衡量；第二类，以前三名核心高管的平均薪酬与团队平均薪酬的差距衡量。针对当前我国上市公司的实际情况，企业高管人员所获得的股票期权和其他福利无法可靠计量，而公司年报中披露的有关薪酬的数据中我们只能收集到高管获得的货币薪酬。综合以上各种对高管团队内部薪酬差距的衡量方法，本书在借鉴第二种衡量方法的基础上稍作调整，采用薪酬最高的前三名高管平均薪酬减其他高管平均薪酬的差额衡量高管团队内部薪酬差距大小，在回归模型的构建中，没有使用这一差额取自然对数，而使用的是绝对数值。

第三节 股权结构与绩效关系研究

一 股权结构

股权结构又称所有权结构,是指股份公司总股本中,不同性质的股份所占的比例及其相互关系。股权即股票持有者所具有的与其拥有的股票比例相应的权益及承担一定责任的权利。基于股东地位而可对公司主张的权利,即股权。股权结构是公司治理结构的基础,公司治理结构则是股权结构的具体运行形式。不同的股权结构决定了不同的企业组织结构,从而决定了不同的企业治理结构,最终决定了企业的行为和绩效。

二 股权结构的分类

一般来讲,股权结构有两层含义:

第一层含义是指股权集中度,即前五大股东持股比例。从这个意义上讲,股权结构有三种类型:一是股权高度集中,绝对控股股东一般拥有公司股份的50%以上,对公司拥有绝对控制权;二是股权高度分散,公司没有大股东,所有权与经营权基本完全分离、单个股东所持股份的比例在10%以下;三是公司拥有较大的相对控股股东,同时还拥有其他大股东,所持股份比例在10%与50%之间。

第二层含义则是股权构成,即各个不同背景的股东集团分别持有股份的多少。在我国,就是指国家股东、法人股东及社会公众股东的持股比例。从理论上讲,股权结构可以按企业剩余控制权和剩余收益索取权的分布状况与匹配方式来分类。从这个角度,股权结构可以被区分为控制权不可竞争和控制权可竞争的股权结构两种类型。在控制权可竞争的情况下,剩余控制权和剩余索取权是相互匹配的,股东能够并且愿意对董事会和经理层实施有效控制;在控制权不可竞争的股权结构中,企业控股股东的控制地位是锁定的,对董事会和经理层的监督作用将被削弱。

2005年的股权分置改革将中国股市快速推向全流通的通道。截至 2009 年 12 月，我国证券市场股票总市值达到 243939 亿元，其中，股票流通市值 151258.65 亿元，占总市值的 62%。那么，就我国上市银行而言，经过股权分置改革的洗礼后，其股权结构展现的是一种什么样的特点？目前的股权结构是否能有效促进其绩效的提高？本书将分析回答这些问题。

三　我国上市银行股权结构现状

表 5.2 列出了 2011 年末我国上市银行年报数据显示的股权集中度数据，主要选取了第一大股东持股比例、前五大股东持股比例和前十大股东持股比例三个指标。

表 5.2　　　　　　　　　上市银行股权集中度

股票代码	股票名称	第一大股东持股比例	前五大股东持股比例	前十大股东持股比例
000001	深发展 A	16.76%	27.71%	33.14%
002142	宁波银行	10.91%	42.70%	61.23%
600000	浦发银行	21.16%	34.96%	41.01%
600015	华夏银行	13.98%	47.96%	59.09%
600016	民生银行	15.27%	21.29%	33.85%
600036	招商银行	17.85%	33.16%	40.49%
601009	南京银行	13.42%	39.88%	44.48%
601166	兴业银行	21.03%	41.84%	47.74%
601169	北京银行	16.07%	38.76%	43.82%
601288	农业银行	44.48%	92.32%	94.06%
601328	交通银行	39.63%	47.68%	52.67%
601398	工商银行	35.41%	95.82%	96.25%
601818	光大银行	49.61%	63.51%	70.81%
601939	建设银行	57.09%	94.34%	96.18%
601988	中国银行	67.53%	96.96%	97.17%
601998	中信银行	61.78%	92.96%	94.01%
	平均值	31.37%	56.99%	62.88%

从上表的比较分析不难看出,我国上市银行股权结构主要有以下特点:

(一)第一大股东持股比例较高,且都以国有股的形式存在

由上表对我国上市银行2011年年报披露的数据的总结分析可以看出:建设银行、中国银行、中信银行的第一大股东均处于绝对控股地位,而第一大股东都是代表国家持股的中央汇金公司;工商银行和农业银行第一大股东中央汇金公司,持股比例略低,分别为35.41%和44.48%,但第二大股东都是国家财政部,持股比例分别为35.33%和43.70%,国有股占绝对控制地位;其余银行第一大股东持股比例较低,但前十大股东持股比例基本超过50%,有一定的控股能力,这在一定程度上起到了大股东之间相互制衡的作用。

(二)股权集中度较高

从上表不难看出:截至2011年末,建设银行、中国银行和中信银行第一大股东持股比例超过50%,股权结构高度集中;总体来看,我国上市银行第一大股东持股比例较高,平均值为31.37%,个体差异较大;从前十大股东持股比例来看,平均达到62.88%,股权结构高度集中。

四 股权集中度对绩效影响的实证研究

(一)模型设计

为了研究银行绩效对股权集中度的影响,我们以银行绩效作为解释变量,银行股权集中度作为被解释变量构建模型(Ⅰ);

$$\text{股权集中度}(\text{Herf}) = f_1(\text{Perf}, \text{Size}, \mu_1) \quad (\text{Ⅰ})$$

模型(Ⅰ)中的Herf为股权集中度,分别选取H和H1两个指标,绩效Perf分部选取EPS和ROA两个指标,Size表示银行规模,对应模型为(1)—(4);$\mu_1 \sim N(0,1)$,进行面板数据回归,结果如下:

表 5.3　　　　　　　　股权集中度混合效应模型

| | 前十大股东持股 || 第一大股东持股 ||
| | 模型 1 | 模型 2 | 模型 3 | 模型 4 |
	系数　　t 值	系数　　t 值	系数　　t 值	系数　　t 值
每股收益	-11.65　-5.40***		-9.99　4.42***	
总资产收益率		-109.35　-3.45***		-103.24　-3.24***
常数项	-42.83　-3.81***	-41.12　-3.29***	-28.82　-2.44**	-26.65　-2.12**
公司规模	4.37　6.04***	4.87　5.96***	3.14　4.14***	3.62　4.41***
Adj R²	0.45	0.34	0.31	0.26
F 检验统计量	31.67	20.10	17.69	12.37
观测值	75	75	75	75

注:"***""**""*"分别表示估计系数在1%、5%和10%的置信水平下显著。

表 5.3 可以看出从股权集中度角度出发,银行绩效与其呈显著负相关关系,即业绩越好的银行股权越是分散,因为有更多的中小投资者愿意参与其中、共享收益。支持了假设 3,推翻了假设 4。同时我们也看到了股权集中度与银行规模呈显著正相关,即规模越大的银行其股权越是集中,这与我国的现实国情是紧密联系的,毕竟银行业是一个垄断行业,牵动着国家的经济命脉,所以国家对规模较大的银行处于绝对控制地位也是合乎常理的。

五　分析结论

股权结构是公司治理的基础,公司治理结构是否完善直接影响着公司绩效,因此,合理的股权结构应该能够有效地提高公司绩效。从理论上讲,股权分置改革后,股份实现全流通,各股东具有共同的利益趋向,大股东的利益获取不再来自内部股东之间的利益博弈,而来自外部市场上同行业之间的竞争,所有股东都能从公司绩效的改善和股价提升中获益,公司价值逐步实现市场化,因而有助于银行公司治理结构的改善和经营绩效的提高。而笔者实证结果表明:我国上市银行股权集中度与银行绩效呈负向关系。通过分析我国上市银行股权结构的现状，可以看出目前我国上市银行股权结构主要存在以下几个方面的问题：

（一）国家是银行的第一主要所有者。我国上市银行第一大股东大多是国有股，前十大股东中，国有股东也占多数席位。国家持股对银行治理有双重作用：国家对银行经营提供隐性担保，为银行提供信用支撑，使银行业经营保持稳定，从而保证金融市场的安全平稳发展，但国家的信用担保同时也弱化了债权人和股东对经营者的监督约束，而且国有股东在经营过程中往往表现为行政上的超强控制和产权上的超弱控制，所有者缺位问题是国家对银行经营管理实施有效监督的障碍。

（二）股权分置改革后，随着股权的流动性增强，股权集中度有下降趋势。根据歇雷弗（Shleifer）等人的研究结论，在公司治理对外部投资者利益缺乏保护的大陆法系国家，公司的股权有集中的趋势，这是投资者为保护自身利益而做出的自然反应，因此，在公司治理对外部投资者利益缺乏保护的情况下，股权的适度集中会使企业经营业绩朝好的方向发展。随着全流通时代的到来，上市公司大股东可以根据股价的涨跌买卖股票，股权的流动性提高，持股主体更换频繁，大股东可能会出现迅速"套现"行为，从而使股权趋于分散化。在目前我国资本市场发育还不够成熟、法律环境完善程度还有待加强的情况下，股权分散会引发"内部人控制"等一系列问题。

（三）流通股没有充分发挥对银行经营管理的积极作用。股权分置改革消除了股份转让的制度性差异，股份的全流通使得所有股东具有共同的利益基础，有利于公司绩效的改善，因此，流通股比例的提高对银行经营管理和绩效有正面影响。但是，为减少对证券市场的冲击，证监会对非流通股设置了限售期，许多国有股和法人股还处于"限流通期"，大部分的流通股东仍为中小投资者，缺乏对上市银行经营管理的动力和能力，加上我国目前法律监管体系不完善，中小股东的利益没有得到很好的保护。因此，后股权分置时代，我国上市银行流通股对银行公司治理和绩效的促进作用不明显。

第四节 薪酬差距、股权集中度对绩效影响的实证分析

一 统计描述

表 5.4　　薪酬差距与公司绩效统计描述

	年份	最大值	最小值	中位数	平均值	标准差
每股收益	2006	0.95	0.03	0.35	0.39	0.25
	2007	1.75	0.20	0.48	0.64	0.48
	2008	2.28	0.19	0.53	0.77	0.68
	2009	2.66	0.12	0.63	0.85	0.66
	2010	3.28	0.23	0.84	1.04	0.77
总资产收益率	2006	0.23	0.03	0.14	0.15	0.06
	2007	0.22	0.09	0.15	0.15	0.04
	2008	0.30	0.04	0.15	0.17	0.06
	2009	0.25	0.07	0.16	0.17	0.04
	2010	0.21	0.11	0.18	0.18	0.02
薪酬绝对差距	2006	415.48	7.67	100.38	147.68	121.03
	2007	933.81	15.74	135.72	271.88	260.59
	2008	695.44	9.39	146.13	227.45	189.96
	2009	680.87	19.77	204.89	206.00	189.50
	2010	585	23	224	210	147.95
薪酬相对差距	2006	9.95	2.34	4.13	5.07	1.89
	2007	18.98	2.70	4.90	5.92	3.51
	2008	12.00	2.49	3.87	5.15	3.05
	2009	54.77	1.91	3.67	6.63	8.11
	2010	13	2.20	4.56	6.82	2.79

续表

	年份	最大值	最小值	中位数	平均值	标准差
前十大股东持股	2006	0.48	0.02	0.07	0.15	0.16
	2007	0.48	0.02	0.06	0.15	0.16
	2008	0.48	0.02	0.06	0.15	0.15
	2009	0.52	0.03	0.06	0.16	0.16
	2010	0.54	0.03	0.06	0.16	0.17
第一大股东持股	2006	0.46	0.004	0.05	0.12	0.15
	2007	0.39	0.003	0.05	0.12	0.15
	2008	0.46	0.003	0.04	0.11	0.14
	2009	0.46	0.012	0.04	0.12	0.15
	2010	0.46	0.012	0.04	0.12	0.15

由表5.4看出，银行业的整体绩效从2006年到2010年是稳步提高的。2006年高管团队内部薪酬差距为147.68万元，处于核心地位的高管收入大约是普通高管收入的5倍；2010年高管团队内部薪酬差距扩大到210万元，与2006年相比增幅达到42.18%，处于核心地位的高管收入大约是普通高管收入的7倍。图6.1是银行业薪酬差距、企业绩效增长率变动图。

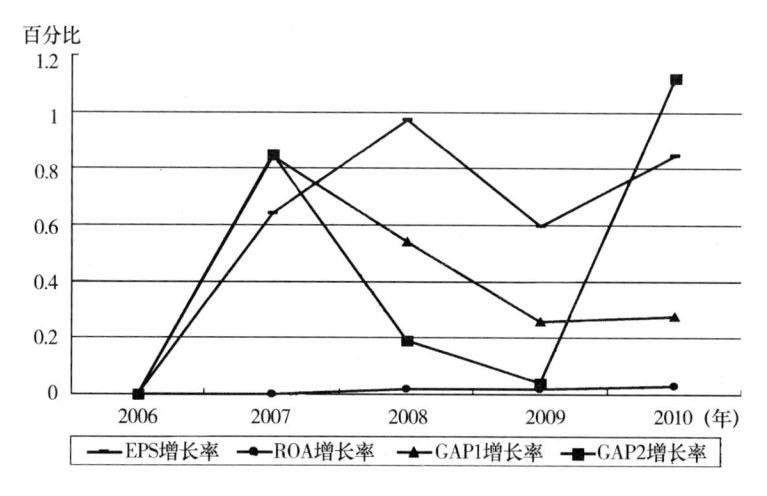

图5.1 银行业薪酬差距、企业绩效变动

从图 5.1 看出，2007 年之前随着高管团队内部薪酬的扩大，银行业业绩大幅提升，此阶段较符合锦标赛理论；2007 年之后伴随国际金融危机的影响及国家对高管"天价"薪酬的调控，高管团队内部薪酬差距大幅缩减，同时银行业业绩的增长速度有所放缓，此阶段更符合行为理论；2008 年之后，高管团队内部相对薪酬差距不断扩大的势头有所遏制，扩大的趋势有所放缓；2009 年开始伴随经济复苏，银行业业绩逐步提升，高管团队内部的薪酬差距有所拉大；总体来说，尽管受金融危机影响，但银行业的整体业绩仍在稳步提升。

二 模型设计

以银行绩效作为因变量，以高管团队内部薪酬差距和股权集中度作为解释变量构建模型（Ⅱ），以检验高管团队内部薪酬差距、股权集中度对银行绩效的影响关系。

$$\text{Perf} = f_2(\text{GAP}, \text{Herf}, \text{Control}, \mu_2) \qquad (Ⅱ)$$

模型（Ⅱ）中 GAP 为高管团队内部薪酬差距，分别选取 GAP1 和 GAP2 两个指标；控制变量选取银行规模（Size）和高管平均薪酬（APAY）两个指标；对应模型为（5）~（12），$\mu_2 \sim N(0, 1)$。

表 5.5　　　　　　　　皮尔森相关性检验

	每股收益	总资产收益率	薪酬绝对差距	薪酬相对差距	前十大股东持股	第一大股东持股	公司规模
每股收益	1.000						
总资产收益率	0.581***	1.000					
薪酬绝对差距	0.203***	0.110	1.000				
薪酬相对差距	0.373***	0.208*	0.699***	1.000			
前十大股东持股	-0.449***	-0.206*	-0.060	-0.305***	1.000		
第一大股东持股	-0.413***	-0.234**	0.018	-0.248**	0.970***	1.000	
公司规模	0.036	0.225**	0.105	-0.188*	0.500***	0.384***	1.000

注："***""**""*"分别表示估计系数在1%、5%和10%的置信水平下显著。

从表 5.5 看出，衡量高管团队内部薪酬差距的两个指标（GAP1、GAP2）与企业绩效（EPS、ROA）在 1% 的置信水平下，显著正相关；衡量股权集中度的两个指标（H10、H1）与企业绩效（EPS、ROA）在 1% 的置信水平下，显著负相关；企业规模（SIZE）对企业业绩（EPS、ROA）具有一定的正向影响作用。表明各变量间存在着研究的现实意义，其具体关系有待于在回归结果中加以明确。

三 平稳性检验

用 Eviews 软件对样本中的 15 家银行 2006 年到 2010 年的面板数据进行了平稳性检验，结果显示 Levin-Lin-Chu 检验、Beritungt 检验、Im-Pesaran-Shin 检验、ADF-Fisher 卡方检验以及 PP-Fisher 卡方检验 Harris-Tzavalis 检验结果的 P 值都小于 0.05，满足平稳性的要求。

四 回归结果

由于模型采用的是面板数据，首先，构造 F 统计量对固定效应模型和混合模型进行筛选；其次，基于随机效应模型做 Hausman 检验；最后，经过 Hausman 检验对固定效应模型与随机效应模型进行筛选。得到以下回归结果。

模型（Ⅱ）的回归结果：

表 5.6　　薪酬差距、股权集中度与银行绩效的回归分析

	每股收益（EPS）				总资产收益率（ROA）			
	模型（5）	模型（6）	模型（7）	模型（8）	模型（9）	模型（10）	模型（11）	模型（12）
薪酬绝对差距	0.0005*	0.0006*			0.0006*	0.0005*		
薪酬相对差距			0.028*	0.033*			0.0031*	0.0033*
前十大股东持股	-0.032***		-0.032***		-0.0013***		-0.0012***	
第一大股东持股		-0.029***		-0.028***		-0.0012**		-0.0011**
C	-3.40***	-3.13***	-3.47***	-3.25***	-3.52***	-3.12***	-3.43***	-3.12***

续表

	每股收益（EPS）				总资产收益率（ROA）			
	模型（5）	模型（6）	模型（7）	模型（8）	模型（9）	模型（10）	模型（11）	模型（12）
公司规模	0.29***	0.27***	0.30***	0.27***	0.01***	0.01***	0.01***	0.01***
H检验	0.003	0.002	0.001	0.000	0.116	0.13	0.21	0.09
模型	固定	固定	固定	固定	随机	随机	随机	随机
调整后方差	0.32	0.27	0.28	0.25	0.29	0.26	0.28	0.25
观测值	68	68	68	68	68	68	68	68

注："***""**""*"分别表示估计系数在1%、5%和10%的置信水平下显著

表5.6显示：无论是每股收益还是净资产收益率都与高管薪酬差距呈正相关关系，有效地支持了假设1，从而假设2不成立，这符合锦标赛理论的预期；同时进一步证实股权集中度与银行绩效的负相关性，且进一步证实了假设3；银行规模与银行绩效的显著正相关表明，规模越大的银行盈利能力越强，因为规模大的银行设置更多网点，可以开展更大规模的信贷业务，故其业绩也较好；高管平均薪酬与银行绩效的负相关是因为高管薪酬来自于企业的利润，平均薪酬越高，意味着银行要付出更多的成本导致收益下降。

五 分析结论

产权制度决定公司的治理结构。经过这几年国有企业改制，国有上市公司的治理结构得到极大改善，但经营者报酬之外的非正式激励——党务行政官阶晋升制度仍然存在。业绩突出的国企负责人出任中央和地方政府高级官员，是长期以来组织人事部门行之有效的人才选拔机制之一，它作为统一的干部人事制度之一，成为国企高管在公司法律制度及治理结构、聘用合约、股票期权激励计划等之外的另一套激励体系。

在这种治理结构和高管任命机制下，国有股东更多地介入上市公司治理，包括企业"一把手"限薪、国有公司管理层持股限售、国有控股上市公司高管股权激励限量及金融危机后财政部的金融业限薪，同时，国有银行的自动降薪、中海油董事长向集团公司自动

捐薪、宝钢股份股权激励先行先止的种种非市场化治理的现象，也就不难理解了。

应该说这些调控手段更多为特殊经济发展阶段，追求内外部平衡的较好手段，但是，缺乏市场化的调控，也往往导致上市公司缺乏市场化的薪酬响应机制，从而导致高管薪酬过于刚性、约束不足、结构不合理等问题。而由于缺乏更细致的可操作措施，在行业区分（垄断与竞争）和高管区分（行政任命和市场选择）上存在着"一刀切"的现象，从而影响了国有企业运营机制的建设和管理效率的提升。

良好的机制是我国高管薪酬合理估值的基础。随着市场经济的深入发展，以及现代企业治理机制的不断完善，国家控股上市企业的董事会试点逐步扩大，通过人才引进和公开招聘提升管理人员素质。这些都表明，我国企业家估值体系所处的产权制度环境、治理结构体系和职业经理人市场建设均在不断改善。

现阶段，相关管理部门对国有企业高管薪酬水平的宏观调控，需区别对待，不宜"一刀切"。对于垄断型企业和享受行政待遇的高管，可以采用限薪或者职工工资一定倍数的方式进行薪酬管理，而对于所处行业市场竞争激烈的高管及职业经理人，更多应以市场化、契约化的方式进行薪酬管理。比如新加坡淡马锡的差异考核分层激励制度，对其下属不同行业、不同管理层级进行不同的考核、激励制度，充分激发公司管理层的积极性。

在长效激励机制建设方面，与其匹配的约束机制建设一向是激励机制发挥作用的试金石。在上市公司的长效激励方案中，出现问题的往往不是激励力度不足，而是激励成本的付出没有匹配相应的约束机制。华尔街薪酬丑闻及花旗高管套现行为的发生，正是源于约束机制的不完善，导致薪酬只跟踪虚拟的市场价格，缺乏与实体业绩的联系。三年或五年时间在个人发展过程中或许可以称为时间段，但对企业来说，只是时间点。有良好约束机制保障的激励机制，才能实现激励者的初衷。在美国奥巴马政府的限薪计划中，对那些接受政府援助的金融机构高管提出薪酬限制，高于限额的酬劳只能用暂时不具流动性的限售股等代替，这也体现其以公司长期可持发展捆绑管理层的用意。

在监管层面上,上市公司高管薪酬确定程序的规范化与信息披露的透明化仍需加强,以确保高管薪酬管理制度的实施程序严格、合规,信息披露真实、透明、完整。目前,上市公司高管薪酬数据构成的披露有待透明,在香港证券市场,上市公司高管薪酬就必须明细到高管袍金、花红、购股权等各科目。在程序上,股权激励计划或者奖励基金计划可以采用大股东回避表决或者分类表决的形式。

在上市公司层面,上市公司董事会及下设的薪酬与考核委员会的职能作用发挥是体现公司治理情况的重要标杆。董事长的角色及外部董事的占比都是决定董事会决策质量的主要因素。比如,公司对高管及其他核心人员制定的中长期激励计划草案,应当由薪酬委员会负责拟定,并提交董事会审议,而独立董事应当就激励计划中的关键要素是否有利于上市公司的持续发展、是否存在明显损害上市公司及全体股东利益发表独立意见等。

总之,就我国上市公司长期发展而言,上市公司应该更多地致力于激励与约束机制建设,以"程序合理化、信息公开化"为治理基石,更多探讨经济危机下的薪酬水平制定、考核机制的建设,而非在绝对数字上简单地向国际靠拢,更多关注企业家的长期价值,在不断探索中,更好地推进我国上市公司人力资本化,提高上市公司价值,提高对股东的回报。

与我国市场经济发展历程很相似,中国的金融机构同样具有非常浓厚的中国特色,行政与市场发展互相博弈,一方面是"牌照"管制下获得的高利润,另一方面是以国有资本为主导、多体制竞争下的人才争夺战。在双重因素影响下,我国金融行业薪酬更具人力资本化初级阶段的特征。牌照管制下获取垄断利润的金融行业,采用"重短期、重现金"的激励方式,非常容易激起社会分配的矛盾,尤其是经济危机背景下,以华尔街为代表的金融机构薪酬体系受到彻底颠覆。在我国,金融行业有严格的准入限制,具有明显的垄断性,金融类中央企业身份更为特殊,本身就高度占用了包括倾斜性的公共政策在内的诸多国家资源。显然,区分国家资源与高管的贡献应当是我国金融类企业薪酬设计的重要考量，但长期以来，国家资源或宏观经济上行带来的企业绩效增加，被理所当然地计入管理层贡献里，并体现在其"与国际接轨的薪酬"之中。当前金融业国企高管在履行职责过程中排他性地利用了国家资源，其薪酬就不能完全直接与企业业绩进行所谓市场化的挂钩。

以短期激励为主的激励现状与"薪酬与业绩相挂钩"的原则相背离，一方面是财政部限薪令下的绩优银行减薪，另一方面是业绩大幅下滑的金融业高薪依旧。

总之，我们可以看出，我国金融行业高管薪酬价值在牌照垄断与高利润背景下快速回归并呈现一定的估值过高。相关管理部门应该关注金融企业发展阶段的特殊性及其对国家资源占用的特殊性。在充分竞争的金融业环境尚未建立的情况下，无视国家资源对企业业绩的影响是不合适的，因此以整体业绩作为高管薪酬的最终标准，不对薪酬上限加以合理的限定，实际上构成了对一些高管人员无偿占有国家资源的纵容。再加上借鉴华尔街经验，相关管理部门有必要进一步加强约束机制，完善金融业的薪酬结构。

企业高管薪酬到底由谁说了算？我国企业应该建立一个什么样的薪酬体系？尽管这些问题可能永远没有标准答案，但通过研究和分析近几年我国上市公司高管薪酬特征和变动趋势，能够为我们厘清薪酬问题的种种迷局提供借鉴和启发。

第五节 结论及政策建议

一 研究结论

本书在充分考虑银行业特殊性的基础上，通过对银行高管团队内部薪酬差距、股权集中度和银行绩效之间的实证分析，发现绩效越好的银行其股权结构越是分散。由于银行规模普遍较大，其巨大的资本不是少数几个投资者可以提供的；银行业较好的绩效吸引了众多投资者的参与，在政府的高监管之下使得股权结构较为分散的银行业取得了好的绩效。

研究结果显示，银行高管团队内部薪酬差距越大，股权结构越是分散、银行规模越大则银行绩效越好；同时高管平均薪酬越高则意味着代理成本越高不利于银行绩效的提高。

我国国有上市公司部分由国有企业改造而来，由于国有企业的特殊性质，国有股股东对薪酬决定的行为更加强调行为理论所主张的种种影响，而不是强调企业内部的锦标赛所带来的效率，以致有效激励难以实施。锦标赛理论"弱监控、强激励"的特点则可以很好地解决这一问题。基于此，企业一定要特别重视对高层管理者的有效激励和合理监督，有效界定并充分保护经营者的人力资本产权，并通过各种措施防止经营者产生违背股东利益的行为。经营者的市场化选择和评价，使得企业可以通过市场渠道来选择经营者，在更广泛的范围内选择更优秀的经营者。高管薪酬和企业业绩的透明化，使得我们可以对经营者的经营管理才能进行客观而准确的评价，可以督促经营者通过提升企业绩效来建立自己在市场上的名誉和信誉，这不仅有利于经营者自身的成长，也有利于企业业绩的提高。

我国仍然是一个国有经济占据绝对主导地位的经济体。在这种产权体系下，国有企业具有一定的垄断特点，包括资源型垄断、行业进入壁垒型垄断等，金融领域严格的牌照管制使得"准入制度"事实上成为"不准入制度"，缺乏来自民营资本的有效竞争。

鉴于这次经济危机中暴露出来的华尔街薪酬体制的缺陷，中国上市公司的薪酬改革应该更加注重高管约束机制的建设，奖金兑现既要同业绩挂钩，也要与风险相连；不但要与增长的业绩捆绑，也要与下滑的业绩挂钩。相当多的民营企业已经开始关注这一问题，比如奖励基金的兑现与公司未来几年的业绩表现及个人的业绩表现相挂钩，从而规避现代公司制度中的道德风险和逆向选择问题，有利于将经营权和所有权分离后所产生的代理成本降至最低。

二　对策

制定合理的薪酬结构，适度扩大管理层内部的薪酬差距，促进银行经营管理水平的提高，推动企业绩效的稳步提升。不难看出，管理层的努力程度对企业绩效的提高至关重要，充分发挥薪酬差距对高管层的激励作用，激发管理层以更高的热情投入到当前的工作中。完善相关的配套体制，做好改革的后续工作，绩效的提高从另一个方面有利于推动银行股权结构的合理化。

引进战略投资者，合理优化股权结构，改变当前股权过度集中的局面，形成适度分散的股权结构。本研究的实证检验表明，过度集中的股权结构不利于银行经营绩效的提升，其原因可能是银行受大股东的主导，没有形成有效而合理的股权制约机制。伴随经济的逐步发展、市场机制的不断健全、法律体系的不断完善，股权相对集中的模式已经不适合市场经济的发展步伐。在股权结构走向分散的背景下，上市公司所有大小股东具有一致的利益基础，原本大股东把持董事会、控制整个企业，并利用各种手段损害中小股东利益的根源得到修正，大股东一股独大的问题受到一定程度的抑制，适度分散的股权结构使得更多的中小股东有机会参与到银行的日常经营管理中。使得事关银行发展的重大决策科学化、民主化，从而做出有利于绩效提高的决定。

完善市场运行机制和监管体制，严格会对证券价格产生重大影响的内幕信息的管理和披露制度，加强对违规行为的惩处力度。在股权结构过度集中和信息不对称的情况下，大股东及管理层完全控制企业，他们凭借在决策和信息获取上的优势，可能为了自身利益参与内幕交易，甚至操纵股票价格。比如为了提高企业利润，会采取推高股价、大股东及管理层会减少研发投入、忽视员工培训等种种短视行为，从而使公司的短期利润得到提升。这些行为严重损害了中小股东利润，不利于企业的长远发展。上市银行应建立健全投资者关系管理体系，加强投资者关系管理，建设网上投票系统，完善公司治理决策体系。监管机构应加强对商业银行信息披露制度的管理，重点对贷款审批、大股东关联交易行为、内幕交易、股东变更等进行严格监管。加大对违规行为的惩罚力度，追究违法、违规大股东相应的刑事和民事责任。

本书的缺点和不足：因为我国上市公司2005年以后才开始披露管理层薪酬，而且大部分银行2011年年报还未披露，受到时间的限制，我们尽管收集了五年的数据，但是研究样本还是较少；此外，对于高管薪酬的衡量仅仅是现金收入，而无法获得福利和股权收入的数据，这在一定程度上会对研究结果有影响，也是以后研究需要考虑的问题。因此，未来的研究应当深入企业，以获取更为全面数据，以揭示薪酬差距对组织绩效的影响机理。

第六章

高管内部薪酬差距、投资行为与企业绩效

随着现代企业制度的建立,两权分离使高管团队作为企业所有者的代理人与股东之间普遍存在委托代理问题,由于企业管理者的薪酬与绩效挂钩,薪酬契约被认为是解决委托代理问题的有效方法。薪酬差距作为企业薪酬结构的重要组成部分,是薪酬契约激励的有效形式之一。从20世纪80年代起,理论界和实务界就普遍关注高管内部薪酬差距对企业绩效的影响。现有研究表明,尽管锦标赛理论和行为理论着重研究高管薪酬差距与企业绩效的关系,但关于其内在机理的研究较为少见,忽视了其"中间桥梁"和传导机制,例如:投融资决策、多元化决策和定价决策等。实际上,薪酬差距产生的激励效应首先影响高管团队的决策行为,进而影响企业绩效。

众所周知,投资是企业创造财富的驱动力。因此投资决策是企业经营活动中最重要的决策行为之一,是统领融资决策、股利分配决策及其他决策的首要决策。投资决策产生的投资行为,对企业未来的盈利能力和可持续发展起着决定性作用。我国上市企业的投资决策权大多数被高管团队掌握,高管团队能否进行合理的投资决策实现企业所有者的利益最大化始终是一个值得研究的课题。委托代理理论认为,在信息不对称的情况下,如果对高管团队实施有效激励,可以促使高管在制定经济决策时选择和执行能增加股东财富的行动和投资机会。目前,虽然已有大量文献研究高管薪酬激励的作用,但关于高管内部薪酬差距与企业投资行为关系的研究相对较

少，投资行为研究也仅聚焦于投资水平或投资效率单方面内容，未将二者结合研究。本文选取企业投资行为视角，建立高管内部薪酬差距—企业投资行为—企业绩效的理论框架，研究高管内部薪酬差距对企业投资行为和绩效的影响及影响程度，企业投资行为在高管内部薪酬差距对企业绩效影响中的作用，试图揭示高管内部薪酬差距对企业绩效影响的内在机理。

第一节　理论基础与研究假设

一　高管内部薪酬差距与企业绩效

高管薪酬差距体现了企业管理层的薪酬结构，是企业薪酬分配制度的组成之一。关于高管内部薪酬差距，国内外研究不是从企业内部分配的角度开展理论分析，而是重点探讨薪酬差距与企业绩效的关系。已有研究主要从锦标赛论与行为论两个互为竞争性的理论解释企业薪酬差距及其激励效应。Lazear 和 Rosen（1981）[1] 提出的锦标赛理论认为，高管人员工作多数属于决策性质，很难客观地衡量其个人业绩，监控难度比较大。企业内部薪酬差距可以降低委托人监控成本，促使代理人更加努力，为委托人和代理人利益一致提供有效激励，优化社会资源配置，即拉大薪酬差距可以提升代理人和企业绩效。Kato 和 Long（2011）[2] 研究 1998—2002 年中国上市公司数据发现，拉大薪酬差距可以提高管理层的努力程度。鲁海帆（2010）[3]、卢锐（2007）[4] 等也认为高管团队内部薪酬差距对公司绩效的影响是积极的。此外，国内外以薪酬差距与企业绩效为主题的一千多篇实证研究文献中，大约超过 2/3 的结论证明薪酬差距对

---

[1] Lazear, E. P.; Rosen, S., "Rank-order Tournament as Optimum Labor Contracts", *Journal of Political Economy*, 1981, 89 (5): 41-64.

[2] Kato, Takao; Long, Cheryl, "Tournaments and Management Incentives in China's Listed Firms: New Evidence", *China Economic Review*, 2011, 22 (1): 1-10.

[3] 鲁海帆:《高管层内薪酬差距、CEO内部继任机会与公司业绩研究——基于锦标赛理论的实证分析》,《南方经济》2010 年第 5 期, 第 23—33 页。

[4] 卢锐:《管理层权力、薪酬差距与绩效》,《南方经济》2007 年第 7 期, 第 60—70 页。

企业绩效有积极影响。

与锦标赛理论观点不同,行为理论对薪酬差距的解释视角主要有:组织政治学理论、分配偏好理论、相对剥削理论、社会比较理论等。虽然视角不同,但都主张通过缩小薪酬差距提高团队凝聚力,达到提升企业绩效的目的。Cowherd 和 Levine(1992)[1] 研究显示拉大高管团队内部薪酬差距,会导致高管产生不公平感,伤害人际感情,进而降低高管团队内部合作意愿。Milkovich 和 Newman(1996)[2] 指出薪酬差距的激励忽视其他行为对企业绩效的影响,着重强调个人的努力程度。Carpenter 和 Sanders(2004)[3] 的研究结果证明,CEO 和其他高管成员之间的薪酬差距与企业绩效呈负相关关系。Grund 和 Sliwka(2005)[4] 首次将心理状态纳入员工效用函数,发现晋升产生的薪酬差距会由于员工的嫉妒或同情而直接影响企业绩效。Ensley 等(2007)[5] 将家族企业和非家族企业对比研究,发现在家族企业中,拉大薪酬差距通常会增加员工间冲突以及损害员工潜能的发挥,对行为动力有极大的负面影响,这些行为动力将会影响高管团队的决策能力和绩效,即拉大高管内部薪酬差距会阻碍团队决策能力和企业的绩效。我国学者卢锐(2007)[6] 选取管理层权力为视角,通过实证研究发现:拉大高管团队与全体员工的薪酬差距不会显著提升企业绩效;相反,薪酬差距过大可能会因为失去公平而影响企业绩效。

---

[1] Cowherd, D. M.; Levine, D., "Product Quality and Pay Equity between Lower-level Employeesand Top Management", *An Investigation of Distributive Justice Theory*, 1992 (37): 302-320.

[2] Milkovich, G. T.; Newman, J. M., Compensation (5th ed.), *McGraw Hill Higher Education*, 1996.

[3] Carpenter, M. A.; Sanders, W. G, "The Effect of Management Team Pay and Firm Internationalization on MNC Performance", *Journal of Management*, 2004, 30 (4): 509-528.

[4] Grund, C.; Sliwka, D., "Performance Pay and Risk Aversion", *Academy of Management*, 2006 (3): 2-11.

[5] Ensley, M. D.; Pearson, A. W.; Sardeshmukh, S. R., "The Negative Consequences of Pay Dispersion in Family and Non-family Top Management Teams: an Exploratory Analysisof New Venture, High-growth Firms", *Journal of Business Research*, 2007, 60 (10): 1039-1047.

[6] 卢锐:《管理层权力、薪酬差距与绩效》,《南方经济》2007 年第 7 期,第 60—70 页。

还有部分学者支持两方观点，张正堂（2008）[①] 提出薪酬差距是一把双刃剑，一定程度上可以改善员工工作态度、提高个人和组织绩效，也可能因为破坏员工的合作关系而有损于个人和组织绩效。虽然锦标赛理论和行为理论对于高管内部薪酬差距与企业绩效的关系得出了相反的结论，但是在我国市场经济飞速发展的背景下，作为企业投资行为决策者的高管团队，其薪酬与企业绩效挂钩，企业绩效的提高更依赖于高管团队成员个人努力程度的提高。因此本书推论：随着经济竞争日趋激烈，拉大高管内部薪酬差距，锦标赛理论对绩效的正向影响可能超过行为理论对于绩效的负向影响，提出假设：

H1：高管内部薪酬差距与企业绩效正相关

二 高管内部薪酬差距与企业投资行为

企业投资行为是企业最为基础和重要的活动之一，现有研究显示，影响企业投资行为的因素主要有两个方面：第一，宏观因素。企业所处的宏观环境会对企业投资行为产生重要影响，如：经济因素、政治因素、市场因素等。第二，微观因素。如：企业委托代理问题、自由现金流以及负债期限等。由于市场存在交易成本和融资成本，大部分企业都存在融资约束，限制了高管团队为净现值为正的项目提供资金的能力，影响企业投资行为。况且由于委托代理问题存在，即使企业拥有足够的资金，也不必然产生高管团队的合理投资行为。因而高管团队的激励，尤其是薪酬激励被认为是解决委托代理问题的基本措施。

作为决策主体的高管团队，其薪酬水平、薪酬结构会在一定程度上影响企业的投资行为，但是学术界关于高管薪酬对投资行为的影响以及影响程度并未得出一致结论。薪酬水平方面：Lambert 等（1989）[②] 通过理论分析得出：经理人的薪酬水平不仅影响企业财务决

---

① 张正堂：《企业内部薪酬差距对组织未来绩效影响的实证研究》，《会计研究》2008年第9期，第81—87页。

② Lambert, R. A.; Lanen, W. N.; Larcker, D. F., "Executive Stock Option Plans and Corporate Dividend Policy", *Journal of Financial and Quantitative Analysis*, 1989, 24 (4): 409–425.

策，还会对资本性支出决策和股利分配决策产生影响；Griner 等（1995）[1] 实证研究发现经理人薪酬水平与投资水平不存在相关性。Grundy 等（2010）[2] 采用 1992—2005 年公司财务数据实证研究表明：投资者情绪显著影响投资行为，而高管薪酬水平对企业投资无显著影响。薪酬结构方面：Hadlock（1998）[3] 指出对企业决策者实施股权激励容易导致过度投资倾向；Sok-Hyon Kang 等（2006）[4] 对美国 1992—2000 年 9379 个样本企业实证研究发现，企业的投资行为与经理人的薪酬结构存在正相关关系，经理人持股比例越高，股权收入越多，企业的资本支出就越多；Eisdorfer 等（2013）[5] 通过 2011 年 260 家上市企业实证研究发现：管理者由于股权薪酬的吸引，更容易产生过度投资行为，同时资本结构与投资效率负相关。我国学者与国外学者在企业投资行为的研究内容、研究视角、研究方法上相似。辛清泉等（2007）[6] 通过中国沪深 A 股市场 2000 年到 2004 年共 5 年的上市企业为初始样本，实证研究发现，高管的薪酬激励程度与企业的非效率投资行为显著正相关。詹雷和王瑶瑶（2013）[7] 以 2005—2010 年上市公司为样本，证明管理层薪酬水平、持股比例较低时，会导致过度投资，降低企业价值。夏宁和邱飞飞（2014）[8] 分析了高管显性激励（薪酬水平）和隐性激励（在职消费）对企业投资效率的影响，结论是显性激励能提升企业投资效率。

---

[1] Griner, E. H.; Gordon, L. A., "Internal Cash Flow, Insider Ownership and Capital Expenditures, Journal of Business", *Finance and Accounting*, 1995, 22: 179-199.

[2] Grundy, B. D.; Li, H., "Investor Sentiment, Executive Compensation, and Corporate Investment", *Journal of Banking & Finance*, 2010, (34): 2439-2449.

[3] Hadlock, C., "Ownership, Liquidity, and Investment", *Rand Journal of Economics*, 1998, 29: 487-508.

[4] Kang, Sok-Hyon; Kumar, P.; Lee, H., "Agency and Corporate Investment: The Role of Executive Compensation and Corporate Governance", *Journal of Business*, 2006, 79 (3): 1127-1147.

[5] Eisdorfer, A.; Giaccotto, C.; White, R., "Capital Structure, Executive Compensation, and Investment Efficiency", *Journal of Banking & Finance*, 2013, (37): 549-562.

[6] 辛清泉、林斌、王彦超：《政府控制、经理薪酬与资本投资》，《经济研究》2007 年第 8 期，第 110—122 页。

[7] 詹雷、王瑶瑶：《管理层激励、过度投资与企业价值》，《南开管理评论》2013 年 16（3）期，第 36—46 页。

[8] 夏宁、邱飞飞：《高管激励、非效率投资与公司业绩》，《南京审计学院学报》2014 年第 2 期，第 68—78 页。

虽然现有研究一定程度上揭示了高管薪酬激励对企业投资行为的影响,但高管内部薪酬差距对投资行为影响的研究未见到明确结论。而现有文献证明了锦标赛理论在我国的普遍适用性,认为拉大高管薪酬差距可以降低监督成本,为委托人和代理人的利益的一致性提供有效激励,明显减少代理人的寻租行为,使薪酬资源在零合博弈中达到纳什均衡。由此推论,拉大高管内部薪酬差距产生的激励效应反映在投资领域,能对企业投资行为产生正向激励效应,促使高管采取积极投资行为,扩大投资规模,提高企业投资效率,基于此提出假设:

H2:高管内部薪酬差距与企业投资水平正相关

H3:高管内部薪酬差距与企业投资效率正相关

三 企业投资行为的中介作用

投资作为企业日常活动之一,是高管通过各类管理行为对企业资源进行配置的过程,与企业绩效休戚相关。根据企业制度决定行为,行为决定企业绩效的基本范式,制定合理的薪酬差距可以有效改善投资行为,也能够改变企业绩效;忽视薪酬差距对高管行为的影响,传统代理理论框架下薪酬合约的激励效果不明确。根据前述假设,投资水平和投资效率是高管内部薪酬差距的结果变量,即拉大高管内部薪酬差距产生的激励效应对企业绩效的影响有一部分可能是通过投资水平和投资效率中介而产生的。由此提出假设:

H4:企业投资水平中介高管内部薪酬差距对企业绩效的影响

H5:企业投资效率中介高管内部薪酬差距对企业绩效的影响

第二节 变量定义与模型设计

一 变量定义

1. 高管内部薪酬差距

根据数据的可得性以及其他研究定义的范围,并结合上市企业年报中详细披露的高管信息,将高管界定为董事会成员、监事会成员以及其他高级管理人员等,具体包括总经理、总裁、副总经理、副总裁、财务总监(或财务负责人)、总工程师、总经济师、董事会秘书等。

高管内部薪酬差距,指总经理的薪酬水平同其他高层管理者之间薪酬水平的差额。由于目前我国上市公司的年报中并未单独披露总经理薪酬,因而采用"前三名高管的平均薪酬"与"其他高管平均薪酬"之差衡量高管内部薪酬差距,考虑到薪酬激励的滞后性,选取前一年的薪酬水平。

2. 企业投资行为

投资行为是指资本的形成,即社会实际资本的增加,包括厂房、设备和存货的增加,新住宅的建筑等,其中主要是厂房、设备的增加。因为企业投资水平决定企业未来的结构、规模、经营方向和发展趋势,投资效率直接关系企业价值表现和未来成长,故选取投资水平和投资效率两个指标衡量企业投资行为。

企业投资水平采用投资规模与资本存量比例(I/K)衡量。投资规模(I) = 当年购建固定资产、无形资产和其他长期资产所支付现金之和,资本存量(K) = 年初总资产。

企业投资效率借鉴被国内外学者广泛采用的 Richardson (2006) 投资效率模型。模型可以分为维持性投资支出 ($I_m + I_p$) 和非预期投资支出 (I_e) 两部分,即 $I_t = I_m + I_p + I_e = I_m + I_f$,其中 I_m 是企业当年的正常资金支出;I_f 是企业当年新增投资总额的估计值,新增投资支出由两部分组成:一部分为预期的投资支出即最优投资 (I_p),由企业的成长机会、融资约束、行业和其他等因素决定;另一部分为非效率投资 (I_e)。用 I_f 作因变量,采用上一年的数据对 I_f 进行回归,预测值是第 t 期企业最优投资额,残差为第 t 期非效率投资。具体企业投资效率模型如下:

$$Inv_t = \beta_0 + \beta_1 Grow_{t-1} + \beta_2 Lev_{t-1} + \beta_3 Cash_{t-1} + \beta_4 Age_{t-1} + \beta_5 Size_{t-1} + \beta_6 Inv_{t-1} + \varepsilon$$

首先利用模型估算企业预期投资水平,然后采用企业实际投资水平与预期投资水平残差作为衡量企业投资效率的指标。残差小于零,代表投资不足;残差大于零,代表过度投资。为方便说明投资效率,取残差绝对值的相反数表示投资效率,数值越大,表明实际投资额相对于预期投资额的偏离程度越小,企业投资效率越高。投资效率计量模型以及下述模型所需各变量界定见表 6.1。

表 6.1 变量定义

变量类型	变量名称	变量符号	定义
因变量	企业绩效	EPS	本年净收益与普通股份总数的比值
自变量	薪酬差距	Gap	"前三名高管的平均薪酬"与"其他高管平均薪酬"之差取对数
中介变量	投资水平	Inv	本年购建固定资产、无形资产和其他长期资产所支付现金之和除以年初总资产
	投资效率	Inveff	投资模型残差绝对值的相反数
控制变量	公司成长性	Grow	托宾 Q 值
	上市年龄	Age	当年年度减去上市年度
	财务杠杆	Lev	资产负债率
	企业规模	Size	企业总资产的自然对数
	股权集中度	H_{10}	前十股东持股数与总股数比值
	现金流	Cash	企业现金流量净额与总资产的比值

3. 企业绩效

考虑到关注程度以及综合反映企业获利的能力,选取当年每股收益(EPS),又称每股税后利润,作为企业绩效的衡量指标。

二 模型设计

检验高管内部薪酬差距、投资行为与企业绩效的关系,借鉴温忠麟等(2004)提出的中介效应检验方法,构建如下模型:

$$EPS = a_0 + a_1 Gap + a_2 Lev + a_3 Size + a_4 H_{10} + a_5 Cash + a_6 Age + \varepsilon \tag{1}$$

$$Inv = b_0 + b_1 Gap + b_2 Lev + b_3 Size + b_4 H_{10} + b_5 Cash$$
$$+ b_6 Age + \varepsilon \qquad (2)$$
$$EPS = c_0 + c_1 Gap + c_2 Inv + c_3 Lev + c_4 Size + c_5 H_{10}$$
$$+ c_6 Cash + c_7 Age + \varepsilon \qquad (3)$$
$$Inveff = d_0 + d_1 Gap + d_2 Lev + d_3 Size + d_4 H_{10} + d_5 Cash$$
$$+ d_6 Age + \varepsilon \qquad (4)$$
$$EPS = e_0 + e_1 Gap + e_2 Inveff + e_3 Lev + e_4 Size + e_5 H_{10}$$
$$+ e_6 Cash + e_7 Age + \varepsilon \qquad (5)$$

模型（1）检验高管内部薪酬差距与企业绩效的关系。因变量为企业绩效（EPS），自变量为高管内部薪酬差距（Gap）。该模型的控制变量具体有资产负债率（Lev）、企业规模（Size）、股权集中度（H_{10}）、企业现金流（Cash）、企业上市年限（Age）。

模型（2）和模型（4）检验高管内部薪酬差距与企业投资行为的关系。模型（2）的因变量为投资水平，模型（4）的因变量为投资效率，控制变量选取同模型（1）。

模型（3）和模型（5）检验高管内部薪酬差距是否间接通过企业投资行为影响企业绩效，在模型（1）的基础上加入中介变量（投资行为），检验企业投资行为的中介作用。

三 数据来源

以 2013 年沪深两市 A 股制造业企业为研究对象，剔除数据缺失、ST 及 *ST 企业，得到 1118 个样本。选取制造业上市企业为研究样本的原因在于：第一，制造业企业数量较多，可增加研究的精确度；第二，制造业企业经营业务涵盖各个领域，生产过程覆盖整个产品生产周期；第三，制造业企业普遍固定资产、无形资产投入比例大，回收时间长；以上特点能反映企业典型投资行为的一般规律。此外，为了控制极端值的影响，对所有变量都在 1% 和 99% 水平上进行了 Winsorize 处理。数据来源：锐思金融研究数据库（http://www.resset.cn）、上海证券交易所网站（http://www.sse.com.cn）以及深圳证券交易所网站（http://www.szse.cn）。采用 SPSS 19.0 软件进行数据处理。

第三节 实证结果与分析

一 描述性统计

表 6.2　　　　　　　　　描述性统计

	均值	中值	标准差	极小值	极大值
企业绩效	0.3063	0.1966	0.6421	-2.0263	14.5800
薪酬差距	12.2267	12.2642	0.7597	7.9748	14.4889
投资水平	0.0677	0.0494	0.0649	0.0000	0.8440
投资效率	-0.6175	-0.4174	0.7830	-13.4603	-0.0045
财务杠杆	42.9364	41.7645	20.9398	-19.4698	109.4212
企业规模	21.8157	21.7081	1.0650	16.1613	26.6466
股权集中度	0.1666	0.1387	0.1178	0.0029	0.7268
现金流	0.0274	0.0377	0.3154	-10.2162	0.3794

表 6.2 列示了主要变量描述性统计结果。2013 年度，高管内部薪酬差距均值为 12.2267 倍，此差距小于普遍心理预期；投资水平均值为 0.0677，现金流均值为 0.0274，企业投资水平超过现金净流量，表明企业具有较高的投资水平；企业投资效率均值为 -0.6175，明显偏离零，表明上市企业普遍存在非效率投资。

二 相关性检验

表 6.3　　　　　　　　　Person 相关系数

	企业绩效	薪酬差距	投资水平	投资效率	财务杠杆	企业规模	股权集中度	现金流	上市年龄
企业绩效	1								
薪酬差距	0.193***	1							
投资水平	0.099***	0.081***	1						

续表

	企业绩效	薪酬差距	投资水平	投资效率	财务杠杆	企业规模	股权集中度	现金流	上市年龄
投资效率	0.014	0.015	-0.681***	1					
财务杠杆	-0.230***	-0.062**	-0.087***	0.036	1				
企业规模	0.164***	0.269***	0.013	0.112***	0.402***	1			
股权集中度	0.104***	0.062**	0.000	0.037	-0.043	0.233***	1		
现金流	-0.191***	0.083***	0.055*	0.003	0.043	0.179***	0.052*	1	
上市年龄	-0.076**	0.004	-0.232***	0.095***	0.403***	0.225***	-0.210***	-0.068**	1

注:"***""**""*"分别表示在1%、5%、10%的水平上显著

从表6.3可知：高管内部薪酬差距与企业绩效在1%的水平上显著正相关，即拉大薪酬差距可以提升企业绩效；高管内部薪酬差距与投资水平在1%的水平上显著正相关，即拉大薪酬差距可以提高投资水平；高管内部薪酬差距与投资效率正相关，表明拉大薪酬差距可以提高企业投资效率，但结果并不显著。其他自变量间相关系数都较低，意味着样本之间基本不存在多重共线性。

三 回归结果分析

表6.4　　　　高管内部薪酬差距、投资行为与企业绩效

	模型1	模型2	模型3	模型4	模型5
变量	企业绩效	投资水平	企业绩效	投资效率	企业绩效
截距项	-4.454*** (8.273)	-0.059 (-1.268)	-4.413*** (-10.424)	-2.212*** (-3.872)	-4.470*** (-10.465)
薪酬差距	0.092*** (3.805)	0.006** (2.108)	0.088*** (3.648)	-0.019 (-0.585)	0.091*** (3.797)
投资水平			0.690** (2.509)		
投资效率					-0.007 (-0.327)

续表

变量	模型1 企业绩效	模型2 投资水平	模型3 企业绩效	模型4 投资效率	模型5 企业绩效
财务杠杆	-0.010*** (-10.184)	0.000 (-0.355)	-0.010*** (-10.181)	-0.002 (-1.295)	-0.010*** (-10.185)
企业规模	0.188*** (9.462)	-0.004** (-2.029)	0.185*** (9.314)	0.080*** (2.981)	0.188*** (9.449)
股权集中度	0.099 (0.627)	-0.042** (-2.475)	0.128 (0.813)	0.210 (0.993)	0.100 (0.636)
现金流	-0.499 (-0.920)	0.005 (0.801)	-0.502*** (-8.983)	-0.021 (-0.274)	-0.499*** (-8.903)
上市年龄	-0.003 (-0.920)	-0.003*** (-7.845)	-0.001 (-0.323)	0.012*** (2.825)	-0.003 (-0.889)
Adj R^2	0.198	0.068	0.202	0.020	0.198
F检验统计量	45.602***	13.595***	40.173***	3.875***	39.071***
DW统计量	1.958	2.058	1.936	1.986	1.958
模型个案数	1118	1118	1118	1118	1118

注："***""**""*"分别表示在1%、5%、10%的水平上显著，括号内的值为T值。

根据表6.4可知，模型1表明高管内部薪酬差距与企业绩效有显著的正相关关系（a=0.092，P<0.01），即拉大其薪酬差距可以提升企业绩效，支持假设H1；模型2表明高管内部薪酬差距与投资水平有显著的正相关关系（b=0.006，P<0.05），支持假设H2；综合模型1至模型3计算出投资水平的中介效应占总效应的比例为0.006×0.690/0.092=4.50%，说明企业投资水平能够解释拉大高管内部薪酬差距对企业绩效影响变化的4.50%，此结论支持假设H4。

模型4和模型5检验了企业投资效率对高管内部薪酬差距与企业绩效的中介作用。模型4表明拉大高管内部薪酬差距与企业投资效率有相关关系（d=-0.019），但是显著性不强，不支持假设H3。由于模型4中薪酬差距的系数不显著，因此还需进一步做Sobel检验确认投资效率是否是高管内部薪酬差距与企业绩效的中介变量。检验统计量是 $Z=\hat{a}\hat{b}/\sqrt{\hat{a}^2 s_b^2 + \hat{b} s_a^2}$，其中 $\hat{a}$ 和 $\hat{b}$ 分别是模型4中高管内部薪酬差距的系数和模型5中投资效率的回归系数，S_a 和 S_b

分别是 $\hat{a}$ 和 $\hat{b}$ 的标准误。$\hat{a} = -0.019$，$S_a = 0.032$，$\hat{b} = -0.007$，$S_b = 0.022$，计算的 $Z = 0.5932$，$P > 0.05$，所以证明投资效率在高管内部薪酬差距与企业绩效之间不存在中介效应，即不支持假设 H5。

四 不同所有权性质的影响

我国不同所有权性质会影响企业投资行为，国有企业无论是从政府支持还是资源配置方面都明显优于非国有企业。即便存在于相同的资本市场环境中，国有企业与非国有企业的投资行为也会出现很大不同。由于高管内部薪酬差距与企业投资效率没有显著相关关系，因此有必要比较分析投资水平的中介效应在国有企业和非国有企业的差异性。

表 6.5　不同所有权性质下的高管内部薪酬差距、投资水平与企业绩效

变量	国有企业 模型1 企业绩效	国有企业 模型2 投资水平	国有企业 模型3 企业绩效	非国有企业 模型1 企业绩效	非国有企业 模型2 投资水平	非国有企业 模型3 企业绩效
截距项	-2.268*** (-3.448)	0.060 (0.451)	-2.242*** (-3.407)	-4.988*** (-10.086)	-0.071 (-1.394)	-4.926*** (-9.986)
薪酬差距	0.105** (2.234)	-0.008 (-0.801)	0.101** (2.158)	0.082*** (3.101)	0.007** (2.441)	0.076*** (2.882)
投资水平			-0.437 (-1.048)			0.880*** (2.823)
财务杠杆	-0.005*** (-2.835)	-0.001 (-1.442)	-0.005*** (-2.941)	-0.011*** (-9.725)	0.000 (1.142)	-0.011*** (-9.773)
企业规模	0.069** (2.524)	0.009 (1.658)	0.073*** (2.646)	0.219*** (9.354)	0.004* (1.668)	0.215*** (9.223)
股权集中度	0.192 (0.767)	-0.136*** (-2.669)	0.133 (0.517)	0.076 (0.429)	-0.029 (-1.617)	0.102 (0.577)
现金流	0.583 (1.381)	0.088 (1.020)	0.622 (1.467)	-0.518*** (-8.803)	0.004 (0.693)	-0.521*** (-8.896)
上市年龄	-0.006 (-1.107)	-0.004*** (-3.711)	-0.008 (-1.371)	-0.002 (-0.498)	-0.003*** (-7.041)	0.001 (0.137)
Adj R^2	0.219	0.157	0.225	0.205	0.064	0.212
F 检验统计量	6.493***	4.325***	5.727***	41.599***	10.996***	37.052***
DW 统计量	2,.228	2.015	2.233	1.984	2.026	1.985
模型个案数	146	146	146	972	972	972

注："***""**""*"分别表示在1%、5%、10%的水平上显著，括号内的值为T值

表 6.5 显示：在国有企业中，拉大高管内部薪酬差距不会引发企业采取积极的投资行为，增加投资水平，但能提升企业绩效；在非国有企业中，拉大高管内部薪酬差距可以促使企业提高投资水平，提升企业绩效。拉大高管内部薪酬差距对国有企业投资行为和非国有企业投资行为影响截然相反，分析原因：第一，国有企业出于企业绩效以及国有资产保值增值考核指标要求，尽量选择规避风险；第二，国有企业高管大多数是直接任命，不是通过考核选拔产生，其薪资水平与个人能力和个人绩效不必然相关，通过拉大薪酬差距提升企业投资水平和绩效对高管成员不具有激励作用；第三，国有企业的投资行为受政府部门和国有资产管理机构的约束，高管团队不是企业投资行为唯一的决策主体。

五 稳健性检验

为进一步检验上述结论的可靠性，采用总资产收益率（ROA）作为企业绩效指标，进行稳健性检验。结果显示：企业绩效与高管内部薪酬差距的回归系数略有变化，但显著性程度并未发生实质性变化，研究结论具有稳健性。

第四节 研究结论与讨论

基于现有高管内部薪酬差距对企业绩效影响内在机理研究的不足，本书选择投资水平和投资效率作为衡量投资行为的指标，以 2013 年沪深 A 股上市制造企业为样本，实证研究拉大高管内部薪酬差距能否通过投资行为对企业绩效产生积极影响，并具体分析这种影响在不同所有制企业的差异性。

总体来说，高管内部薪酬差距作为一种激励机制对企业绩效的影响路径是："高管内部薪酬差距——企业投资行为——企业绩效"，投资行为是连接高管内部薪酬差距和企业绩效的重要桥梁。拉大高管内部薪酬差距能够一定程度上促进企业扩大投资规模，提高企业投资水平，提升企业绩效；拉大高管内部薪酬差距不会提高企业投资效率，即高水平的投资行为并不意味着高效率的投资行为。分析原因：首先，在不完善的资本市场，普遍存在代理冲突和信息不对称的问题，作为代理人的高管团队可以通过控制更多的资源获取高额的个人收益，使得高管团队一般只注重投资规模的扩大，而忽视投资效率的提高。由于企业投资规模扩大可以一定程度上替代交易成本，获得规模经济，所以可以达到提升企业绩效的目的。此结论符合"经理帝国主义"。其次，企业投资效率缺少唯一、清晰的衡量指标，并且投资效率不易进行企业绩效考评，其接受程度不如投资规模。在不同所有制样本中，拉大高管内部薪酬差距对国有企业投资水平没有显著影响，而对非国有企业影响显著，说明非国有企业投资行为的规律性以及资本的逐利性，充分体现出市场经济的活力以及"森林法则"的普遍适用性。以上结论不仅深入揭示了锦标赛理论的内在机理，也有助于上市企业设计更为有效合理的薪酬体系，进一步完善公司治理结构，提高企业的投资效率。

本书关于高管薪酬差距、投资行为与企业绩效的研究创新之处在于：第一，同时采用投资水平和投资效率衡量投资行为，使得投资行为的量化更加全面、客观；第二，从企业投资行为的角度深入揭示高管内部薪酬差距与企业绩效的"黑箱"问题，深化薪酬差距对企业绩效影响的理论研究，无论在理论还是实践方面都有重要价值。研究的不足之处在于：第一，只采用截面数据，若使用面板数据可能更具有说服力；第二，高管内部薪酬差距还可能通过其他因素影响企业绩效，比如企业文化、分配制度等。虽有不足之处，但本书是关于高管内部薪酬差距对企业绩效影响内在机理的初步探索，未来这一课题仍值得深入研究。

第七章

薪酬差距对员工成就导向的影响

第一节 理论回顾与文献综述

一 成就导向的定义与内涵

成就导向研究与目标设定相关理论研究成果相关。个体确立的目标决定了个体在解决问题、看待结果上的行为和动机，成就导向是影响个体行为的重要因素，它主要解决个体行为动机的差异性，它解释个体以这种动机投入到行为中的原因，表 7.1 总结了部分学者对成就导向的界定。

表 7.1　　　　　　　部分学者对成就导向的定义

学　者	观　点
Maehr（1989）	成就导向建立的社会认知框架、意义等与个体自我认知有关
Andeman（1998）	成就导向定义了人们为何以及如何达成各类目标
Pintich（1996）	成就导向的中心思想是人们整合自己的某种信念，并根据这种信念完成个人目标，进而获得成就。信念不同，人们在追求目标的过程中就会选择不同的完成目标的方式，采用不同的标准去判断成功与否，进而影响到他们对于动机的判断，最后影响到一个人的学习和工作表现
Bunce（1995）	成就导向反映了个体目标或者任务的解释方式，是个体达成任务或实现目标时的一种心智方式
Scott（1994）	成就导向就是个体在环境的交互作用下对周围环境做出的不同反应方式

不同学者对成就导向的学术术语表达不尽相同，如目标导向、能力目标、表现目标等，这种划分的依据与各个学者自身的研究领

域有关。有关成就导向的分类如表 7.2 所示。

表 7.2　　　　　　　　　成就导向的分类及定义

成就导向分类	成就导向定义
学习导向	目的在于获取知识技能，提升自身能力
任务导向	目的在于掌握自己的学习能力，并体验自己的学习过程
绩效导向	重在强调物质和精神奖励，展现自身工作能力
自我导向	将能力视为参照模式，以胜过别人取得优胜来肯定自己的能力
心理导向	对不同的成就脉络会有不同的信念、情感、目标和认识
特质导向	每个人都有追求成就导向的本能，将成就导向视为一种特定的特质

从上表可知，不同成就导向的定义虽有区别，但总体呈现出一致的特征，高导向的人更容易把精力放在提升自己能力的工作上，如何强化个人技能，如何探寻新的战略，等等。高导向个体表现行为是为了获得正面评价，通过强有力的行为和结果来展现自己的实力，其行为主要集中在自身能力和其他个体能力的权衡上，并通过努力做出超越一般人的行为和成就。但也有学者认为高努力代表着低能力，个体应该不断地锻炼自己的技能和策略来提高成就。

二　成就导向的维度

成就导向的研究最早是由 Dweck 等（1988）[①] 提出的单一结构，主要分为学习型成就导向和表现型成就导向，展现出学习成就导向的个体关注发展自身能力，展现出表现型成就导向的个体希望与他人比较来获得正面评价或者避免遭到对能力的负面评价。然而表现成就导向和证明成就导向可能是两个互相矛盾的问题，如果一个个体的成就导向得分为零，那么他的行动就没有目标导向了吗？显然单一结构的成就导向研究是不够充分的。图 7.1 刻画了成就导向理论的单一结构。

---

① Dweck, C. S.; Leggett, E. L., "A Social-Cognitive Approach to Motivation and Personality", *Psychological Review*, 1988, 95 (2): 256 – 273.

学习型成就导向 ←——————————————————→ 表现型成就导向

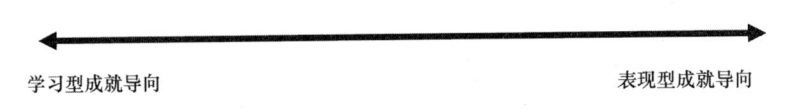

图 7.1　成就导向理论的单一结构

随着成就导向理论的研究逐步深入，学者们发现成就导向是一个多维度的概念，学习型成就导向与表现型成就导向，个体因为成就导向的差异而有着差异性的偏好（Ames 等，1988）[①]。个体会有两种成就导向，而且两种导向因不同水平而呈现出差异性的组合，学习型成就导向的个体通过学习新技能来提高自身技能，不断取得工作的成功来获取更高的成就感。表现型成就导向的个体通过寻求赞许的评价与规避自身能力负面的批评来证明本身能力的适当性。当然，不能说明表现型成就导向就不是好的导向，也有研究认为，表现型成就导向可以引起积极的结果，比如可以有效地提高学习能力，可以很好地提高战略运用能力，可以提升个体的动机能力和水平，只是如果表现型成就导向占据了个体成就导向的主体，就有可能使得个体接触不到提升自己技能的学习机会，不利于个体的综合发展。图 7.2 显示了成就导向的二维结构。

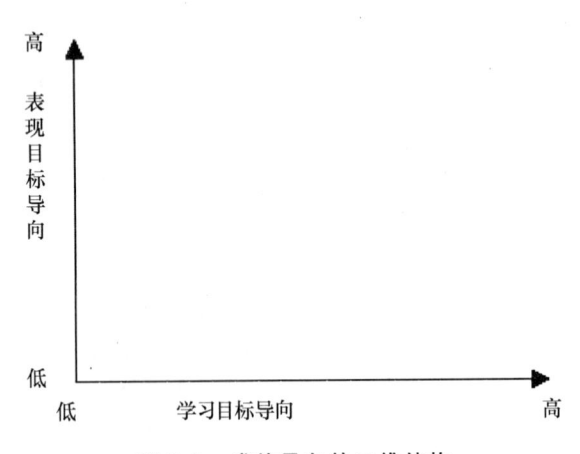

图 7.2　成就导向的二维结构

[①] Ames, C. ; Archet, J. , "Achievement Goals in the Classroom: Student Learning Strategies and Motivation Processes", *Journal of Education Psychology*, 1988, 80（3）: 260 – 267.

在综合了过去的研究成果的基础上,VandeWalle(2001)[①] 提出了成就导向存在的三维结构,在二维结构的基础上,他认为表现型成就导向可以细分为趋向型和回避型两种,即成就导向是由学习成就导向和趋向成就导向以及回避成就导向构成。每一个维度都代表了相对稳定的发展或者证明自身能力的倾向。证明成就导向与回避导向是在原来表现型成就导向的基础上分离出的两个维度。高回避导向的人会尽量避免参与暴露自己低能力或者由于低表现而造成别人负面的误会或者评价。图7.3显示了成就导向的三维结构。

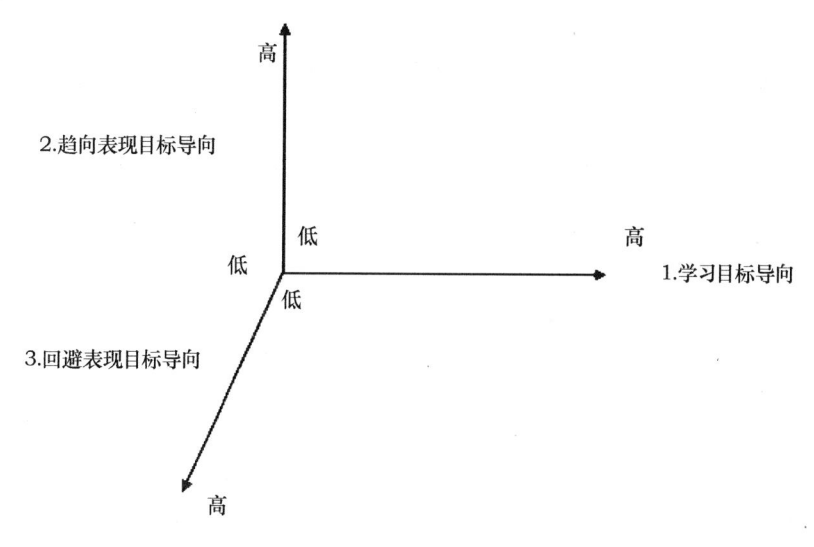

图 7.3 成就导向的三维结构

除了学习型成就导向、趋向表现型成就导向、回避表现型成就导向外,不同学者还提出了其他的成就导向分类。Maehr(1980)[②] 认为个体应当将社会责任纳入成就导向范围内,即拥有社会型成就导向。因为个体处在复杂的社会系统中,社会系统的每个变化都会影响个体的行为,社会目标导向的定义是引起道德意向的社会称

[①] VandeWalle D., "The Role of Goal Orientation Following Performance Feedback", *Journal of Applied Psychology*, 2001, 86 (4): 629 – 640.

[②] Maehr, M. L.; Nicholls, J. G., "Culture and Achievement Motivation: A Second Look", *Studies in Cross-Cultural Psychology*, 1980, 2: 221 – 267.

许，使得个体对复杂或者艰难的任务采取回避的姿态，不付出很多努力。但由于人是社会人，个体需要在工作或者行为中取得他人的赞许或者获得互动的机会，所以社会型成就导向的概念和研究历史不同于学习和表现型成就导向，社会型成就导向的研究重点是个体希望得到什么，而不是个体为何执行特定的成就任务。在成就导向的研究中，学者发现还有另一类个体既对追求成功没有动力，也对表现其能力没有动力（Nicholls 等，1985）[1]。研究者认为这是个体对工作的消极反应。该类成就导向持有者的目的是尽可能减少投入努力来完成工作，他们的兴趣和自信来源于其他领域，因此不代表缺乏能力。

2001 年，Elliot（1999）[2] 提出了成就导向的四维结构，四维结构是在三维结构的基础上提出来的，将学习型成就导向进一步细分为趋向学习型成就导向和回避学习型成就导向，趋向型成就导向的个体主动追求自我完善，深入掌握学习的技巧，提高工作能力，而回避学习型成就导向的个体则不主动只求学习目标，不完成学习任务，他们避免犯错误或者曲解学习的内容。与回避表现型成就导向相比，回避学习成就导向是以自己能力为标准进行判断的，而不是以外界为标准进行判断的。

三 不同成就导向的差异

成就导向影响着人们的认知、情感与行为（Dweck，2000）[3]。以往的学者认为不同的成就导向下个体的认知会产生差异，主要体现在以下几个方面：

（1）个人能力。学习型成就导向的个体相信个体能力是可以经过后天锻炼不断提升的，通过学习等渠道能力会得到不断提升。但表现型成就导向的个体认为个体能力是与生俱来的，不断努力并不

---

[1] Nicholls, J. G., Patashnich, M., Nolen, S. B., "Adolescents' Theories of Education", *Journal of Applied Psychology*, 1985, 77: 683 – 692.

[2] Elliot, A. J., "Approach and Avoidance Motivation and Achievement Goals", *Educational Psychologist*, 1999, 34 (3): 169 – 189.

[3] Dweck, C. S., *Self-Theories: Their Role in Motivation, Personality and Development*, Psychology Press, 2000.

能使自身得到全面的提升，而且 Vande Walle 等（2001）[①] 认为回避表现型成就导向个体比趋向表现型成就导向个体有更强烈的隐藏能力。

（2）个人努力。学习型成就导向个体认为努力是获得成就的重要因素，努力程度能够展现个体的各项素质，也是掌握完成未来任务所必需的新能力的一种策略。当个体遇到困难的任务或者失败时，他们会认为自己需要投入更多的努力来提升自己。然而对于表现型成就导向的个体来说，额外的努力是低效率的代名词，要付出巨大努力的话则可以把这个人看作是低能的，只有先天能力不足才需要后天巨大努力去弥补。当面临挑战性任务时，表现型成就导向的个体会趋向于回避，因为持续不断的努力暴露了个体能力的不足，这与他们希望表现出能力强的目标相冲突（Dudan 等，1992）[②]。

（3）设立目标。学习型成就导向的个体在目标设定上与表现型成就导向的个体存在差异，学习型成就导向个体更愿意接受挑战，也更多地设置目标，他们把高难度的任务等认为是对个人能力的一次检验，把其当作获取成就的动力。与之不同的是，高表现型成就导向的个体会避免去设立目标，他们害怕失败后带来的挫败感。对一项特定的任务，在达成目标的过程中，学习型成就导向的个体比表现型成就导向的个体有更强烈的意志去制定和完成计划，并随时调整计划内容。Vande Walle 认为学习型成就导向与工作持久性呈显著正相关，而表现型成就导向与之不存在相关性。

（4）认知水平和情感。个体成就导向水平和个体的认知以及社会影响有关。学习型成就导向和表现型成就导向的个体在完成任务的过程中很少表现出乐观的精神和希望（Urdan 等，2002）[③]，回避

[①] Vande Walle, D.; Cron, W. L.; Slocum, J. W.; Jr, "The Role of Goal Orientation Following Performance Feedback", *Journal of Applied Psychology*, 2001, 86 (4): 629 - 640.

[②] Dudam, J. L.; Nicholls, J. G., "Dimensions of Achievement Motivation in School Sport", *Journal of Educational Psychology*, 1992, 84: 290 - 299.

[③] Urdan, T.; Ryan, A. M.; Anderman, E. M., Gheen, M. H., "Goals Goal Structures, and Avoidance Behaviors", *Goals, Goal Structures, and Patterns of Adaptive Learning*, Mahwah, New Jersey: Lawrence Erlbaum Associates, 2002.

表现型成就导向型个体更容易被认为和消极、恐惧等有关（Elliot 等，2001）①，而趋向表现型员工被认为和正能量、积极主动有关，但也有学者认为该种成就导向和焦虑等有关。

四 成就导向的特性

成就导向的特性是个体采取相应行为动机的性质，目前主要有两种观点：第一种是 Dweck 提出的，他在早期研究小学生心理问题时提出人的特质是造成不同成就导向的原因，它起源于动机理论，成就导向的相对稳定的倾向性特质，只是个体对同一情境下产生的不同努力程度和看法造成了不同的导向行为。目前关于成就导向的特质主要是稳定的个体差异性因素（Fisher 等，1998）②。然而，如果只是考虑倾向性问题而没有考虑人们处理不同工作时的潜在心理和动态过程，这就可能造成不同的行为导向；第二种观点认为成就导向是个体的一种状态，即认为成就导向是一个不稳定的结构，它是一种状态变量，研究表明个体在特定情况下的认知、情感等会发生变化，但并不是所有的个体都会表现出统一的行为（Bergin，1995）③。关于这两类观点的争议一直在持续，原因在于两种观点的假设不同。Vande Walle（2001）④ 指出成就导向是个人特质变量，同时也受到环境因素的影响，在给定的情况下，强烈的外界因素可能会抑制个人本事的特性。Dweck 也认为倾向性被认为是个体差异变量，它决定着采取某一特定目标以及表现出某一特定行为模式的优先权。个体在具体情境下表现出的成就导向是成就目标下的稳定特点和具体情景特点相互作用的结果。

---

① Elliot, A. J., Thrash, T. M., "Achievement Goals andthe Hierarchical Model of Achievement Motivation", *Educational Psychology Review*, 2001 13 (2), 139 – 155.

② Fisher, S. L., Ford, J. K., "Differential Effects of Learner Effort Goal Orientation on Two Learning Outcomes", *Personnel Psychology*, 1998, 51: 397 – 420.

③ Bergin, D. A., "Effects of Mastery Versus Competitive Motivation Situation on Learning", *Journal of Experimental Educational*, 1995, 63: 303 – 314.

④ VandeWalle, D., "The Role of Goal Orientation Following Performance Feedback", *Journal of Applied Psychology*, 2001, 86 (4): 629 – 640.

第二节 实证分析

一 研究假设

行为科学理论认为员工在工作中通常会与别人进行比较并据此来评价自己在工作中的各种表现。成就导向是影响员工个体行为的重要因素,解释的是人们以各种动机投入到行为中的原因。Dweck首次提出了成就导向的单一结构,并把成就导向分为学习型成就导向和表现型成就导向,其中表现型成就导向是个体希望与他人进行比较来获得更高的评价,或者得到更好的待遇来证明自己的工作能力。比如在企业内部,年龄、职位、工龄等相近的员工个体之间往往会相互比较自己在公司中得到的待遇以及认可程度,而薪酬作为一个关乎切身利益的重要因素往往被作为主要的比较对象。职位以及工龄相近的员工之间薪酬差距的大小往往被作为员工判断自己是否受到不公平待遇的依据。之后的学者在研究中提出了成就导向的多维度定义,并作为员工判断自己在工作中取得成就的依据。成就导向的多维度分类为学习导向、任务导向、绩效导向、自我导向、心理导向、特质导向。其中绩效导向重在强调员工报酬、物质和精神奖励。具有较高成就导向的人更容易把精力投入到工作上,同时也愿意承担重要的且具有挑战性的任务,他们在工作中会不断地为自己设立更高的标准来追求事业上的进步,这种积极的行为往往会提升员工的任务绩效并传导至企业,更好地提升企业绩效。在目前的研究中,学者们主要关注员工薪酬差距与企业绩效的关系,较少关注薪酬差距与员工成就导向的关系。绩效导向强调通过拉大员工之间的薪酬和物质奖励达到激励员工的目的,而员工之间的薪酬差距往往会影响其认知和行为,从而对员工的成就导向产生传导作用。因此提出如下研究假设:

假设1:薪酬差距对员工成就导向存在影响作用

假设2:薪酬差距对员工成就导向存在积极作用:随着薪酬差距拉大,员工成就导向逐步提高

假设3：薪酬差距对员工成就导向存在消极作用：随着薪酬差距拉大，员工成就导向逐步降低

二 控制变量

薪酬差距对员工成就导向不是简单的影响关系，它与员工个体、企业状况相互交织，相互作用，因此需要考虑如下因素：

（一）年龄和工作年限

企业人力资源管理中不可避免地会涉及年龄问题，不同年龄段的员工因其生理素质存在差异，在工作中的表现也存在区别。如上市公司CEO的年龄与研发能力呈现倒"U"形关系，且不同年龄层次的CEO，其任期与研发能力的关系存在显著差异：年龄小于45岁的CEO，其任期与研发能力显著正相关，年龄大于等于45岁的CEO，其任期与研发能力显著负相关（陈守明等，2011）[1]；在员工方面，员工心理资本在年龄段上呈现出先增加后减少、再增加再减少趋势（宋琳，2011）[2]。一项针对泰国的反复迁移现象调查显示，年龄与反复迁移现象呈倒"U"形关系，随着年龄上升，反复迁移现象逐渐增多，40岁人群的反复迁移率最高，此后反复迁移现象逐渐减少（Lee，Sukrakarn，Choi，2011）[3]。个体对待生活的满意程度与年龄却呈现出"U"形关系，幸福感与年龄之间也呈现出弱"U"形关系，中年时期是个体幸福感最弱的时期（Frijters，Beatton，2012）。[4]

不同年龄的员工，对待工作的态度可能不同。年轻员工在刚步入职场时可能会对所从事职业很满意，所以满怀工作热情，成就导向水平较高；也可能对工作敷衍了事，随时准备跳槽，成就导向水

---

[1] 陈守明、简涛、王朝霞：《CEO任期与R&D强度：年龄和教育层次的影响》，《科学学与科学技术管理》2011年第32（6）期，第159—165页。

[2] 宋琳：《员工年龄与学历差异下的心理资本研究》，《神华科技》2011年第9（4）期，第14—16页。

[3] Lee, S. H.; Sukrakarn, N.; Choi, J. Y., "Repeat Migration and Remittances: Evidence From Thai Migrant Workers", *Journal of Asian Economics*, 2011 (22): 142 - 151.

[4] Frijters, P.; Beatton, T., "The Mystery of the U-Shaped Relationship Between Happiness and Age", *Journal of Economic Behavior & Organization*, 2012, 82: 525 - 542.

平较低；但年长员工由于在企业工作年限较长，工作业绩已获得组织认可，也实现了自身和企业文化的融合和共同发展，所以成就导向水平普遍较高（翰威特咨询公司，2012）。[1]

从企业实际情况看，不同年龄段员工也存在不同的变化，30岁以下的年轻人属刚毕业，在学习成长阶段，45岁以下是设计主力，工作能力不断增强，45岁以上，部分人员已成为行业专家。因此本书选取年龄和工作年限作为薪酬差距与员工成就导向研究的影响因素。

（二）学历

在社会活动中，随着个体学历水平的提高，高层次的社会参与和学术参与次数也随之增加（Hu，2011）[2]，学生积极参与社会活动的持久性与学生的学术水平层次是相关的（Young，2010）[3]，学术水平低的学生参与学术活动的持久性较低，学术水平中等的学生更容易坚持参加低层次的学术活动，高层次学术水平或社交活动广泛的学生则更容易参加高层次的社会活动和高层次的学术活动（Martin，2011）[4]，同时高要求和高控制相结合，会产生持续的动力和积极的工作行为（Sheared等[5]，2010；Scales等，2004[6]）。因此，本书选取学历作为研究的一个影响因子。

---

[1] 怡安—翰威特咨询公司. 提高年轻员工成就导向重要吗？[EB/OL]. http：//www.job1001.com/ViewArticle.php? id = 43365，2012.

[2] Hu, Shouping, "Reconsidering the Relationship between Student Engagement and Persistence in College", *Innovational High Education*, 2011, 36: 36 – 44.

[3] Young, Mark R., "The Art and Science of Fostering Engaged Learning", *Academy of Educational Leadership Journal*, 2010, 14 (Special Issue): 1 – 18.

[4] Martin, Andrew J., "Courage in the Classroom: Exploring a New Framework Predicting Academic Performance and Engagement", *School Psychology Quarterly*, 2011, 26 (2): 45 – 58.

[5] Sheared, Judy; Carbone, Angela; Hurst, A. J., "Student Engagement in First Year of an ICT Degree: Staff and Student Perceptions", *Computer Science Education*, 2010, 20 (1): 79 – 91.

[6] Scales, Peter C.; Benson, Peter L.; Roehlkepartain, Eugene C.; Nicoler, R.; "Sullivan, Theresa K.; Mannes, Marc, The Role of Parental Status and Child Age in the Engagement of Children and Youth with Adults outside Their Families", *Journal of Family Issues*, 2004, 25 (4): 735 – 760.

在企业的实际情况中，近几年毕业的员工学历较高，一般为硕士生，有少量博士和本科生。随着年龄段的增长，学历逐渐下降。

(三) 职位

建立合理的员工晋升渠道是企业人力资源激励的有效措施，也是员工职业生涯规划的重要环节，升职是企业对员工工作努力的认可，职位的不同必然造成员工对工作敬业水平的差异（Kahn，1987[①]；曾晖，2008[②]）。敬业的员工往往会采取积极的行动提升自己在企业中的价值，这种价值观的外在表现为对公司战略政策的支持，内在表现为对更高职位所愿意付出的努力以及自我完善（翰威特咨询公司，2012）。所以本研究选取职位作为成就导向研究的控制变量。

企业属科研设计单位，管理机构采用矩阵式扁平化管理，职位分为管理系列和技术系列。主要分为技术员（办事员）、助理工程师（普通管理人员）、工程师（或主管）、高级工程师（高级主管）、教授级高级工程师（中层经理）、设计专家（院领导）等层次。

(四) 月平均收入

员工月平均收入水平直接影响员工与最低薪酬和最高薪酬之间的差距，同时，通过加薪提高员工工作收入的方式作为最直接的激励手段会对员工积极性产生很大的影响作用。此外，还选取员工性别、员工对薪酬差距的看法等因素作为研究的控制变量。

企业目前采用的是基本工资＋岗位工资＋绩效奖金的薪酬分配模式。薪酬差距的主要因素是岗位工资和奖金。对年轻的低职位的员工来说，薪酬差距主要影响因素是奖金，奖金与工作量挂钩。对于高管和技术专家来说，薪酬差距主要影响因素是岗位工资，岗位

[①] Kahn, W. A., *Adjusting Self-in-role: Influences on Personal Engagement and Disengagement at Work*, Yale University, 1987.

[②] 曾晖：《员工成就导向的评价与开发》，南开大学出版社 2008 年版，第 78—80 页。

工资与职务高低、技术成就高低有关。

(五) 变量定义

性别 (Gender): 男 = 1, 女 = 2;

年龄 (Age): 因 25 岁以下, 上学者居多, 故设定 18 岁以下, 18—25 岁两个年龄段, 其余平均每 5 年为一个年龄段。18 岁以下 = 1, 18—25 岁 = 2, 26—30 岁 = 3, 31—35 岁 = 4, 36—40 岁 = 5, 41—45 岁 = 6, 46—50 岁 = 7, 51—55 岁 = 8, 55 岁以上 = 9, 其中 35 岁以下为年轻员工, 36—50 岁以上为中年员工, 50 岁以上为年长员工。

学历 (Education): 按照我国现有学历体制设置。高中以下 = 1, 高中 = 2, 专科 = 3, 本科 = 4, 硕士 = 5, 博士 = 6。

职位 (Position): 根据企业的职位等级设置。技术员 (办事员) = 1, 助理工程师 (普通管理人员) = 2, 工程师 (或主管) = 3, 高级工程师 (高级主管) = 4, 教授级高级工程师 (中层经理), 设计专家 (院领导) = 6。

工作年限 (Tenure): 根据企业人员流动实际情况年限设置, 员工入职 10—20 年流动性较大, 故设 4 个年限等级, 其余每 5 年为一个年限等级。1—5 年 = 1, 6—10 年 = 2, 11—13 年 = 3, 14—15 年 = 4, 16—17 年 = 5, 18—20 年 = 6, 21—25 年 = 7, 26—30 年 = 8, 30 年以上 = 9。

月平均收入 (APPM): 根据员工平均收入设置, 1500 元以下 = 2, 1501—3000 元 = 4, 3001—4500 元 = 6, 4501—6000 元 = 8, 6001—7500 元 = 10, 7501—9000 元 = 12, 9001—12000 元 = 16, 12001—15000 元 = 20, 15001—20000 元 = 28, 20000 元以上 = 40。

对薪酬差距的看法 (Perspective): 很大 = 1, 大 = 2, 合适 = 3, 小 = 4, 很小 = 5。

高层次薪酬差距 (HPG) 是以调查对象月平均收入为基准, 企业最高薪酬除以该调查对象的月平均收入所得比值。

低层次薪酬差距 (LPG) 是以调查对象月平均收入为基准, 该调查对象的月平均收入除以企业最低薪酬所得比值。

员工成就导向 (Achievement Orientation) 按照对工作的完成度

具体度量，如表7.3所示。

表 7.3　　　　　　　　　成就导向行为描述

等级	成就导向行为描述
1	不知道基本工作标准
2	希望达到及格标准并为之努力
3	内心想尽力做好工作，如果难度大就算了
4	虽然做不到优秀，但一定要达到良好绩效水平，业绩排名在前30%内
5	在现有业绩水平上，想持续不断地改善个人绩效
6	要达到组织管理要求的优异业绩标准
7	为自己设定超过组织优异水平的挑战性目标
8	有带领团队共同完成组织战略目标及挑战性目标的愿望，并付诸行动
9	有持续创新的动力。采取充分的行动面对挫折，达成创新的目标；或成功地完成创新的结果

三　调查问卷与样本统计

（一）调查问卷

成就导向研究在国外已开发出达到一定共识的量表，主要从心理认知角度衡量个体成就导向，考虑到现实企业管理过程中需要的是企业员工成就导向行为表现，因而我们借鉴了企业开发的基于胜任特征行为基础的成就导向量表。调查企业是国企。

调查问卷及量表是2013年12月4日通过电子表格发放，于12月8日回收。调查对象是企业全体职工，共发放问卷1200份，由于出差和请假等因素，实际回收915份，有效问卷866份。（以下附调查问卷。）

附：

调查问卷

1. 性别： □男　　　　□女
2. 年龄： □18 岁以下　　□18—25 岁　　□26—30 岁
   □31—35 岁　　□36—40 岁　　□41—45 岁
   □46—50 岁　　□51—55 岁　　□55 岁以上
3. 学历： □高中以下　　□高中　　　　□大学专科
   □大学本科　　□硕士　　　　□博士及以上
4. 职位： □技术员/办事员
   □助理工程师/普通管理人员
   □工程师/主管
   □高级工程师/高级主管
   □教授级高工/中层领导
   □专家/院领导
5. 工作年限： □1—5 年　　　□6—10 年　　□11—13 年
   □14—15 年　　□16—17 年　　□18—20 年
   □21—25 年　　□26—30 年　　□30 年以上
6. 月平均收入： □1500 元以下　　　□1501—3000 元
   □3001—4500 元　　□4501—6000 元
   □6001—7500 元　　□7501—9000 元
   □9001—12000 元　　□12001—15000 元
   □15001—20000 元　　□20000 元以上
7. 对公司目前的薪酬差距的看法是？
   A 很大　　　B 大　　　C 合适　　　D 小　　　E 很小
8. 对自己工作现状的要求（九选一，画勾即可）

等级	现状描述
A1	不知道基本工作标准
A2	希望达到及格标准并为之努力
A3	内心想尽力做好工作，如果难度大就算了
A4	虽然做不到优秀，但一定要达到良好绩效水平，业绩排名在前 30% 内

续表

等级	现状描述
A5	在现有业绩水平上,想持续不断地改善个人绩效
A6	要达到组织管理要求的优异业绩标准
A7	为自己设定超过组织优异水平的挑战性目标
A8	有带领团队共同完成组织战略目标及挑战性目标的愿望,并付诸行动
A9	有持续创新的动力。采取充分的行动面对挫折,达成创新的目标或成功地完成创新的结果

(二)样本统计分析

1. 性别分布

样本中有男性556人,占比60.8%;女性有359人,占比39.2%。

2. 年龄分布

样本中,18岁以下个体有3人,占比0.33%;18—25岁个体有79人,占比8.63%;26—30岁个体有44人,占比4.8%;31—35岁个体有400人,占比43.71%;36—40岁个体有282人,占比30.81%;41—45岁个体有88人,占比9.61%;46—50岁个体有15人,占比1.4%;51—55岁个体有3人,占比0.32%;55岁以上个体有12人,占比1.31%;员工年龄结构比较合理,不存在年龄断档和老龄化问题。

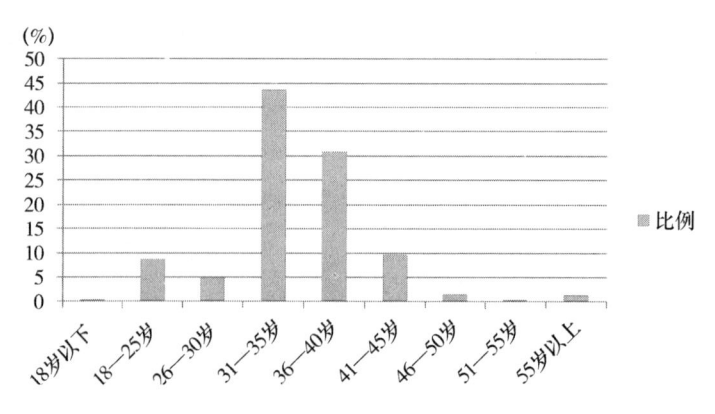

图7.4 样本中调查对象的年龄分布

3. 学历分布

样本中，高中以下学历有18人，占比1.97%；高中学历有15人，占比1.64%；大学专科学历有21人，占比2.30%；大学本科学历有179人，占比19.56%；硕士学历有508人，占比55.52%；博士学历及以上个体有174人，占比19.02%；员工学历普遍比较高。

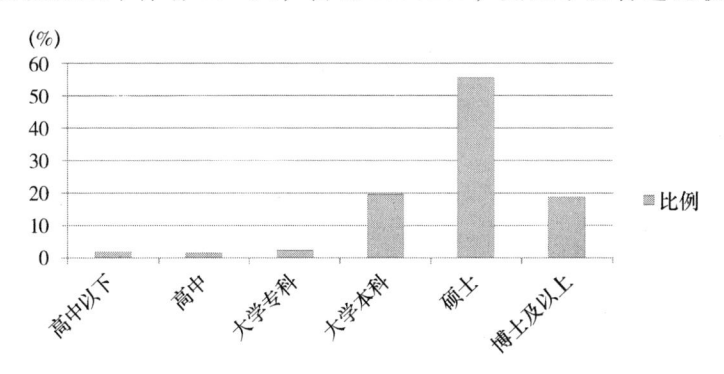

图7.5 样本中调查对象的学历分布

4. 职位分布

样本中，技术员/办事员有147人，占比16.07%；助理工程师/普通管理人员有318人，占比34.75%；工程师/主管有214人，占比23.39%；高级工程师/高级主管有182人，占比19.89%；教授级高工/中层领导有42人，占比4.59%；专家/院领导有12人，占比1.31%。

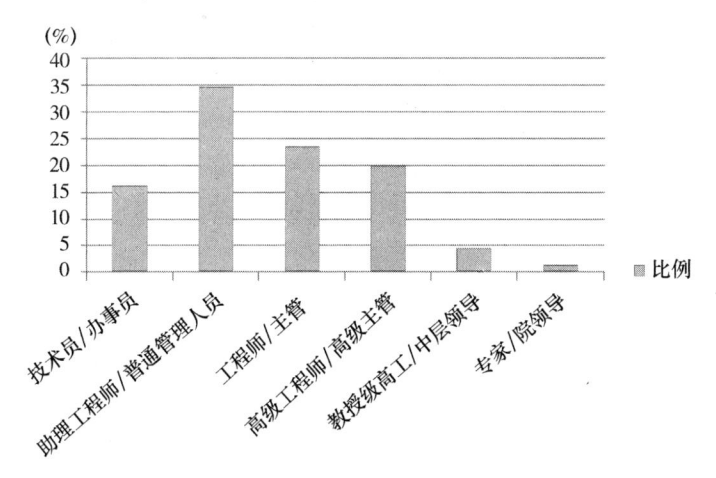

图7.6 样本中调查对象的学历分布

5. 工作年限分布

样本中，工作 1—5 年的个体有 94 人，占比 10.27%；工作 6—10 年的个体有 297 人，占比 32.46%；工作 11—13 年的个体有 238 人，占比 26.01%；工作 14—15 年的个体有 138 人，占比 15.08%；工作 16—17 年的个体有 47 人，占比 5.14%；工作 18—20 年的个体有 68 人，占比 7.43%；工作 20—25 年的个体有 21 人，占比 2.30%；工作 25—30 年的个体有 9 人，占比 0.98%；工作 30 年以上的个体有 3 人，占比 0.33%。

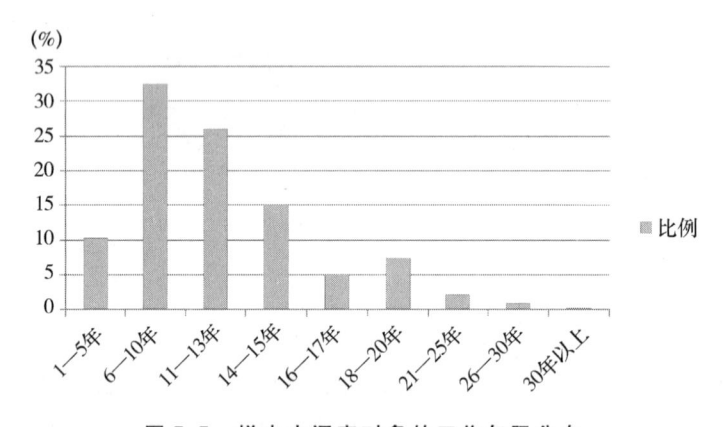

图 7.7 样本中调查对象的工作年限分布

6. 月平均收入

样本中，月均收入在 1500 元以下者为 0，1501—3000 元的有 12 人，占比 1.31%；3001—4500 元的有 50 人，占比 5.46%；4501—6000 元的有 85 人，占比 9.29%；在 6001—7500 元的有 79 人，占比 8.6%；7501—9000 元的有 297 人，占比 32.4%；9001—12000 元的有 282 人，占比 30.82%；12001—15000 元的有 65 人，占比 7.1%；在 15001—20000 元的有 9 人，占比 0.98%；20000 元以上的有 3 人，占比 0.32%；员工月均收入比较集中。

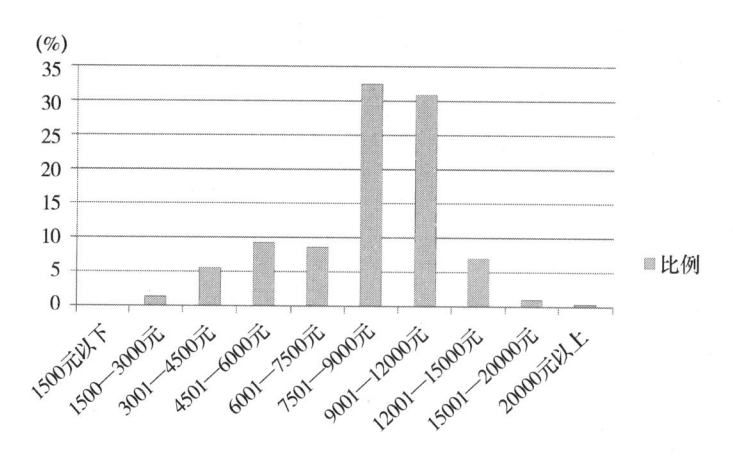

图 7.8 样本中调查对象的月平均收入分布

7. 对薪酬差距的看法

样本中,认为研究院当前的薪酬差距很大的有 71 人,占比 7.76%;较大的有 97 人,占比 10.6%;认为当前的薪酬差距合适的有 559 人,占比 61.09%;认为较小的有 138 人,占比 15.08%;认为很小的有 50 人,占比 5.47%;超过一半的员工接受目前的薪酬差距。

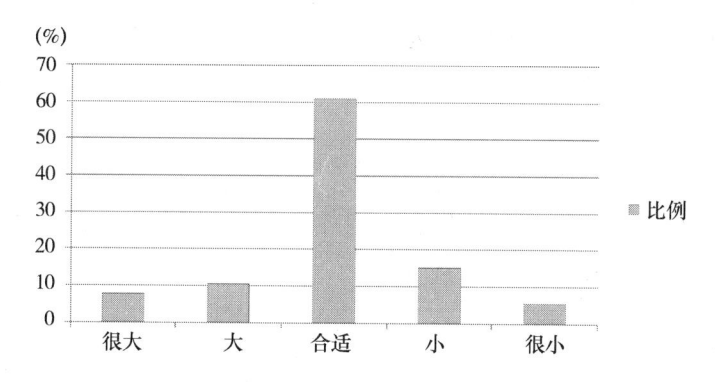

图 7.9 样本中调查对象对薪酬差距看法的分布

8. 对当前工作现状的要求

样本中,个体认为当前工作现状为 A1 等级的有 0 人;达到 A2 等级的有 35 人,占比 3.83%;达到 A3 等级的有 232 人,占比

25.38%；达到 A4 等级的有 162 人，占比 17.72%；达到 A5 等级的有 203 人，占比 22.21%；达到 A6 等级的有 129 人，占比 14.11%；达到 A7 等级的有 70 人，占比 7.66%；达到 A8 等级的有 62 人，占比 6.78%；达到 A9 等级的有 21 人，占比 2.30%；总体来看，员工成就导向较高。

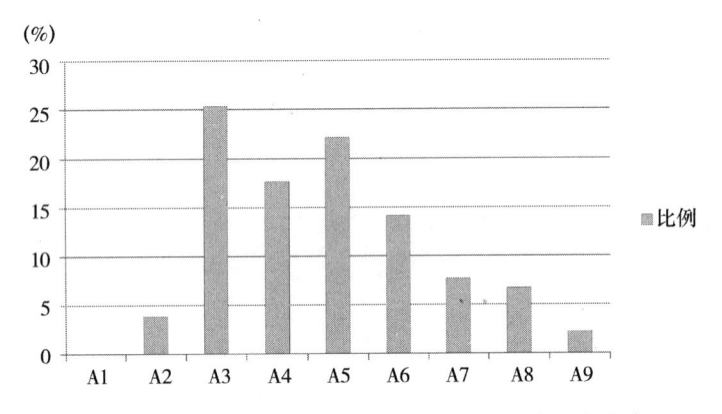

图 7.10　样本中调查对象对当前工作现状的要求分布

（三）数据分析

本书采用 SPSS19.0 对样本数据进行描述性统计分析、效度和信度检验、多重共线性检验。

1. 描述性统计

表 7.4　　　　　　　　　　描述性统计

变量	均值	标准差	最小值	最大值
性别	1.392	0.489	1	2
年龄	3.199	1.534	1	9
学历	3.325	0.994	1	6
职位	2.659	1.172	1	6
工作年限	3.084	1.536	1	8
月平均收入	10.392	6.258	4	40
对薪酬差距的看法	2.711	0.964	1	5
高层次薪酬差距	40.716	17.696	8.33	83.33
低层次薪酬差距	3.527	2.084	1.36	13.64

2. 信度检验

信度是指衡量测量效果，主要是评价设计的调查问卷是否准确和稳定，确认随机误差在测量过程中影响，是否造成测定值的变异。通常采用 Cronbach 公式计算的克朗巴赫 α 系数评价方法，α 系数值在 0—1 之间，α 系数值越大，说明测量的因子内部一致性越好，信度值越高。克朗巴赫 α 系数计算公式为：

$$\alpha = \frac{K}{K-1}\left(1 - \frac{\sum S_i^2}{S^2}\right)$$

其中，K 为调查问卷的选项数目，S_i^2 为答卷者在第 i 题得分的方差。S^2 为答卷者问卷测验总得分的方差。一般认为 α 系数在 0.6 到 0.8 表示较好。

本书采用克朗巴赫 α 系数进行问卷信度检验，结果显示克朗巴赫 α 系数等于 0.785，大于 0.6，说明测量的内部一致性较高，可以全面反应测量目标，量表具有良好的信度。

3. 效度检验

本书采用结构效度的方法对问卷效度进行检验。主要通过因子分析法对量表的结构效度进行测量。常用统计方法是通过 KMO 检验和 Bartlett 球形检验验证是否存在公共因子，一般情况下，KMO 值大于 0.7 即可，如果 Bartlett 球形检验的统计计量不显著，说明变量间相对不独立，调查问卷有待检验。

表 7.5　　　　　　　　　　KMO 和 Bartlett 球体检验

KMO 值		0.713
Bartlett 球体检验值	卡方检验值	2685.212
	df	55
	Sig.	0.000

从上表可知，本书 KMO 值为 0.713，Bartlett 球体检验显著，因此问卷结构效度良好。

4. 多重共线性检验

研究采取方差膨胀因子法进行多重共线性检验，结果如下：

表7.6　　　　　　　　　　**多重共线性检验**

变量	容忍度	方差膨胀因子
性别	0.964	1.037
年龄	0.174	5.735
学历	0.58	1.725
职位	0.453	2.205
工作年限	0.174	5.752
月平均收入	0.327	3.055
对薪酬差距的看法	0.971	1.03

由表7.6多重共线性检验结果可知各变量的容忍度均大于0.1，膨胀因子均小于5，说明各变量之间不存在多重共线性，适合做多元线性回归分析。

（四）回归分析

1. 低层次薪酬差距对员工成就导向的影响

低层次薪酬差距为自变量，员工成就导向为因变量，其余为控制变量，得回归结果，如表7.7所示。

表7.7　　　　**低层次薪酬差距对员工成就导向的影响**

变量	模型一	模型二	模型三
常数项	1.215***	1.162***	0.234
	4.053	3.951	0.986
性别	-0.015	-0.012	-0.032
	-0.149	-0.123	-0.404
年龄	0.115***	0.068	0.032
	1.478	0.884	0.528
学历	0.265***	0.259	0.098
	4.041	4.031	1.924
职位	0.005	-0.024	-0.044
	0.084	-0.39	-0.922

续表

变量	模型一	模型二	模型三
工作年限	0.152	0.165	0.033
	1.962	2.166	0.546
月平均收入	0.169***	-0.693*	-0.835***
	12.185	-3.011	-4.673
对薪酬差距的看法	0.039	0.029	-0.009
	0.739	0.557	-0.227
高层次薪酬差距		2.621***	3.986***
		3.752	7.248
高层次薪酬差距^2			-0.069***
			-14.195
R^2	0.744	0.756	0.853
F检验统计量	125.913***	116.689***	194.978***
AIC值	2.595	2.556	2.05

注：括号中为各变量的t检验值；"***"表示$p<0.01$水平下显著，"*"表示$p<0.1$水平下显著；n=311。

上表显示影响员工成就导向的因素是多维的，通过比较模型一和模型二可知，当自变量加入模型时，模型拟合度发生了变化（0.756>0.744），且控制变量回归系数也发生了变化，因此低层次薪酬差距对员工成就导向存在影响作用，假设一得到支持。模型三中自变量二次项系数为负，F检验显示模型在1%置信水平下显著，AIC检验显示模型拟合度较好，表明低层次薪酬差距与员工成就导向存在倒"U"形关系，即拉大员工与企业最高薪酬之间的差距，员工成就导向会呈现先上升后下降的趋势，假设2和假设3未得到有效支持。若不考虑控制变量，绘制低层次薪酬差距与员工成就导向的关系图如下：

178 薪酬水平与薪酬差距效应研究

成就导向

○ 观测值
— 指数曲线

员工成就导向

低层次薪酬差距

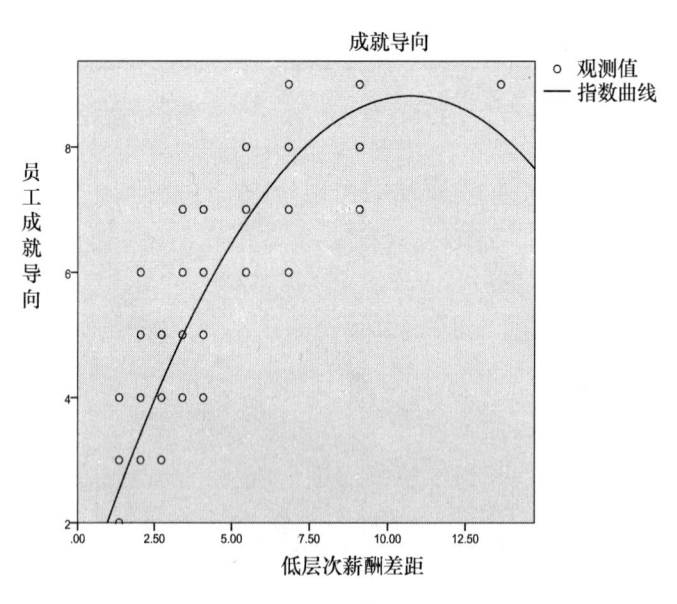

图 7.11 低层次薪酬差距对员工成就导向的影响

图示可看到低层次薪酬差距对成就导向的影响可能存在拐点，说明拉大薪酬差距只能在一定范围内对成就导向有积极作用。

2. 高层次薪酬差距对员工成就导向的影响

高层次薪酬差距为自变量，员工成就导向为因变量，其余为控制变量，得到回归结果，如表 7.8 所示。

表 7.8　　　　　高层次薪酬差距对员工成就导向的影响

变量	模型一	模型二	模型三
常数项	1.215***	5.183***	9.734***
	4.053	12.429	13.322
性别	-0.015	-0.083	-0.023
	-0.149	-0.97	-0.288
年龄	0.115***	0.105	0.038
	1.478	1.64	0.629
学历	0.265***	0.136	0.109
	4.041	2.46	2.143

续表

变量	模型一	模型二	模型三
职位	0.005	-0.05	-0.071
	0.084	-0.936	-1.459
工作年限	0.152	0.06	0.061
	1.962	0.935	1.014
月平均收入	0.169***	0.087***	-0.004
	12.185	6.444	-0.218
对薪酬差距的看法	0.039	-0.006	-0.011
	0.739	-0.141	-0.276
高层次薪酬差距		-0.049***	-0.189***
		-11.841	-9.725
高层次薪酬差距^2			0.001***
			7.327
R^2	0.744	0.825	0.852
F检验统计量	125.913***	178.322***	192.123***
AIC值	2.595	2.22	2.063

注：括号中为各变量的t检验值；"***"表示$p<0.01$水平下显著。

上表显示影响员工成就导向的因素是多维的，通过比较模型一和模型二可知，当自变量加入模型时，模型拟合度发生了变化（0.825 > 0.744），且控制变量回归系数也发生了变化，因此高层次薪酬差距对员工成就导向存在影响作用，假设一得到支持。模型三中自变量二次项系数为正，F检验显示模型在1%置信水平下显著，AIC检验显示模型拟合度较好，表明高层次薪酬差距与员工成就导向存在弱"U"形关系，即拉大员工与企业最高薪酬之间的差距，员工成就导向会呈现先下降后上升的趋势，假设2和假设3未得到有效支持。若不考虑控制变量，绘制高层次薪酬差距与员工成就导向的关系图如下：

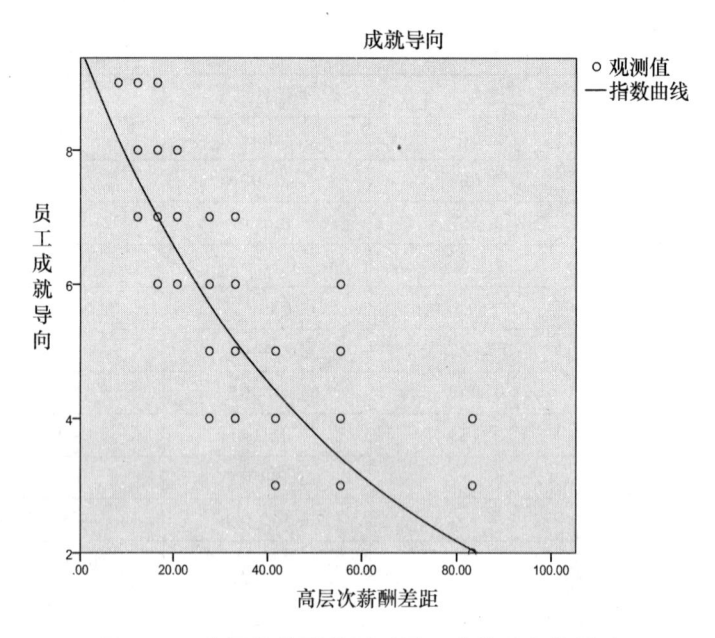

图 7.12　高层次薪酬差距对员工成就导向的影响

图 7.11 和图 7.12 显示：薪酬差距对员工成就导向的影响作用高层次小于低层次。同等程度的薪酬差距变化，在企业高层次上引起员工成就导向的变化幅度小于在低层次上引起员工成就导向的变化幅度，因此拉大高层次薪酬差距并不能明显提高员工的成就导向水平，拉大低层次薪酬差距可以相对有效地提高员工成就导向水平，因而利用薪酬差距激发员工成就导向作用有限，必须制定系列管理措施激励员工。

第三节　研究不足与展望

虽然本书得出了一些研究结论，但鉴于笔者相关知识和经验有限，还是存在许多不足和尚需进一步讨论的问题，主要表现在以下几个方面：

第一，实证样本的局限性。本研究虽然对相关企业进行了抽样调查，但限于人力、物力、经费等，样本在发放和回收的过程中受到了限制，导致调查结果存在一定局限性。

第二，研究方法。本研究在问卷调查的过程中，被调查者是否根据实际情况作答或者作答时是否受到当时的情绪及环境等因素的影响，都会导致研究结果的偏差。在研究过程中，本研究虽然使用了相关性分析、回归分析等统计分析方法，但相对于复杂的变量关系研究来说，这还仍然需要加强。

第三，文献搜集。本研究虽然搜集了大量员工成就导向的研究成果，但限于高端网络数据资源需要访问权限、国内文献相对较少等问题，文献资料仍需要进一步丰富。

第四，研究结论。本研究虽然在低、高层次上分别研究出了企业薪酬差距对员工成就导向有正和负两种影响作用，但未能在总体层面得出薪酬差距对员工成就导向的影响作用，同时也未能得出是否存在合理的企业总体薪酬差距区间，此时薪酬差距与员工成就导向达到均衡状态，员工的总体成就导向水平最高。

第八章

薪酬差距对员工敬业度的影响

第一节 理论回顾与研究综述

一 敬业度概念的界定

据《辞源》记载,"敬业"一词最早出现于《礼记·学记》,原典为"一年视离经辨志,三年视敬业乐群",即学习了一段时间后,不但要能掌握基本知识,还要提升到敬业乐群的境界。此后,唐代经学家孔颖达和宋代大儒朱熹都在各自的著作中提到过"敬业"的概念。敬业不仅是一种具体的职业道德规范和要求,更是对职业生活的整体态度,是其他具体的职业道德规范的基础(伦理学大辞典,2011)。而美国学者罗宾斯在1937年出版的《敬业》一书是久负盛名的关于敬业精神的论著和培训手册,他认为敬业精神本质上就是一种信仰,员工应该"像信仰上帝一样信仰职业,像热爱生命一样热爱工作"。由于社会发展的局限性,员工敬业度始终没有得到真正的关注,直到20世纪90年代,真正意义上的员工敬业研究开始兴起,因此,关于敬业度的定义学术界还没有达成统一共识。

1990年,Kahn[①]第一次将敬业度定义为:组织成员以自我投入到工作角色中,在情感上、认知上以及身体力行地完成自己的工作

---

① Kahn, W. A, *Adjusting Self-in-Role: Influences on Personal Engagement and Disengagement at Work*, Yale University, 1987.

并在其中表现自我。它主要包括个体在完成工作时的生理投入、在特定工作情景中的认知投入和保持自我与他人联系的情绪投入。Kahn 认为敬业的员工在自我和工作角色间存在一种互动性,因此不但要激励员工把精力放到工作上,也要激励员工在工作中展现自我。

知名咨询公司——韬睿咨询公司将员工敬业度定义为员工帮助企业成功的意愿和能力的强弱,包括理性敬业和感性敬业两部分。理性敬业就是指当员工在了解了自己为企业做出贡献的重要性及自己和企业的发展目标、方向等关系时,员工能够自我激励,付出很大努力帮助企业获得成功,此时工作能够给员工带来薪酬和个人发展等多方面利益,员工产生了理性敬业感。感性敬业是员工热爱所从事的工作,并因此造成了情感投入,这时员工认为自己可以发挥最大潜能,也会更加关注企业未来的发展。

著名人力资源管理公司——翰威特公司(2001)认为员工敬业度是衡量员工乐意留在公司和努力为公司服务的程度。主要包括三个方面:员工是否一直用一种积极正面的语言来描述所在的公司、同事及工作;员工是否希望能长久地留在公司;员工是否愿意花费额外的心力促使公司获得更大成功。

其他学者对敬业度也有自己的看法,如 Arnold 等(2008)[1]认为员工敬业度是一种与工作积极相关的认知状态,当员工达到敬业状态时,会精力充沛、专心致志,甚至产生奉献意愿,他进一步指出,敬业不是一种瞬间即逝的状态,而是持续的,富有渗透力的,并不局限于个别工作的行为。Pike(2011)等[2]认为工作倦怠与工作敬业是与工作相关且相反的两种身体状态;工作倦怠是员工在工作的过程中精力由旺盛变为衰竭的表现,工作态度变得冷漠,职业效

---

[1] Bakkera, A. B.; Schaufelib, W. B.; Leiterc, M. P.; Tarisd, T. W., "Work Engagement: An Emerging Concept in Occupational Health Psychology", *Work & Stress*, 2008, 22(3): 187 – 200.

[2] Pike, G. R.; Kuh, G. D.; McCormick, A. C.; Ethington, C. A.; Smart, J. C., "If and When Money Matters: The Relationships Among Educational Expenditures, Student Engagement and Students' Learning Outcomes", *Research in Higher Education*, 2011, 52(1): 81 – 106.

能降低，而工作敬业是工作倦怠的反面，指低精疲力竭、低玩世不恭和高职业效能。我国学者查淞城（2007）[①]认为员工敬业度指的是员工在工作中积极投入，以及伴随着工作投入而产生的生理、认知和情绪的满足状态。它包括员工的工作投入、员工所获得的组织认同与员工所从事工作的工作价值感。

二 敬业度研究综述

目前关于员工敬业度的研究主要集中于敬业度的界定，年龄、学历、职位等对敬业度的影响，家庭、工作特性、工作倦怠与敬业度的关系，不同职业人员敬业度研究等。

行为科学理论通过对人产生各种行为的主观动机和客观原因的研究，揭示人的各种行为的规律性，并认为人的行为是由多种因素促成的，而且不同行为会产生不同的结果。美国盖洛普公司建立的"盖洛普路径"模型描述了员工个人表现与公司最终业绩、公司整体增值之间的路径关系，表明企业实际利润的增长与员工个体行为有很大关联，因此员工敬业度作为对企业经营产生正面影响的一系列行为对企业经营绩效的作用不容忽视。盖洛普首次在商业单位水平上探索员工敬业度和生产力、利润等之间的关系，发现员工敬业度与组织效益之间存在广泛的联系（曾晖、赵黎明，2009）[②]。盖洛普公司运用统计分析方法测量敬业度发现，员工敬业度对组织的效率、利润等关键经营业绩指标有直接影响，敬业度高的员工对良好的企业效益贡献最大，他们对企业经营利润的增长提供了强有力的支持。翰威特咨询公司在全球范围内的调研证明由关键的业务指标衡量的绩效与员工敬业度之间的高度相关性，而且提高员工敬业度也对提高股东回报、顾客满意度等方面有积极作用（刘小平、瞿瑛，2008）[③]。

个体行为及绩效的差异会引起企业绩效的不同，而个体行为又

[①] 查淞城：《企业员工敬业度结构建模研究》，暨南大学，2007年。
[②] 曾晖、赵黎明：《企业员工敬业度的结构模型研究》，《心理科学》2009年第32（1）期，第5—49页。
[③] 刘小平、瞿瑛：《审视员工敬业度与企业绩效》，《现代商业》2008年第33期，第78—79页。

因个体因素不同而产生差异（张晓东、朱占峰、朱敏，2013）[1]。组织行为学的经典理论研究了影响个体行为的个体因素，提出个体行为模型，认为个体的认知、能力、价值观等共同影响个体行为。个体因素包括个人的生理特质和心理特质，生理特质包括年龄、性别、身体状况等，心理特质有智商、情商、价值观、敬业度等。生理特质差异导致个体行为及绩效差异，如性别差异会影响美国老年人的社会参与度（Thoms，2011）[2]，高水平的社会参与度伴随着良好的身体状况与更长的寿命（Tsai，Ouyang，Chen，Lan，Hwang，Yang，Su，2009）[3]；工作倦怠和工作敬业都与人的身体健康状况紧密相关（Hakanen，Schaufeli，2012）[4]，身体健康程度恶化如颈椎、肩膀、后背等重复性劳损会强化工作倦怠，降低工作敬业度，因而需要制定针对不同受损部位改善工作行为进而提高工作敬业度的措施和办法（Schultz，Mostert，Rothmann，2012）[5]。

其他研究还有 Halbesleben 等（2009）[6] 指出员工把家庭中的情感带到工作中会影响工作效率，责任心强的员工家庭工作干扰比责任心不强的员工家庭工作干扰要弱（Bakker 等，2008）。Montgomery 等（2003）[7] 也发现敬业度和家庭工作干扰有关，消极的家庭干

---

[1] 张晓东、朱占峰、朱敏：《知识与规则标度的组织结构、个体行为与企业绩效》，《管理学报》2013 年第 10（9）期，第 1345—1351 页。

[2] Thomas, P. A., Gender, *Social Engagement, and Limitations in Late Life*, *Social Science & Medicine*, 2011, 73: 1428 – 1435.

[3] Tsail, C. F.; Ouyang, W. C.; Chen, L. K.; Lan, C. F.; Su, T. P., "Depression is the Strongest Independent Risk Factor for Poor Social Engagement Among Chinese Elderly Veteran Assisted-living Residents", *Journal of the Chinese Medical Association*, 2009, 72 (9): 478 – 483.

[4] Hakanen, J. J.; Schaufeli, W. B., "Do Burnout and Work Engagement Predict Depressive Symptoms and Life Satisfaction? A Three-Wave Seven-Year Prospective Study", *Journal of Affective Disorders*, 2012, 141 (2 – 3): 415 – 424.

[5] Schultza, G.; Mosterta, K.; "Rothmann I., Repetitive Strain Injury among South African Employees: The Relationship with Burnout and Work Engagement", *International Journal of Industrial Ergonomics*, 2012, 42 (5): 449 – 456.

[6] Halbesleben, J. R. B.; Harvey, J.; Bolino, M. C., "Too Engaged? A Conservation of Resources View of the Relationship between Work Engagement and Work Interference with Family", *Journal of Applied Psychology*, 2009, 94 (6): 1452 – 1465.

[7] Montgomery, A. J.; Peerers, M. C. W.; Schaufeli, W. B.; Oduena, M. D., "Work—Home Interference among Newspaper Managers: It's Relationship with Burnout and Engagement", *Anxiety, Stress & Coping*, 2003, 16 (2): 195 – 211.

扰降低了工作效率，积极的家庭支持可以有效保障员工全身心地投入工作（Sonnentag 等，2008）[1]。Daniel 等（2010）[2] 通过 SWEBO 心理学研究方法发现大学生的考试成绩与学生的学习情绪及倦怠程度有关（Hedva，2011）[3]。Bakker 等（2007）[4] 基于工作资源的动机潜能理论，发现教师每周工作投入程度与每周工作绩效水平是可预测的，而且短期的工作参与对下周的工作资源具有积极的效应，同时教师个体之间的差异会导致教师敬业度和工作情绪的不同（Klusmann 等，2008[5]；Yancey，2005[6]）。Giallonardo 等（2010）[7] 发现安排新毕业护士与具有高水平领导力的医师一起工作会提高其工作认真程度，同时对护理工作的投入度是影响新毕业护士工作效果的重要因素（Daniels，2012）[8]。Dollard 等（2010）[9] 指出员工的心理健康程度会对敬业度有预测性影响，员工通过对个人认知行为

---

[1] Sonnentag, S; Mojza, E. J.; Binnewies, C. and Scholl, A., "Being Engaged At Work and Detached At Home: A Week-Level Study on Work Engagement, Psychological Detachment, and Affect", *Work & Stress*, 2008, 22 (3): 257–276.

[2] Hultell, Daniel; Gustavsson, J. P., "A Psychometric Evaluation of the Scale of Work Engagement and Burnout (SWEBO)", *Work*, 2010, 37 (3): 261–274.

[3] Vinarski-Peretz, Hedva; Carmeli, Abraham, "Linking Care Felt To Engagement In Innovative Behaviors In The Workplace: The Mediating Role Of Psychological Conditions", *Psychology of Aesthetics, Creativity, and the Arts*, 2011, 5 (1): 43–53.

[4] Bakker, A. B.; Hakanen, J. J.; Demerouti, E.; "Xanthopoulou, Despoina, Job Resources Boost Work Engagement, Particularly When Job Demands are High", *Journal of Educational Psychology*, 2007, 99 (2): 274–284.

[5] Klusmann, Uta; Kunter, Mareike; Trautwein, Ulrich; Lüdtke, Oliver; Baumert, Jürgen, "Engagement And Emotional Exhaustion in Teachers: Does the School Context Make a Difference?", *Applied Psychology*, 2008, 57 (s1): 127–151.

[6] Yancey, D. L, *The Predictability of Performance Using the Q12 Engagement Survey*, Roosevelt University, 2005.

[7] Giallonardo, Lisa M.; Wong, Carol A.; Iwasiw, Carroll L, "Authentic Leadership of Preceptors: Predictor of New Graduate Nurses' Work Engagement and Job Satisfaction", *Journal of Nursing Management*, 2010, 18 (8): 993–1003.

[8] Daniels, Jessie, "Transforming Student Engagement through Documentary and Critical Media Literacy", *Theory in Action*, 2012, 5 (2): 5–29.

[9] Dollard, Maureen F.; Bakker, Arnold B., "Psychosocial Safety Climate as a Precursor to Conducive Work Environments, Psychological Health Problems, and Employee Engagement", *Journal of Occupational and Organizational Psychology*, 2010, 83 (3): 579–599.

的干预，可以有效减少倦怠，提高敬业度水平（Arnold 等，2009[1]；Brodie 等，2013[2]），同时积极的心理暗示对个体行为具有很好的引导作用，良好的心态可以减小个体行为的压力，提高成绩（Wang，2011[3]；Crites 等，2011[4]）。

国内关于敬业度的相关研究正在起步，主要研究成果有：刘小平、邓靖松（2009）[5]对员工敬业度的内涵、结构维度、影响因素、形成理论等方面进行了探讨，认为需要加强敬业度的实证研究。刘小平（2008）[6]在研究高效毕业生就业能力时认为对新入职员工加强敬业度培养可以影响个人绩效。曾晖、赵黎明（2009）[7]认为企业员工的敬业度是六因素结构，包括任务聚焦、活力、主动参与、价值内化、效能感和积极坚持，并且曾晖（2008）[8]建立了国内首个员工敬业度测量问卷：《综合敬业度量表》，并提出今后应加强敬业度的实证研究。

目前国内外敬业度研究更加关注个体内在心理等因素与敬业度的关系，薪酬差距等外在物质因素是否影响敬业度还未见到明确结论，但薪酬水平影响员工满意度已得到证实，因而研究薪酬差距等外在物质因素对敬业度等员工内在心理与行为的影响极有必要。

---

[1] Bakker, Arnold B. ; Xanthopoulou, Despoina, "The Crossover of Daily Work Engagement: Test of an Actor-Partner Interdependence Model", *Journal of Applied Psychology*, 2009, 94 (6): 1562 – 1571.

[2] Brodie, RoderickJ. ; Ilic, Ana; Juric, Biljana; Hollebeek, Linda, "Consumer Engagement in a Virtual Brand Community: An Exploratory Analysis", *Journal of Business Research*, 2013, 66 (1): 105 – 114.

[3] Wang, Yingyan, "Mission-Driven Organizations in Japan: Management Philosophy and Individual Outcomes", *Journal of Business Ethics*, 2011, 101 (1): 111 – 126.

[4] Crites, Steven A. ; Howard, Barbara H., "Implementation of Systematic Instruction to Increase Client Engagement in a Day Habilitation Program", *Journal of Intellectual & Developmental Disability*, 2011, 36 (1): 2 – 10.

[5] 刘小平、邓靖松：《员工敬业度的理论研究综述》，《软科学》2009 年第 23 (10) 期，第 55—59 页。

[6] 刘小平：《高校毕业生可就业能力结构的实证研究》，见《第三届中国管理学年会论文集》，2008 年，第 2453—2463 页。

[7] 曾晖、赵黎明：《企业员工敬业度的结构模型研究》，《心理科学》2009 年第 32 (1) 期，第 5—49 页。

[8] 曾晖：《员工敬业度的评价与开发》，南开大学出版社 2008 年版，第 78—80 页。

第二节　薪酬差距对员工敬业度影响的实证分析

一　变量定义与研究假设

（一）控制变量的选取

薪酬差距对员工敬业度不是简单的影响关系，它与员工个体、企业状况相互交织，互相作用，因此需要考虑年龄和工作年限、学历、职位、月均收入等因素。

（二）研究假设

行为科学理论认为员工个体在工作中有评价自己的意愿，而且这种评价通常与别人的比较相结合，在企业内部，年龄、职位等因素相近的其他员工通常作为被比较对象，个体所得薪酬往往是被比较的主要内容，二者之间的薪酬差距往往是员工判断自己是否受到不公平待遇的依据。但实际上，仍然有一些员工将自己所得薪酬与职位、收入、年龄等相差很大的其他职员进行比较，但这是因为二者自身能力不尽相同，工作内容不一致，耗费的精力不一样，对企业绩效的贡献度相差很大等，单纯比较这些不可具体测量的因素无法客观的评判二者之间的差异。因此，将员工所得薪酬作为一个产出因子，将前述几个不可测量的因素看作一个投入因子，当不同员工之间的投入产出基本一致时，员工便认为这种薪酬分配机制是合理的，员工便会对工作产生高度的满意感。同时，员工也会认识到，通过自己的努力，当自身投入达到同样水平时，也可以获得和被比较对象一样的诱人薪酬，此时员工便产生更高的工作热情，员工认为自己在工作上的每一份投入都是值得的，兢兢业业的努力会提高个人绩效上升的可能性，高度的敬业精神也会增加获取高额薪酬的概率；但当二者不一致时，员工可能会产生负面情绪，同等程度的工作投入却获得了相对较低的工作报酬。此时，员工可能会产生工作倦怠，通过降低自己的工作投入来获得和较低层次的员工同等的薪酬，原本对工作一丝不苟的员工也可能会出现马虎大意的现象，以此来抗议自己对工作的敬业精神没有得到组织在物质或精神

上的认可,更有甚者,可能会申请离职,寻求更加公平合理的组织或公司。因此,本书有假设如下:

假设1:薪酬差距对员工敬业度存在影响作用:随着薪酬差距的拉大或缩小,员工敬业度会出现差异性变化

Kahn(1990)指出,人们根据从角色中获得的利益的感知而改变他们的敬业程度,当员工感知到对他们的角色表现出更大程度的回报和认可时会更加敬业。刘勇(2011)[1]对组织公平的研究发现,当员工在组织内感知到较高程度的公平时,他们更可能感觉到有义务通过更高水平的敬业度,将更多的自我投入到角色中去。刘海燕、王成全(2010)[2]通过对某企业知识型员工的调查也发现,敬业度与员工对薪酬福利的感受程度呈显著的正相关关系,也就是说员工对于薪酬福利有较高的公平感和认可度,感受程度越好,其敬业度水平就会越高。同时,个体绩效也因敬业度不同而产生差异,为工作付出更多努力(敬业度越高)的员工往往会产生更大的工作动力,取得更高的工作成绩,也会对其他员工的敬业度产生积极的影响,如教师的教学成果与敬业程度正相关(Skaalvik 等,2013)[3],与高度敬业的医师一起工作的新护士其敬业度水平也普遍较高。因此,本书有研究假设如下:

假设2:薪酬差距对员工敬业度存在积极作用:随着薪酬差距拉大,员工敬业度逐步提高。

假设3:薪酬差距对员工敬业度存在消极作用:随着薪酬差距拉大,员工敬业度逐步降低。

---

[1] 刘勇:《人力资本对组织创新影响的实证研究》,电子科技大学,2011年。
[2] 刘海燕、王成全:《知识型员工激励因素与敬业度相关探究》,《企业导报》2010年第2期,第202—203页。
[3] Skaalvik, Einar M.; Skaalvik, Sidnel, "Teachers' Perceptions of the School Goals Structure: Relations with Teachers' Goal Orientations, Work Engagement and Job Satisfaction", *International Journal of Educational Research*, 2013, 62: 199–209.

(三) 变量定义

用胜任特征行为评价方法,借鉴现实企业敬业度评价量表,设计《员工敬业度调查问卷》,对各变量如下:

性别(Gender):男=1,女=2。

年龄(Age):因25岁以下,上学者居多,故设定18岁以下,18—25岁两个年龄段,其余平均每五年为一个年龄段。18岁以下=1,18—25岁=2,26—30岁=3,31—35岁=4,36—40岁=5,41—45岁=6,46—50岁=7,51—55岁=8,55岁以上=9,其中18岁以下—35岁为年轻员工,36岁—50岁以上为中年员工,50岁以上为年长员工。

学历(Education):按照我国现有学历体制设置。高中以下=1,高中=2,专科=3,本科=4,硕士=5,博士=6。

职位(Position):根据企业通用的职位等级设置。技工=1,专业技术人员=2,初级管理人员/初级专业人员=3,中级管理人员/中级专业人员=4,高级管理人员/高级专业人员=5,董事长/总经理=6。

工作年限(Tenure):根据普通企业人员流动年限设置,员工入职前五年流动性较大,故设三个年限等级,其余每五年为一个年限等级。未满一年=1,1—2年=2,3—5年=3,6—10年=4,11—15年=5,16—20年=6,21—25年=7,26—30年=8,30年以上=9。

月平均收入(APPM):根据劳动力平均收入设置,未考虑股权收入。1500元以下=2,1501—3000元=4,3001—4500元=6,4501—6000元=8,6001—7500元=10,7501—9000元=12,9001—12000元=16,12001—15000元=20,15001—20000元=28,20000元以上=40。

对薪酬差距的看法(Perspective)很大=1,大=2,合适=3,小=4,很小=5。

高层次薪酬差距(HPG)是以调查对象月平均收入为基准,企业最高薪酬除以该调查对象的月平均收入所得比值。

低层次薪酬差距(LPG)是以调查对象月平均收入为基准,该调查对象的月平均收入除以企业最低薪酬所得比值。

员工敬业度(Engagement)按照对工作的完成度具体度量如表8.1所示。

表 8.1　　　　　　　　　敬业度行为描述

等级	敬业度行为描述
1	认为工作标准太高,只要得到基本工资福利待遇就好（工作努力程度和绩效都未达到岗位基本要求）
2	付出一定努力,完成基本工作任务,未充分发挥潜力
3	在现有岗位上会尽己所能做好工作,如果代价较高或力所不及就放弃（努力程度为80%）
4	具有较少的工作倦怠,总体上可以保持每一天较好的工作状态
5	积极完善自我,提高工作技能,完善专业知识（努力程度超过100%,自愿超时工作）
6	不断提升工作目标,承担更多的工作责任
7	即使面临失败也坚持在工作方式、工作内容上持续创新
8	组织目标和个人目标协同合一,将组织的发展目标转化为自己的发展目标,实现个人与组织的同步成长
9	倡导新思想、新观念并影响他人,以实现新的价值观

二　调查实施和样本统计

考虑到经济发达地区与欠发达地区经济发展水平差异及对员工敬业度的要求,为减少调查工作量,选择上海市松江区不同企业员工为调查对象。本问卷是2012年8月通过实地访谈的形式发放,共发放问卷350份,回收337份,剔除不合格问卷后,有效问卷311份,有效率88.86%。

1. 性别

样本中,男性有189人,占比60.7%；女性有122人,占比39.3%。

2. 年龄

样本中18岁以下个体有1人,占比0.32%；18—25岁个体有132人,占比42.44%；26—30岁个体有96人,占比30.87%；31—35岁个体有27人,占比8.68%；36—40岁个体有15人,占比4.82%；41—45岁个体有30人,占比9.65%；46—50岁个体有5人,占比1.61%；51—55岁个体有1人,占比0.32%；55岁以上个体有4人,占比1.29%；样本年龄结构相对年轻。

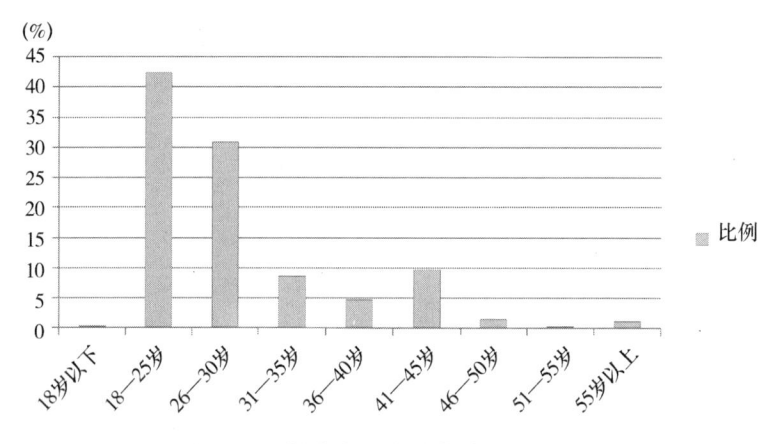

图 8.1 样本中调查对象的年龄分布

3. 学历

样本中，高中以下学历有 6 人，占比 1.93%；高中学历有 59 人，占比 18.97%；大学专科学历有 111 人，占比 35.69%；大学本科学历有 103 人，占比 33.12%；硕士学历有 27 人，占比 8.68%；博士学历及以上有 5 人，占比 1.61%。

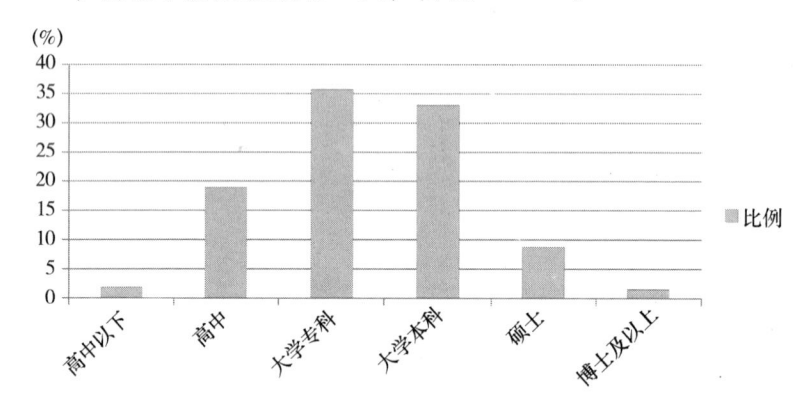

图 8.2 样本中调查对象的学历分布

4. 职位

样本中，技工有 50 人，占比 16%；专业技术人员有 108 人，占比 34.72%；初级管理人员/初级专业人员有 73 人，占比 23.47%；中级管理人员/中级专业人员有 62 人，占比 19.93%；高级管理人员/高级专业人员有 14 人，占比 4.5%；董事长/总经理有 4 人，占比 1.29%。

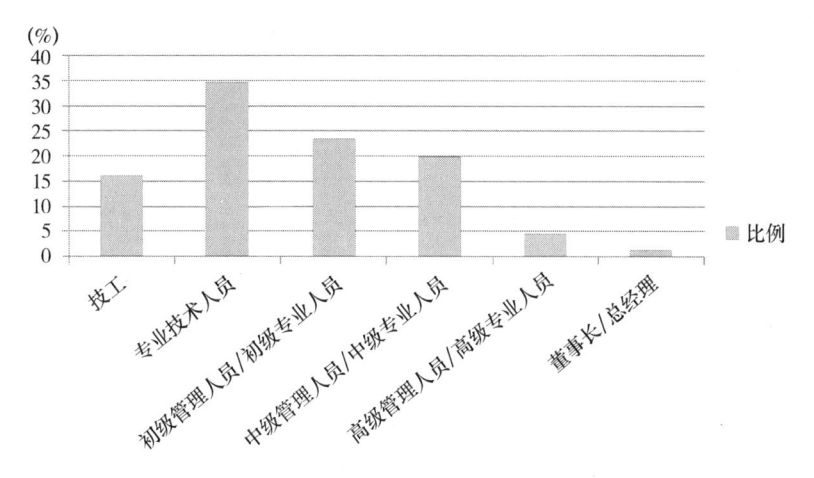

图 8.3 样本中调查对象的职位分布

5. 工作年限

样本中，工作未满一年的个体有 32 人，占比 10.29%；工作 1—2 年的有 101 人，占比 32.5%；工作 3—5 年的有 81 人，占比 26%；工作 6—10 年的有 47 人，占比 15.11%；工作 11—15 年的有 16 人，占比 5.15%；工作 16—20 年的有 23 人，占比 7.4%；工作 20—25 年的有 7 人，占比 2.26%；工作 25—30 年的有 3 人，占比 0.97%；工作 30 年以上的有 1 人，占比 0.32%。

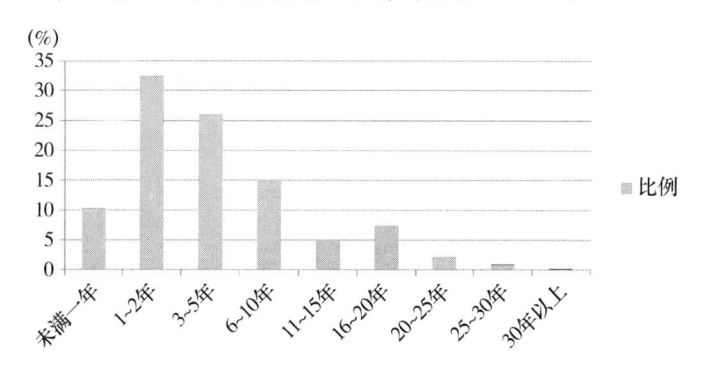

图 8.4 样本中调查对象的工作年限分布

6. 月平均收入

如图所示，在获取的样本中，月均收入在 1500 元以下者为 0，1501—3000 元的有 19 人，占比 6.1%；在 3001—4500 元的有 96

人，占比30.87%；4501—6000元的有38人，占比12.22%；6001—7500元的有64人，占比20.58%；7501—9000元的有39人，占比12.54%；9001—12000元的有27人，占比8.68%；12001—15000元的有12人，占比3.86%；15001—20000元的有12人，占比3.86%；20000元以上的有4人，占比1.29%。

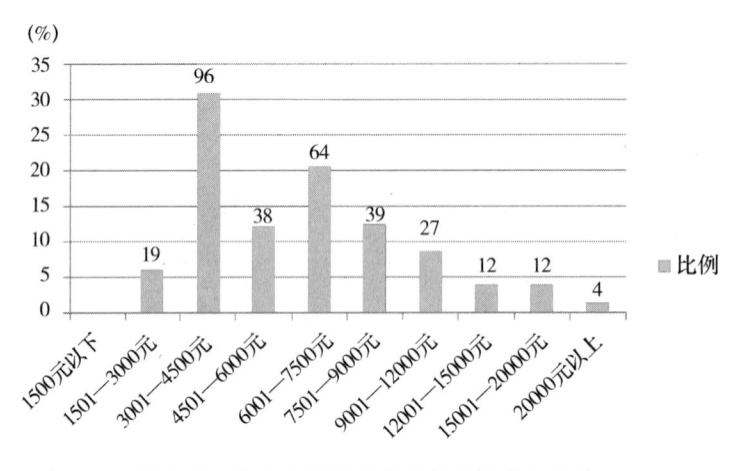

图8.5 样本中调查对象的月平均收入分布

7. 对薪酬差距的看法

样本中，认为当前的薪酬差距持有很大意见的个体有24人，占比7.72%；较大的有113人，占比36.33%；合适的有120人，占比38.59%；较小的有37人，占比11.89%；很小的有17人，占比5.47%。

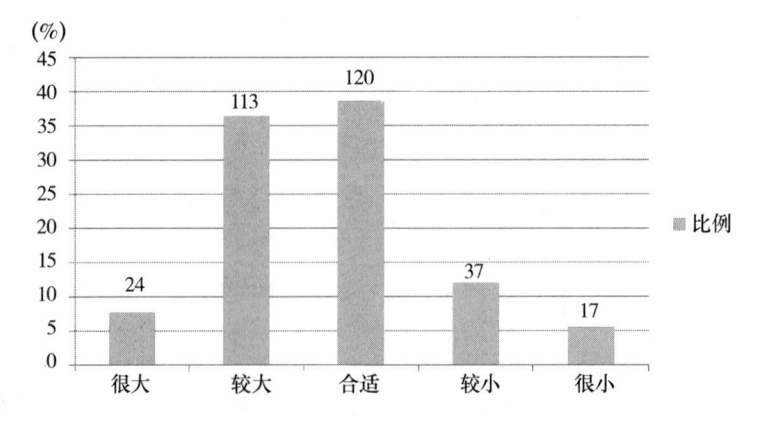

图8.6 样本中调查对象对薪酬差距看法分布

8. 敬业度等级

样本中，个体认为当前工作现状为 E1 等级的有 0 人；达到 E2 等级的有 15 人，占比 4.82%；达到 E3 等级的有 77 人，占比 24.76%；达到 E4 等级的有 57 人，占比 18.33%；达到 E5 等级的有 69 人，占比 22.19%；达到 E6 等级的有 44 人，占比 14.14%；达到 E7 等级的有 21 人，占比 6.75%；达到 E8 等级的有 18 人，占比 5.79%；达到 E9 等级的有 10 人，占比 3.22%。

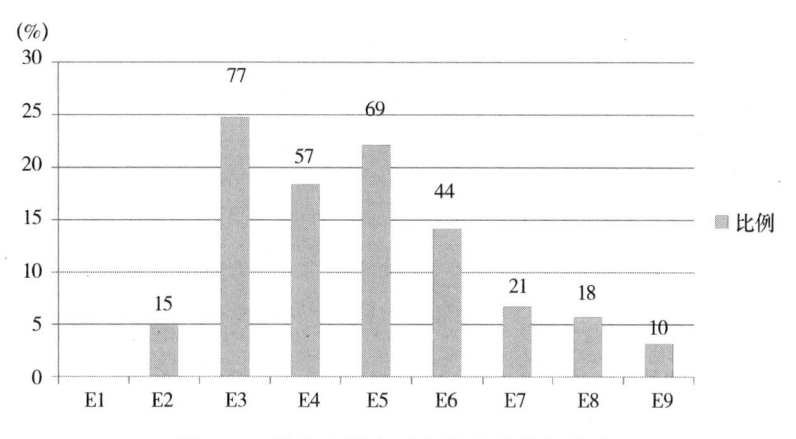

图 8.7 样本中调查对象敬业度等级分布

三 回归分析

（一）信度和效度、多重共线性检验

本书采用 SPSS19.0 对样本数据进行描述性统计分析、效度和信度检验、多重共线性检验。

1. 描述性统计

表 8.2　　　　　　　　　描述性统计

变量	样本绝对值	平均值	标准差	最小值	最大值
性别	311	1.392	0.489	1	2
年龄	311	3.199	1.534	1	9
学历	311	3.325	0.994	1	6
职位	311	2.659	1.172	1	6
工作年限	311	3.084	1.536	1	8

续表

变量	样本绝对值	平均值	标准差	最小值	最大值
月平均收入	311	10.392	6.258	4	40
对薪酬差距的看法	311	2.711	0.964	1	5
员工敬业度等级	311	4.756	1.733	2	9
高层次薪酬差距	311	40.716	17.696	8.33	83.33
低层次薪酬差距	311	3.527	2.084	1.36	13.64

2. 信度和效度检验

根据 Cronbach 公式计算的克朗巴赫 α 系数：

$$\alpha = \frac{K}{K-1}\left(1 - \frac{\sum S_i^2}{S^2}\right)$$

其中，K 为整个量表或子量表的条目数，S_i^2 为第 i 个条目的方差，S^2 为整个量表或者子量表得分的方差。计算显示克朗巴赫 α 系数等于 0.739，大于 0.7，说明问卷具有较高的内部一致性，可以全面反映测量目标。

3. 多重共线性检验

本书采取方差膨胀因子法对调查问卷进行多重共线性检验，结果如下：

表 8.3   **多重共线性检验**

变量	容忍度	方差膨胀因子
性别	0.964	1.037
年龄	0.174	5.735
学历	0.58	1.725
职位	0.453	2.205
工作年限	0.174	5.752
月平均收入	0.327	3.055
对薪酬差距的看法	0.971	1.03

由表 8.3 多重共线性检验结果可知各变量的容忍度均大于 0.1，方差膨胀因子均小于 10，说明调查各变量之间不存在多重共线性，适合做多元线性回归分析。

(二) 回归分析

1. 低层次薪酬差距对员工敬业度的影响

低层次薪酬差距为自变量，员工敬业度为因变量，其余为控制变量，得回归结果，如表 8.4 所示。

表 8.4　　　低层次薪酬差距对员工敬业度的影响

变量	模型一	模型二	模型三
常数项	1.127***	1.089***	0.097
	(3.982)	3.886	0.471
性别	0.081	0.083	0.063
	(0.832)	0.864	0.922
年龄	0.195***	0.163*	0.124**
	(3.284)	2.217	2.388
学历	0.197***	0.193***	0.021
	(3.18)	3.143	0.466
职位	0.008	-0.012	-0.034
	(0.141)	-0.208	-0.813
工作年限	0.075	0.083	-0.058
	(1.019)	1.15	-1.12
月平均收入	0.18***	-0.425*	-0.577***
	(13.836)	-1.938	-3.726
对薪酬差距的看法	0.037	0.03	-0.011
	(0.746)	0.608	-0.304
低层次薪酬差距		1.843***	3.305***
		2.769	(6.931)
低层次薪酬差距^2			-0.075***
			(-17.516)*
R^2	0.778	0.784	0.892
F 检验统计量	152.01	136.893***	278.987***
AIC 值	2.48	2.461	1.765

注：括号中为各变量的 t 检验值；"***" 表示 $p<0.01$ 水平下显著，"**" 表示 $p<0.05$ 水平下显著，"*" 表示 $p<0.1$ 水平下显著。

上表显示出性别、年龄、学历、职位、工作年限、月平均收入等对员工敬业度都存在影响，这说明影响员工敬业度的因素是多种多样的，通过比较模型一和模型二可知，当自变量加入模型时，模型拟合度发生了变化（0.784＞0.778），且控制变量回归系数也发生了变化，因此低层次薪酬差距对员工敬业度存在影响作用，假设1得到支持。模型三中自变量二次项系数为（a＝－0.075）负，F检验（F＝278.987，p＜0.01）显示模型在1%置信水平下显著，AIC检验（AIC＝1.765）显示模型拟合度较好，表明低层次薪酬差距与员工敬业度存在弱倒"U"形关系，即拉大员工与企业最低薪酬之间的差距，员工敬业度会呈现先上升后下降的趋势。假设2和假设3未得到有效支持。

同时，比较模型二和模型三的回归结果可得，自变量的一次项系数发生了很大变化（3.305＞1.843），二次项相对较小（仅为－0.075），说明低层次薪酬差距对员工敬业度的正向推动作用更显著。通过比较三个模型中各控制变量的系数变化可以发现，性别、年龄、学历、工作年限的系数呈现出减小的趋势，而职位和月平均收入的回归系数却逐渐增大，说明职位越高和月平均收入越高的员工很容易拉大与企业最低薪酬之间的差距，也很容易获得更高的敬业度水平。

2. 高层次薪酬差距对员工敬业度的影响

高层次薪酬差距为自变量，员工敬业度为因变量，其余为控制变量，得回归结果如表8.5所示。

表8.5　　　　　　　高层次薪酬差距对员工敬业度的影响

变量	模型一	模型二	模型三
常数项	1.127***	5.499***	10.008***
	(3.982)	(15.323)	(16.402)
性别	0.081	0.007	0.066
	(0.832)	(0.09)	(0.998)
年龄	0.195***	0.185***	0.118
	(3.284)	(1.152)	(2.36)

续表

变量	模型一	模型二	模型三
学历	0.197***	0.055	0.287
	(3.18)	(1.512)	(0.67)
职位	0.008	-0.052	-0.073*
	(0.141)	(-1.141)	(-1.802)
工作年限	0.075	-0.026	-0.026
	(1.019)	(-0.476)	(-0.53)
月平均收入	0.18***	0.09***	0.001
	(13.836)	(7.81)	(0.05)
对薪酬差距的看法	0.037	-0.013	-0.017
	(0.746)	(-0.335)	(-0.52)
高层次薪酬差距		-0.054***	-0.192***
		(-15.162)	(-11.878)
高层次薪酬差距^2			0.001***
			(8.694)
R^2	0.778	0.874	0.899
F检验统计量	152.01	262.218	299.041***
AIC值	2.48	1.92	1.702

注：括号中为各变量的t检验值；"***"表示$p<0.01$水平下显著，"**"表示$p<0.05$水平下显著，"*"表示$p<0.1$水平下显著。

上表显示影响员工敬业度的因素是多维的，通过比较模型一和模型二可知，当自变量加入模型时，模型拟合度发生了变化（0.874 > 0.778），且控制变量回归系数也发生了变化，因此高层次薪酬差距对员工敬业度存在影响作用，假设1得到支持。模型三中自变量二次项系数为（a = 0.001）正，F检验（F = 299.041，$p<0.01$）显示模型在1%置信水平下显著，AIC检验（AIC = 1.702）显示模型拟合度较好，表明高层次薪酬差距与员工敬业度存在"U"形关系，即拉大员工与企业最高薪酬之间的差距，员工敬业度会呈现先下降后上升的趋势，假设2和假设3未得到有效支持。

同样，比较模型二和模型三回归结果可得，自变量的一次项系数也发生了很大变化（-0.054 > -0.192），二次项相对较小（仅为-0.001），说明高层次薪酬差距对员工敬业度的负向推动作用更显著。通过比较三个模型中各控制变量的系数变化可以发现，性别、年龄、工作年限、月平均收入的系数呈现出减小的趋势，而学历和职位的回归系数却逐渐增大，说明学历越高或职位越高的员工所得薪酬更有可能接近企业最高薪酬，也更有可能获得更高的敬业度水平。

（三）研究结论

在本书中，我们讨论了企业薪酬差距对员工敬业度的影响，分别从员工薪酬与企业最低薪酬的角度以及员工薪酬与企业最高薪酬的角度进行了探讨，实证分析的结果表明：拉大低层次薪酬差距可以显著提高员工敬业度，拉大高层次薪酬差距可以显著降低员工敬业度；同时，员工敬业度也受到年龄、工作年限、职位等因素的影响。这些因素对员工敬业度的变化随着其与企业最低薪酬和最高薪酬之间的差异大小呈现出正向或负向的影响作用。

但根据公平理论，若员工在一定程度的薪酬差距水平下考虑自己的学历、年龄、收入等因素时，就可能会对个人付出与现有的低层次薪酬差距与其他员工的情况进行比较，如果一个较高的学历或较大年龄的员工与另一位较低学历或较小年龄员工拥有同样的低层次薪酬差距水平，则此员工可能会产生较低的敬业度水平，这就符合上述所得结论，在员工个人性别、年龄等因素一定的情况下，即拉大低层次薪酬差距，员工敬业度会出现先升后降的变化趋势。同时，如果一个中层管理人员、一位高层管理人员与企业最高薪酬之间的差距一样时，中层管理人员可能会产生较高的敬业度水平，由于企业中层管理者人数多于高层管理者，因此会总体上提高敬业度水平，这也就是在敬业度水平下降到一定程度时会出现上升趋势的原因，这也符合上述所得结论，在员工个人性别、年龄等因素一定的情况下，即拉大高层次薪酬差距，员工敬业度会出现先降后升的变化趋势。

在以上分析的基础上，为进一步研究企业总体薪酬差距（最高薪酬与最低薪酬之间的差距）与员工敬业度之间是否存在关联，不考虑控制变量，比较散点图：

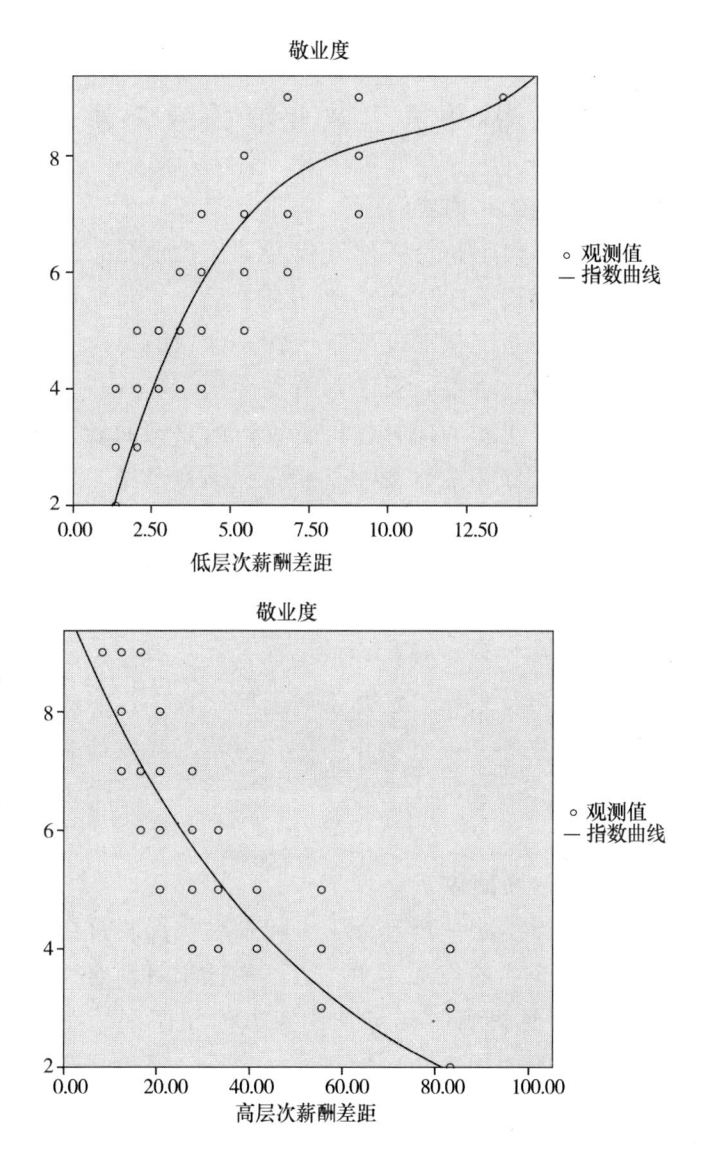

图 8.8 企业薪酬差距与员工敬业度两两关系

薪酬差距对员工敬业度的影响作用高层次小于低层次。同等程度的薪酬差距变化，在企业高层次上引起员工敬业度的变化幅度小于在低层次上引起员工敬业度的变化幅度，显然，拉大低层次薪酬差距可以相对有效地提高员工敬业度水平，拉大高层次薪酬差距并不能明显提高员工的敬业度水平。

第三节 提升员工敬业度的政策建议

一 制定科学的工作内容

科学合理的工作内容是员工愿意投身工作的前提，制定具有挑战性的工作目标是激励员工工作热情的有效手段。马斯洛的需求理论解释了工作内容对员工敬业度的重要性，合理的工作不但包括工作多样化、完整性等，也要让员工保持更多的主动性。多样化的工作可以让员工在完成工作的同时保持对工作的热情和动力，让员工可以在不同工作的转换中获取更多知识，提高自身的工作能力。通过从头至尾完整地完成工作，可以让员工感受自己的工作成果，增加员工的工作成就感。同时，在设计工作制度时，给予员工适当的决策权，让员工根据工作情况临机决断，以更加灵活的方式完成工作目标，这也会让员工感受到组织给予的信任，对组织的忠诚度增加，有利于工作的精益求精。在此基础上明确员工在工作中承担的责任、要履行的义务等，规范工作程序，为员工提供信息和团队合作支持，促进员工共同敬业。

二 建立合理的薪酬体系

首先，企业应当建立一套与企业实际发展状况相符合的薪酬体系，不能高于目前企业的发展水平，也不能低于目前企业的发展水平。这就强调了企业薪酬制度与企业实力的相匹配。在某种程度上，超前的薪酬并不能代表企业的真实实力，最终结果只会使企业入不敷出，员工工资下降。企业必须抱着实事求是的心态，从企业自身角度出发，合理、公正、公平地建立一套薪酬制度。此外，企业也应当让员工明白建立此种薪酬制度的原因，争取得到员工的支持。要让员工相信，当企业有朝一日发展壮大之时，也是员工福利待遇提升之时。

其次,企业在建立薪酬体系时要注重公平、公正原则。众所周知,每位员工都渴望公正的薪资待遇。如果企业内部在分配薪资时出现偏倚,那么势必会打击员工工作的积极性,降低内部的团结协作力。在这样一个内部竞争的工作环境中,企业不会走远。比起外部其他同类型企业的竞争,有时候内部员工之间的竞争更容易让管理层措手不及。当然,每位员工在企业发挥的价值不同,肯定会享受不同的薪酬待遇,这是理所当然的,因此,企业内部必须建立一套完善的评级体系,并按照评级规划薪酬,做到公开、透明。当然,这里强调公平的薪酬待遇,并不意味着对工作突出的员工不进行奖励。面对积极进取、工作表现突出的员工,企业还是应该实行奖励原则,增强其工作的热情。

再次,企业的薪酬制度要紧跟时代步伐。企业建立的薪酬制度并不是一成不变的,它是与时俱进、不断变更的。面对疯涨的物价,企业的薪酬势必要随之上涨。面对同行业薪酬的提高,企业也应当适时调整自己的薪酬水平,否则可能会出现员工跳槽现象,毕竟,每个人内心都有着对高薪酬的追求。

最后,要确定合理的薪酬差距。适当地调低低薪酬者与高薪酬者之间的薪酬差距,调增低薪酬与最低薪酬之间的差距。这样不仅能够抚平低收入员工的心里波动,还能促使高薪酬者努力工作,为企业带来更大的价值。

三 设计富有吸引力的福利政策

福利和工资的作用有多方面不同。一般来讲,工资是对员工工作的基本报酬,与员工的劳动数量、劳动质量有很大关联,但是福利却和以上因素没有很紧密的关系。员工通过劳动获得工资是为保证基本生活,而福利是为了方便员工更加舒适地生活,通过物质和非物质形式解决员工困难,提高生活水平。对于薪酬较低的员工,企业应充分运用薪酬与福利的关系来降低员工的不满意感,提高企业员工的工作效率。

同时,需要注重福利的合理、公平和科学性。根据公平理论,既要对薪酬分配结果的公平进行分析,也要对薪酬的决定过程是否公平加以重视。但管理者需要明确的是公平本身是相对的，员工在考虑自身的同时，更多地会关注与其他员工的收入差异。因此，保证员工工资及增长，可以提高员工积极性。

四 帮助员工制定科学的职业生涯规划

员工的工作能力是多种因素共同作用的结果，既有先天个人能力因素，也包含后天训练和学习，随着工作职位的不断变化，员工为了获得高层次的发展必须要学习各种专业知识，提高自身工作能力。因此，企业应建立合理的职业生涯规划，从员工进入企业开始就为每个员工确立晋升渠道，并提供良好的工作和成长条件，帮助员工在每个阶段确立工作目标，这是提高员工敬业度的有效途径。

（一）了解员工的个性和能力

不同个体之间是存在差异的，针对每个员工，了解其特性和工作期望，推行因人而异的岗位管理方式，使每个员工尽量在适合自己个性和能力的岗位上工作，正确设定自身的发展目标，并制订合理有效的计划，使自己获得更大的发展空间，实现职业发展目标。

（二）帮助员工制定职业生涯规划

在制定职业生涯规划时企业应和员工协同努力，使得职业生涯可行、持续，良好的职业生涯规划不仅可以帮助个人确定职业发展目标、鞭策个人努力工作，还可以引导员工全神贯注于自己有优势并且会有高回报的方面，有助于发挥个人尽可能大的潜力，使自己走向成功。而且，当员工从事的工作能发挥自身某方面的特长时，员工往往会拥有更大的激情去完成工作。

因此，企业应完善人才成长机制，帮助员工合理规划自身发展，让员工了解未来的成长方向和发展空间，有效地提升员工敬业度。

五 营造和谐的企业文化

对于员工来说，薪酬仅仅是影响员工敬业度的因素之一，其他比如个人因素、员工培训、发展空间、人际关系、工作环境等都会对员工敬业度产生一定程度的影响。随着企业薪酬体系的建立和完善，员工敬业度会随着薪酬的变化而产生积极的变动，但根据经济学中的边际效用递减理论,当员工薪酬达到一定水平后,薪酬对员工敬业度的激励程度开始递减,这时,员工个人因素、家庭和工作的平衡、企业文化等因素的作用就日益显著,这其中,企业文化的影响最为重要。

企业要使基业长青,必须挖掘企业的社会价值,确立一个上下认同的愿景,共同愿景能唤起员工对工作、生活的共鸣,它引导员工改变对工作枯燥无味的看法,视工作为追求更高荣誉的征程。这种引导企业员工更高追求的共同愿景,根植于企业文化,也印刻在每个员工的心理,最终促使企业取得成功。

参考文献

[1] 赵德武：《财务管理》，高等教育出版社2007年版。

[2] 樊欢欢、张凌云：《EViews统计分析与应用》，机械工业出版社2009年版。

[3] 马忠：《公司财务管理》，机械工业出版社2008年版。

[4] 高铁梅：《计量经济分析方法与建模（EViews应用及实例）》，清华大学出版社2009年版。

[5] 丁国盛、李涛：《SPSS统计教程：从研究设计到数据分析》，机械工业出版社2005年版。

[6] 李维安：《现代公司治理研究》，中国人民大学出版社2002年版。

[7] 坦尼夫、张春霖、白瑞福特：《中国的公司治理与企业改革》，中国财政经济出版社2002年版。

[8] 陈锡康：《当代中国投入产出理论与实践》，中国国际广播出版社1988年版。

[9] 许宪春、刘起运：《2004中国投入产出理论与实践》，中国统计出版社2005年版。

[10] 高鸿业：《西方经济学（宏观部分）》，中国人民大学出版社2008年版。

[11] 温忠麟、刘红云、侯杰泰：《调节效应和中介效应分析》，教育科学出版社2012年版。

[12] 高海晨：《企业管理》，高等教育出版社2009年版。

[13] 陈维政、余凯成、程文文：《人力资源管理与开发高级教

程》，高等教育出版社 2004 年版。

[14] 罗宾斯：《组织行为学》，中国人民大学出版社 2012 年版。

[15] 苏东水：《产业经济学》（第二版），高等教育出版社 2008 年版。

[16] 列昂惕夫：《投入产出经济学》，商务印书馆 1980 年版。

[17] 斯蒂芬·罗宾斯：《管理学》（第四版），中国人民大学出版社 1994 年版。

[18] 朱贻庭：《伦理学大辞典》（修订本），上海辞书出版社 2011 年版。

[19] 徐国华：《管理学》，清华大学出版社 2001 年版。

[20] 李小建：《经济地理学》，高等教育出版社 2007 年版。

[21] 郭庆松：《企业劳动关系管理》，南开大学出版社 2001 年版。

[22] 格里芬：《管理学》，中国市场出版社 2008 年版。

[23] 波特、比格利、斯蒂尔斯：《激励与工作行为》，机械工业出版社 2006 年版。

[24] 余凯成、程文文、陈维政：《人力资源管理》，大连理工大学出版社 2006 年版。

[25] 刘昕：《薪酬管理》，中国人民大学出版社 2002 年版。

[26] 魏明海：《管理激励和业绩评价的会计研究》，中国财政经济出版社 2006 年版。

[27] 刘起运、陈璋、苏汝韵：《投入产出分析》，中国人民大学出版社 2006 年版。

[28] 董承章：《投入产出分析》，中国财政经济出版社 1999 年版。

[29] 曾晖：《员工成就导向的评价与开发》，南开大学出版社 2008 年版。

[30] 刘起运：《经济系统规划方法和模型》，中国统计出版社 1993 年版。

[31] 曾晖：《员工敬业度的评价与开发》，南开大学出版社 2008 年版。

[32] 肖圣洁：《薪酬对党政人才敬业度影响研究》，《劳动保障世界》2012 年第 12 期。

[33] 张仲华:《影响员工敬业度的薪酬公平因素分析》,《科学与管理》2007年第1期。

[34] 刘小平、邓靖松:《员工敬业度探析》,《科学与管理》2008年第6期。

[35] 吴冰:《社会网络视角下员工敬业度的培育与提升》,《中国人力资源开发》2010年第1期。

[36] 方来坛、时勘、张风华、高鹏:《员工敬业度、工作绩效与工作满意度的关系研究》,《管理评论》2011年第23卷第12期。

[37] 杨红明、廖建桥:《员工敬业度研究现状探析与未来展望》,《外国经济与管理》2009年第5期。

[38] 袁凌、李健、郑丽芳:《国有企业知识型员工敬业度结构模型及其实证研究》,《科技进步与对策》2012年第3期。

[39] 陈震:《高管层级差报酬的成因和后果》,《南方经济》2006年第3期。

[40] 郭翔宇:《激励理论在薪酬设计中的作用》,《中国商界》2009年第3期。

[41] 李强、纪志明:《行为经济学视角的薪酬激励理论研究评述》,《经济学动态》2009年第9期。

[42] 李宇、谭姝:《固有企业经营者薪酬激励效应的实证研究》,《当代经济管理》2010年第32卷第2期。

[43] 韩云海:《浅谈薪酬激励》,《现代商业》2010年第10期。

[44] 常海波:《企业薪酬水平与员工满意度关系研究》,《中国商贸》2010年第11期。

[45] 梁曼曼:《员工敬业度影响因素研究综述》,《时代金融》2012年第23期。

[46] 徐江洪:《员工敬业度研究——将组织机构的业绩最大化》,《中小企业管理与科技》(上旬刊)2013年第5期。

[47] 韩金花:《提升员工敬业度》,《人力资源开发》2008年第5期。

[48] 李沫:《人口学特征对企业人力资源管理者职业高原影响的实

证研究》,《首都经济贸易大学学报》2013年第3期。

[49] 洪华:《全球雇员敬业度调查:中国职员的敬业精神最有待提升》,《江苏教育研究》2013年第11期。

[50] 陈爱吾:《关于我国企业员工敬业度问题的思考》,《商场现代化》2005年第22期。

[51] 李航、穆海燕:《基于中国情境的员工敬业度提升策略研究》,《中国集体经济》2014年第6期。

[52] 王莉:《提高员工敬业度方法研究》,《人力资源管理》2013年第12期。

[53] 王娟、李兴绪:《基于投入产出价格模型的工资上调效应分析》,《统计教育》2009年第4期。

[54] 周蓓蓓、曹建安、段兴民:《上市公司高管相对薪酬差距与公司绩效相关性研究》,《商业研究》2009年第2期。

[55] 鲁海帆:《高管团队内薪酬差距、合作需求与多元化战略》,《管理科学》2007年第4期。

[56] 魏刚:《高级管理层激励与上市公司经营绩效》,《经济研究》2003年第38卷第3期。

[57] 李增泉:《激励机制与企业绩效:一项基于上市公司的实证研究》,《会计研究》2000年第1期。

[58] 刘斌、刘星、李世新、何顺文:《CEO薪酬与企业业绩互动效应的实证检验》,《会计研究》2003年第3期。

[59] 谌新民、刘善:《上市公司经营者报酬结构性差异的实证研究》,《经济研究》2003年第38卷第8期。

[60] 王凌峰:《该谢幕了,"稿酬低绩"的丑剧》,《中外企业文化》2010年第2期。

[61] 王前锋、田洁洁:《高管人员薪酬与绩效关系的行业性差距分析》,《南京工业大学学报》(社会科学版)2009年第8卷第1期。

[62] 韩晓虎、黄大乾:《高管团队内部薪酬差距与公司未来绩效关系研究—以广东省上市公司为个案》,《财会通讯》2011年第4期。

[63] 李娟、李祥:《高管薪酬与企业绩效的相关性研究——基于山东省上市公司的实证分析》,《海南金融》2011年第5期。

[64] 杜兴强、王丽华:《高管薪酬与企业业绩相关性的影响因素分析——基于股权结构、行业特征及最终控制人性质的经验证据》,《上海立信会计学院学报》2009年第1期。

[65] 陈志广:《高级管理人员报酬的实证研究》,《当代经济科学》2002年第24卷第5期。

[66] 刘星、谢斯静:《股权集中、行业竞争与薪酬业绩牵扯:由我国上市公司生发》,《资本市场》2011年第4期。

[67] 程书强:《高管层薪酬差距与公司治理结构关系分析》,《统计与信息论坛》2010年第25卷第7期。

[68] 黄杰、林筱文、黄建、詹俊杰:《沪深300上市公司高管薪酬分析——基于企业绩效、地域和行业》,《管理学家》(学术版)2010年第11期。

[69] 孙耀:《基于行业景气度的CEO薪酬与公司业绩相关性分析》,《企业论坛》2007年第11期。

[70] 蔡加成:《建筑企业薪酬差距与公司绩效实证分析》,《中小企业管理与科技》(下旬刊)2009年第3期。

[71] 常进雄:《企业高管与一般员工工资差距对企业绩效的影响——基于对A股上市公司的实证分析》,《经济管理》2008年第30卷第17期。

[72] 汪晶晶:《上市公司高管薪酬差距与公司绩效关系的实证研究—基于面板数据模型的分析》,《时代经贸》2008年第6卷第124期。

[73] 郭翠荣、李巍:《上市公司高管薪酬行业差异的实证分析》,《浙江学刊》2011年第1期。

[74] 何杰、王果:《上市公司高管薪酬现实状况、变化趋势与决定因素:1999—2009》,《资本市场》2011年第2期。

[75] 陈丁、张顺:《薪酬差距与企业绩效的倒U型关系研究——理论模型与实证探索》,《南开经济研究》2010年第5期。

[76] 闫威、韩美清、陈燕:《薪酬差距与员工努力:基于横向公平

的研究》,《海南大学学报》(人文社会科学版) 2006 年第 24 卷第 3 期。

[77] 唐镶、石巧蓉:《粤、辽两地上市公司高管薪酬差距》,《经济管理》2006 年第 1 期。

[78] 孙烨、高倩:《中国上市公司企业特性与高管薪酬差距的实证》,《统计与决策》2010 年第 24 期。

[79] 王永乐、吴继忠:《中华文化背景下薪酬差距对我国企业绩效的影响——兼对锦标赛理论和行为理论适用对象的确认》,《当代财经》2010 年第 9 期。

[80] 王恩辉、兰青、张敬冰:《我国上市公司高管薪酬差距、多角化经营及企业绩效关系的实证研究》,《商业时代》2011 年第 20 期。

[81] 刘春、倪来华:《我国金融上市公司高管薪酬差距与企业绩效关系分析》,《企业经济》2010 年第 12 期。

[82] 苏方国:《人力资本、组织因素与高管薪酬:跨层次模型》,《南方管理评论》2011 年第 14 卷第 3 期。

[83] 李琦:《上市公司高级经理人薪酬影响因素分析》,《经济科学》2003 年第 6 期。

[84] 张俊瑞、赵进文、张建:《高级管理层激励与上市公司经营绩效相关性的实证分析》,《会计研究》2003 年第 9 期。

[85] 周建波、孙菊生:《经营者股权激励的治理效应研究——来自中国上市公司的经验证据》,《经济研究》2003 年第 5 期。

[86] 王雨柠、郝晓彤:《高管团队内部薪酬差距的影响因素——基于辽宁省上市公司实证研究》,《经济论坛》2010 年第 7 期。

[87] 余向华、陈雪娟:《垄断与行业工资差距问题研究——基于中国行业工资决定因素的微观计量分析》,《税务与经济》2010 年第 4 期。

[88] 张勇国:《公司治理模式与路径依赖》,《经济经纬》2005 年第 4 期。

[89] 付俊文、赵红:《公司治理模式演进趋势国际比较研究》,《河北大学学报》2005 年第 30 卷第 2 期。

[90] 龙翠红、邹伟:《公司治理模式的比较分析与我国的选择》,《湘潭师范学院学报》2005年第2期。

[91] 潘春跃:《建立和完善具有中国特色的公司治理结构的思考》,《经济师》2004年第9期。

[92] 李玉亭:《公司治理模式比较研究》,《北方经贸》2005年第6期。

[93] 王晓芳:《日本公司治理结构的形成及发展趋势》,《商业现代化》2005年第13期。

[94] 龙云丽、程玉林:《论我国公司治理结构模式的多样性》,《学术交流》2005年第2期。

[95] 黄华:《国外四种公司治理模式的比较及启示》,《经济纵横》2005年第2期。

[96] 顾海兵:《对投入产出价格变动模型的推导分析及评价》,《数量经济技术经济研究》1994年第6期。

[97] 汪贤进:《测算工资变动对物价、消费和生产的影响程度》,《商业经济与管理》1994年第6期。

[98] 任泽平、潘文卿、刘起运:《原油价格波动对中国物价的影响》,《统计研究》2007年第11期。

[99] 吉银郎、王柏杰:《工资和物价上涨的经济学解释》,《晋中学院学报》2008年第25卷第2期。

[100] 胡放之:《工资水平及其影响因素分析》,《武汉科技学院学报》2005年第7期。

[101] 刘水杏:《北京房地产业与金融业的产业关联度分析》,《商业时代》2009年第33期。

[102] 韩禅柱、史若华:《工资与物价关系的初步研究》,《中国软科学》1991年第1期。

[103] 李艳、郭林:《劳动力成本上升对我国经济的影响》,《经济论坛》2007年第7期。

[104] 辛永容:《中国制造业劳动力成本的影响因素研究》,《价格月刊》2010年第2期。

[105] 刘渝林:《我国劳动力价格低廉对经济的影响及症结分析》,

《财经理论与实践》2003年第4期。

[106] 叶玲、王亚星：《管理者过度自信、企业投资与企业绩效——基于我国A股上市公司的实证检验》，《山西财经大学学报》2013年第35卷第1期。

[107] 葛伟、高明华：《职位补偿、攀比效应与高管薪酬差距——以中国上市公司为例》，《经济经纬》2013年第1期。

[108] 来宪伟：《高管团队内部薪酬差距与公司绩效关系研究述评》，《现代商贸工业》2012年第8期。

[109] 郑立东、程小可、姚立杰：《独立董事背景特征与企业投资效率——"帮助之手"抑或"抑制之手"》，《经济与管理研究》2013年第8期。

[110] 张丽平、杨兴全：《管理者权力、管理层激励与过度投资》，《软科学》2012年第26卷第10期。

[111] 刘敏、张艳琴：《劳动报酬增长对我国物价水平的影响研究》，《兰州大学学报》2012年第1期。

[112] 曾晖、赵黎明：《酒店服务行业员工敬业度特征与绩效研究》，《北京工商大学学报》（社会科学版）2009年24卷第4期。

[113] 黄亚玲、魏伟：《生产力发展与人的发展关系探讨》，《辽宁师范大学学报》2007年第4期。

[114] 王虎、常云昆：《工资、物价、货币供应与经济增长关系的实证分析》，《内蒙古农业大学学报》（社会科学版）2008年第2期。

[115] 李丽莎：《我国劳动力成本上升的影响及对策分析》，《时代经贸》2008年第2期。

[116] 林浚清、黄祖辉、孙永祥：《高管团队内薪酬差距、公司绩效和治理结构》，《经济研究》2003年第38卷第4期。

[117] 胡婉丽、汤书昆、肖向兵：《上市公司高管薪酬和企业业绩关系研究》，《运筹与管理》2004年第13卷第6期。

[118] 陈震、张鸣：《高管层内部的薪酬差距研究》，《中国会计评论》2006年第4卷第1期。

[119] 鲁海帆：《高管团队内部货币薪酬差距与公司业绩关系研究——来自中国 A 股市场的经验证据》，《南方经济》2007 年第 4 期。

[120] 邹媛：《上市公司经营者团队内部薪酬差距的有效性分析》，《改革与战略》2007 年第 162 卷第 2 期。

[121] 黄维、余宏：《高管团队内部薪酬差距与企业绩效—以我国房地产行业为例》，《价值工程》2009 年第 8 期。

[122] 洪功翔、董梅生：《董事会和监事会薪酬差距与公司治理结构关系研究》，《安徽工业大学学报》（社会科学版）2010 年第 27 卷第 1 期。

[123] 孙亮、刘春：《薪酬差距与企业绩效：来自国企上市公司的经验证据》，《南开管理评论》2010 年第 13 卷第 2 期。

[124] 张正堂、李欣：《高层管理团队核心成员薪酬差距与企业绩效的关系》，《经济管理》2007 年第 29 卷第 2 期。

[125] 张正堂：《高层管理团队协作需要、薪酬差距和企业绩效：竞赛理论的视角》，《南开管理评论》2007 年 10 卷第 2 期。

[126] 鲁海帆：《内生性视角下高管层薪酬差距与公司业绩研究》，《软科学》2009 年第 23 卷第 12 期。

[127] 平海永、王亚玲：《锦标赛理论在我国上市公司的适用性》，《浙江金融》2005 年第 5 期。

[128] 孙天法：《内部人控制的形式、危害与解决措施》，《中国工业经济》2003 年第 184 卷第 7 期。

[129] 王怀明、史晓明：《高管—员工薪酬差距对企业绩效影响的实证分析》，《经济与管理研究》2009 年第 8 期。

[130] 卢锐：《管理层权力、薪酬差距与绩效》，《南方经济》2007 年第 7 期。

[131] 张正堂：《企业内部薪酬差距对组织未来绩效影响的实证研究》，《会计研究》2008 年第 9 期。

[132] 李超、孙贻文：《高管团队薪酬差距影响公司绩效的因素分析——基于高管团队内合作需要和薪酬差距的实证研究》，《北方经贸》2008 年第 8 期。

[133] 李惠娟：《中国第三产业内部结构的产业关联分析》，《改革》2003年第1期。

[134] 鲁海帆：《高管层内薪酬差距、CEO内部继任机会与公司业绩研究——基于锦标赛理论的实证分析》，《南方经济》2010年第5期。

[135] 邹永成：《我国商业银行薪酬激励实证研究》，《农村金融研究》2009年第3期。

[136] 肖继辉、彭文平：《高管人员报酬与业绩的敏感性——来自中国上市公司的证据》，《经济管理》2002年第18期。

[137] 郑丽雅：《财务管理中财务分析方法的研究》，《财经界》2012年第1期。

[138] 罗军：《中国金融保险业的投入产出分析》，《北京邮电大学学报》（社会科学版）2008年第6期。

[139] 刘起运、任泽平：《价格影响模型的技术评估与实证研究》，《中国物价》2006年第12期。

[140] 陈守明、简涛、王朝霞：《CEO任期与R&D强度：年龄和教育层次的影响》，《科学学与科学技术管理》2011年第32卷第6期。

[141] 宋琳：《员工年龄与学历差异下的心理资本研究》，《神华科技》2011年第9卷第4期。

[142] 张正堂、李欣：《高层管理团队核心成员薪酬差距与企业绩效的关系》，《经济管理》2007年第2期。

[143] 孙永祥、黄祖辉：《上市公司的股权结构与绩效》，《经济研究》1999年第12期。

[144] 张红军：《中国上市公司股权结构与公司绩效的理论与实证分析》，《经济科学》2000年第4期。

[145] 徐二明、王智慧：《我国上市公司治理结构与战略绩效的相关性研究》，《南开管理评论》2000年第4期。

[146] 刘国亮、王加胜：《上市公司股权结构、激励制度及绩效的实证研究》，《经济理论与经济管理》2000年第5期。

[147] 陈小悦、徐晓东：《股权结构、企业绩效与投资者利益保

护》,《经济研究》2001 年第 11 期。
[148] 徐莉萍、辛宇、陈工孟：《集中度和股权制衡及其对公司经营绩效的影响》,《经济研究》2006 年第 1 期。
[149] 李彬：《股权集中度与公司绩效——基于日本上市公司的经验证据》,《经济与管理研究》2008 年第 6 期。
[150] 范玲：《股权集中度与公司绩效的关系研究——基于钢铁行业的实证分析》,《管理探索》2010 年第 12 期。
[151] 傅家骥、周刚、雷家骕：《大股东治理与国有企业改革》,《数量经济技术经济研究》2001 年第 2 期。
[152] 高明华：《中国企业经营者行为内部制衡与经营绩效的相关性分析——以上市公司为例》,《南开管理评论》2001 年第 5 期。
[153] 于东智：《股权结构、治理效率与公司绩效》,《中国工业经济》2001 年第 5 期。
[154] 张华、鄢华：《企业股权集中度的决定因素》,《西南民族学院学报》(哲学社会科学版) 2002 年第 23 卷第 3 期。
[155] 王幸欣：《广东省信息产业投入产出分析——基于 2007 年投入产出表》,《现代商贸工业》2010 年第 8 期。
[156] 王会娟、陈锡康：《工资上涨对我国物价和出口品成本的影响分析》,《系统科学与数学》2011 年第 2 期。
[157] 方超伦、单道松：《工资变动对物价的波及效应及对策分析》,《预测》1990 年第 5 期。
[158] 褚烨、牛东晓：《电价上涨对中国物价的影响研究》,《华北电力大学学报》2009 年第 6 期。
[159] 辛清泉、林斌、王彦超：《政府控制、经理薪酬与资本投资》,《经济研究》2007 年第 8 期。
[160] 詹雷、王瑶瑶：《管理层激励、过度投资与企业价值》,《南开管理评论》2013 年第 16 卷第 3 期。
[161] 夏宁、邱飞飞：《高管激励、非效率投资与公司业绩》,《南京审计学院学报》2014 年第 2 期。
[162] 张红霞：《对投入产出价格影响模型的发展和改进》,《系统

工程理论与实践》2008年第1期。

[163] 曾晖、赵黎明：《企业员工敬业度的结构模型研究》，《心理科学》2009年第32卷第1期。

[164] 刘小平、瞿瑛：《审视员工敬业度与企业绩效》，《现代商业》2008年第33期。

[165] 张晓东、朱占峰、朱敏：《知识与规则标度的组织结构、个体行为与企业绩效》，《管理学报》2013年第10卷第9期。

[166] 刘小平、邓靖松：《员工敬业度的理论研究综述》，《软科学》2009年第23卷第10期。

[167] 刘小平：《高校毕业生可就业能力结构的实证研究》，第三届中国管理学年会论文集，2008年。

[168] 刘勇：《人力资本对组织创新影响的实证研究》，电子科技大学，2011年。

[169] 刘海燕、王成全：《知识型员工激励因素与敬业度相关探究》，《企业导报》2010年第2期。

[170] 吴海波：《企业员工薪酬水平影响因素实证研究》，《经济论坛》2009年第5期。

[171] 吴先金、万正风：《企业薪酬均衡探讨》，《电子科技大学学报社科版》2005年第7卷第3期。

[172] 汪雯：《薪酬的水平、差距与制度——现代西方企业薪酬管理理论述评》，《现代管理科学》2007年第11期。

[173] 陈晓勤：《企业员工薪酬满意度研究》，《现代商贸工业》2008年第20卷第2期。

[174] 陈晶瑛：《制造业员工的薪酬满意度实证研究》，《管理世界》2010年第1期。

[175] 杨玲：《酒店员工满意度及其因素对敬业度的影响》，湖南师范大学，2007年。

[176] 方来坛、时勘、张风华：《员工敬业度的研究述评》，《管理评论》2010年第5期。

[177] 操芳：《企业知识型员工敬业度研究》，江苏大学，2009年。

[178] 孙洁：《员工敬业度定义与结构实证研究》，北京邮电大学，

2009年。

[179] 江波：《员工满意度、敬业度、忠诚度培育与建设研究——以 A 公司为例》，东北财经大学，2004年。

[180] 冷媚：《企业员工敬业度影响因素研究》，吉林大学，2007年。

[181] 杨娟丽：《企业薪酬激励的理论与实证研究》，西北工业大学，2006年。

[182] 马斌：《部门产品价格变化对其它部门产品价格的影响》，山东大学，2008年。

[183] 张延昭：《投入产出价格模型的相关研究及实证分析》，山东大学，2010年。

[184] 鲁海帆：《高管团队内部薪酬差距与公司业绩——基于中国上市公司的实证研究》，暨南大学，2008年。

[185] 高艳：《员工敬业度和员工满意度关系探讨》，北京师范大学，2006年。

[186] 张焕波：《努力提高劳动报酬在初次分配中的比重》，《中国经济分析与展望》2010年第1期。

[187] 查淞城：《企业员工敬业度结构建模研究》，暨南大学，2007年。

[188] 袁正：《我国邮电业的投入产出分析——从产业关联和产业波及角度》，华南师范大学，2004年。

[189] Tsukui, J.; Murakami, Y., *Turnpike Optimality in Input-output Systems: Theory and Application for Planning*, North-Holland Publishing Company, 1979.

[190] Milkovich, G. T.; Newman, J. M., *Compensation* (5th), Homewood, IL: Irwin, 1996.

[191] Pintrich, P. R.; Schunk, D. H., *Motivation in Education*, Englewood Cliffs, NJ: Prentice-Hall, 1996.

[192] Bewley T., *Why Wages Don't Fall During a Recession*, Cambridge: MA, Harvard University Press, 1999.

[193] Ericsson, K. A., *The Acquisition of Expert Performance, An In-*

[193] *troduction to Some of The Issues*, Lawrence Erlbaum Associates, 1996.

[194] Dweck, C. S. , *Self-Theories: Their Role in Motivation, Personality, and Development*, Psychology Press, 2000.

[195] Urdan, T. ; Ryan, A. M. ; Anderman, E. M. ; Gheen, M. H. , "Goals Goal Structures, and Avoidance Behaviors", *Goals, Goal Structures, and Patterns of Adaptive Learning*, Lawrence Erlbaum Associates, 2002.

[196] Maslach, C. ; Leiter, M. P. , *The Truth About Burnout: How Organizations Cause Personal Stress and What to Do About It*, Jossey-Bass, 1997.

[197] Ronald, Bledow; Antje, Schmitt; Frese, Michael; Kuhnel, J. , "TheAffective Shift Model ofWork Engagement", *Journal of Applied Psychology*, 2011, 96 (6) .

[198] Breso, Edgar; Schaufeli, W. B. ; Salanova, M. , " Can Self-Efficacy-Based Intervention Decrease Burnout, Increase Engagement, and Enhance Performance? A Quasi-Experimental Study", *Higher Education*, 2011, 61 (4) .

[199] Bal, M. P. ; Bakker, A. B. , "Weekly Work Engagement and Performance: A Study Among Starting Teachers", *Journal of Occupational and Organizational Psychology*, 2010, 83 (1) .

[200] Wefald, A. J. ; Downey, R. G. , "Construct Dimensionality of Engagement and its Relation with Satisfaction", *The Journal of Psychology: Interdisciplinary and Applied*, 2009, 143 (1) .

[201] Gifford, R. ; Comeau, L. A. , "Message Framing Influences Perceived Climate Change Competence, Engagement, and Behavioral Intentions", *Global Environmental Change*, 2011, 21 (4) .

[202] Breso, Edgar; Schaufeli, Wilmar B. ; Salanova, Marisa, "Can a Self-Efficacy-Based Intervention decrease Burnout, increase Engagement, and Enhance Performance? A Quasi-Experimental Study", *High Education*, 2011 (61) .

[203] Henderson, A. D.; Fredrickson, J. W., "Top Management Coordination Needs and the CEO Pay Gap: A Competitive Test of Economic and Behavioral Views", *The Academy of Management Journal*, 2001 (1).

[204] Shaw, J. D.; Gupta N.; Delery, J. E., "Pay Dispersion and Workforce Performance: Moderating Effects of Incentives and Interdependence", *Strategic Management Journal*, 2002, 23 (6).

[205] Authority, Rosen S., "Control, and the Distribution of Earnings", *The Bell Journal of Economics*, 1982, 13 (2).

[206] Leonard, J., "Executive Pay and Firm Performance", *Industrial and Labor Relations Review*, 1990 (43).

[207] Chen, Lin; Shen, Wei; Su, Dongwei, "Corporate Tournament and Executive Compensation in a Transition Economy: Evidence from Publicly Listed Firms in China", *Working Paper*, 2005 (2).

[208] Carpenter, Mason A.; Sanders, WM. Gerard, "Top Management Team Compensation: The Missing Link between CEO Pay and Performance?", *Forthcoming in Strategic Management Journal*, 2002 (23).

[209] Rose, A.; Miernyk, W., "Input-Output Analysis: The First Fifty Years", *Economic Systems Research*, 1989, 1 (2).

[210] Kato, Takao; Long, Cheryl, "Tournaments and Managerial Incentives in China's Listed Firms: New Evidence", *China Economic Review*, 2011, 22 (1).

[211] Griner, E. H.; Gordon, L. A., "Internal Cash Flow, insider Ownership and Capital Expenditures", *Journal of Business, Finance and Accounting*, 1995, 22.

[212] Hadlock, C., "Ownership, Liquidity, and Investment", *Rand Journal of Economics*, 1998, 29.

[213] Jensen, M. C.; Meckling, W. H., "Theory of the Firm: Manag-

erial Behavior, Agency Costs and Ownership Structure", *Journal of Financial Economics*, 1976, 3 (4).

[214] Michael, L. B., "Corporate Tournaments", *Journal of Labor Economics*, 2001, 19 (2).

[215] Richardson, S., "Over-Investment of Free Cash Flow", *Review of Accounting Studies*, 2006, 11 (2).

[216] Paulick, Isabell; Watermann, Rainer; Nückles, Matthias, "Achievement Goals and School Achievement: The Transition to Different School Tracks in Secondary School", *Contemporary Educational Psychology*, 2013, 38.

[217] Gula, Fariha; Shehzad, Shumaila, "Relationship between Metacognition, Goal Orientation and Academic Achievement", *Procedia-Social and Behavioral Sciences*, 2012, 47.

[218] Rahmani, Parisa, "The Relationship between Self-Esteem, Achievement Goals and Academic Achievement among the Primary School Students", *Procedia-Social and Behavioral Sciences*, 2011, 29.

[219] Harackiewicz, J. M.; Durik, A. M.; Barron, K. E.; Linnenbrink-Garcia, L.; Tauer, J. M., "The Role of Achievement Goals in the Development of Interest: Reciprocal Relations between Achievement Goals, Interest, and Performance", *Journal of Educational Psychology*, 2008, 100.

[220] Hulleman, C. S.; Durik, A. M.; Schweigert, S. A.; Harackiewicz, J. M., "Task Values, Achievement Goals, and Interest: An Integrative Analysis", *Journal of Educational Psychology*, 2008, 100.

[221] Lee, K. W.; Lev, B.; Yeo, G. H. H., "Executive Pay Dispersion, Corporate Governance, and Firm Performance", *Review of Quantitative Finance and Accounting*, 2008, 30 (3).

[222] Lazear, E. P.; Rosen, S., "Rank-order Tournament as Aptimum Labor Contracts", *Journal of Political Economy*, 1981, 89

(5).

[223] Bishop, J., "The Recognition and Reward of Employee Performance", *Journal of Labor Economics*, 1987, 5 (4).

[224] O'Reilly, C. A.; Main, B. G.; Crystal, G. S., "CEO Compensation as Tournament and Social Comparison: A Tale of two Theories", *Administrative Science Quarterly*, 1998, 33 (2).

[225] Conyontal, M. J.; Simon, S. I.; Sadler, G. V., "Corporate Tournaments and Executive Compensation: Evidence from the UK", *Strategic Management Journal*, 2001, 22.

[226] Festinger, L, "A Theory of Social Comparison Process", *Human Relations*, 1954 (7).

[227] Martin, Thomas N; Price, J. L.; Mueller, Charles W., "Job Performance and Turnover", *Journal of Applied Psychology*, 1981, 66 (1).

[228] Roberts, J.; Milgrom, P., "Communication and Inventory as Substitutes in Organization Production", *The Scandinavian Journal of Economics*, 1988, 90 (3).

[229] Akerlof, G. A.; Yellen, J. L, "The Fair Wage-Effort Hypothesis and Unemployment", *The Quarterly Journal of Economics*, 1990 (2).

[230] Cowherd, D. M.; Levine, D., "Product Quality and Pay Equity Between Lower-level Employees and Top Management", *An Investigation of Distributive Justice Theory*, 1992 (37).

[231] Greenberg, Douglas, "Get Out of The Way If You Can't Lend A Hand: The Changing Scholarship and The Significance of Special Collections", *Journal of Library Administration*, 1993, 19 (1).

[232] Pfeffer, J.; Langton, N., "The Effect of Wage Dispersion on Satisfaction, Productivity, and Working Collaboratively: Evidence from College and University Faculty", *Administrative Science Quarterly*, 1993, 38 (3).

[233] Siegel, P. A.; Hambrick, D. C., "Pay Disparities within Top Management Groups: Evidence of Harmful Effects on Performance of High-Technology Firms", *Organization Science*, 2005, 16 (3).

[234] Bebchuk, L. A.; Fried, J. M., "Executive Compensation as an Agency Problem", *Journal of Economic Perspectives*, 2003, 17 (3).

[235] Grabke-Rundell, A.; Gomez-Mejia, L. R., "Power as a Determinant of Executive Compensation", *Human Resource Management Review*, 2002, 12 (1).

[236] Core, J. E.; Holthausen, R. W.; Lrecker, D. F., "Corporate Governance, Chief Executive Officer Compensation, and Firm Performance", *Journal of Financial Economics*, 1999, 51 (3).

[237] Cao, J.; Pan, X.; Tian, X., "Disproportional Ownership Structure and Pay-performance Relationship: Evidence from China's Listed Firms", *Journal of Corporate Finance*, 2011, 17 (3).

[238] Gong, J. J., "Examining Shareholder Value Creation over CEO Tenure, A New Approach to Testing Effectiveness of Executive Compensation", *Journal of Management Accounting Research*, 2011, 23.

[239] Dweck, C. S.; Leggett, E. L., "A Social-Cognitive Approach to Motivation and Personality", *Psychological Review*, 1988, 95 (2).

[240] Ames, C.; Archet, J., "Achievement Goals in the Classroom: Student Learning Strategies and Motivation Processes", *Journal of Education Psychology*, 1988, 80 (3).

[241] Vande Walle, D.; Cron, W. L.; Slocum, J. W., "The Role of Goal Orientation Following Performance Feedback", *Journal of Applied Psychology*, 2001, 86 (4).

[242] Maehr, M. L.; Nicholls, J. G., "Culture and Achievement Motivation: A Second Look", *Studies in Cross-Cultural Psychology*, 1980, 2.

[243] Nicholls, J. G.; Patashnich, M.; Nolen, S. B., "Adolescents' Theories of Education", *Journal of Applied Psychology*, 1985, 77.

[244] Elliot, A. J., "Approach and Avoidance Motivation and Achievement Goals", *Educational Psychologist*, 1999, 34 (3).

[245] Dudam, J. L.; Nicholls, J. G., "Dimensions of Achievement Motivation in School Sport", *Journal of Educational Psychology*, 1992, 84.

[246] Elliot, A. J.; Thrash, T. M., "Achievement Goals and the Hierarchical Model of Achievement Motivation", *Educational Psychology Review*, 2001, 13 (2).

[247] Fisher, S. L.; Ford, J. K., "Differential Effects of Learner Effort Goal Orientation on Two Learning Outcomes", *Personnel Psychology*, 1998, 51.

[248] Bergin, D. A., "Effects of Mastery Versus Competitive Motivation Situation on Learning", *Journal of Experimental Educational*, 1995, 63.

[249] Lee, S. H.; Sukrakarn, N.; Choi, J. Y., "Repeat Migration and Remittances: Evidence From Thai Migrant Workers", *Journal of Asian Economics*, 2011 (22).

[250] Frijters, P.; Beatton, T., "The Mystery of the U-Shaped Relationship Between Happiness and Age", *Journal of Economic Behavior & Organization*, 2012, 82.

[251] Shouping Hu, "Reconsidering the Relationship Between Student Engagement and Persistence in College", *Innovational High Education*, 2011, 36.

[252] Young, Mark R., "The Art and Science of Fostering Engaged Learning", *Academy of Educational Leadership Journal*,

2010, 14.

[253] Martin, Andrew J., "Courage in the Classroom: Exploring a New Framework Predicting Academic Performance and Engagement", *School Psychology Quarterly*, 2011, 26 (2).

[254] Sheared, Judy; Carbone, Angela; Hurst, A. J., "Student Engagement in First Year of an ICT Degree: Staff and Student Perceptions", *Computer Science Education*, 2010, 20 (1).

[255] Scales, Peter C.; Benson, Peter L.; Roehlkepartain, Eugene C.; Nicoler, R.; Sullivan, Theresa K.; Mannes, Marc., "The Role of Parental Status and Child Age in the Engagement of Children and Youth with Adults outside Their Families", *Journal of Family Issues*, 2004, 25 (4).

[256] Kahn, W. A., *Adjusting Self-in-role: Influences on Personal Engagement and Disengagement at Work*, Yale University, 1987.

[257] Siegel, P. A.; Hambrick, D. C., "Business Strategy and the Social Psychology of Top Management Team", *Advances in Strategic Management*, 1996.

[258] Carpenter, Mason A.; Sanders, Wm. Gerard, "The Effects of Top Management Team Pay and Firm Internationalization on MNC Performance", *Journal of Management*, 2004, 30 (4).

[259] Siegel, P. A.; Hambrick, D. C., "Business Strategy and the Social Psychology of Top Management Team", *Advances in Strategic Management*, 1996.

[260] Fama, E. F., "Agency Problems and the Theory of the Firm", *Journal of Political Economy*, 1980, 88 (2).

[261] Shleifer, A.; Vishny, R., "Large Shareholders and Corporate Control", *Journal of Political Economy*, 1986 (94).

[262] Mcconnell, John J.; Henri, Servaes, "Additional Evidence on Equity Ownership and Corporate Value", *Journal of Financial Economics*, 1990, 27 (2).

[263] Grossman, Wayne; Hoskisson, Robert E., "CEO Pay at the

Crossroads of Wall Street and Main: Toward the Strategic Design of Executive Compensation", *Academy of Management Executive*, 1998, 12 (1).

[264] Holderness, C; Sheehan, D. P., "The Role of Majority Shareholders in Publicly Held Corporations", *Journal of Financial Economics*, 1988, 20.

[265] Mudambi, R.; Nicosia, C., "Ownership Structure and Firm Performance", *Applied Financial Economics*, 1998, 8.

[266] Demsetz, Harold, "The Structure of Ownership and the Theory of the Firm", *Journal of Law & Economics*, 1983, 26 (2).

[267] Harold, Demsetz; Kenneth, Lehn, "The Structure of Corporatte Ownership: Causes and Consequences", *Journal of Political Economy*, 1985, 93 (6).

[268] Lazear, E. P.; Rosen, S., "Rank-order Tournament as Optimum Labor Contracts", *Journal of Political Economy*, 1981, 89 (5).

[269] Kato, Takao; Long, Cheryl, "Tournaments and Management Incentives in China's Listed Firms: New Evidence", *China Economic Review*, 2011, 22 (1).

[270] Carpenter, M. A.; Sanders, W. G., "The Effect of Management Team Pay and Firm Internationalization on MNC Performance", *Journal of Management*, 2004, 30 (4).

[271] Grund, C.; Sliwka, D., "Performance Pay and Risk Aversion", *Academy of Management*, 2006 (3).

[272] Ensley, M. D.; Pearson, A. W.; Sardeshmukh, S. R., "The Negative Consequences of Pay Dispersion in Family and Non-family Top Management Teams: an Exploratory Analysis of New Venture, High-growth Firms", *Journal of Business Research*, 2007, 60 (10).

[273] Lambert, R. A.; Lanen, W. N.; Larcker, D. F., "Executive Stock Option Plans and Corporate Dividend Policy", *Journal of*

Financial and Quantitative Analysis, 1989, 24 (4).

[274] Griner, E. H.; Gordon, L. A., "Internal Cash Flow, Insider Ownership and Capital Expenditures", *Journal of Business, Finance and Accounting*, 1995, 22.

[275] Grundy, B. D.; Li, H., "Investor Sentiment, Executive Compensation, and Corporate Investment", *Journal of Banking & Finance*, 2010 (34).

[276] Hadlock, C., "Ownership, Liquidity, and Investment", *Rand Journal of Economics*, 1998, 29.

[277] Kang, Sok-Hyon; Kumar, P.; Lee, H., "Agency and Corporate Investment: The Role of Executive Compensation and Corporate Governance", *Journal of Business*, 2006, 79 (3).

[278] Eisdorfer, A.; Giaccotto, C.; White, R., "Capital Structure, Executive Compensation, and Investment Efficiency", *Journal of Banking & Finance*, 2013, (37).

[279] Bakkera, A. B.; Schaufelib, W. B., Leiterc, M. P., Tarisd, T. W., "Work Engagement: An Emerging Concept in Occupational Health Psychology", *Work & Stress*, 2008, 22 (3).

[280] Pike, G. R.; Kuh, G. D.; McCormick, A. C., Ethington, C. A., Smart, J. C., "If and When Money Matters: The Relationships Among Educational Expenditures, Student Engagement and Students' Learning Outcomes", *Research in Higher Education*, 2011, 52 (1).

[281] Thomas, P. A., "Gender, Social Engagement, and Limitations in Late Life", *Social Science & Medicine*, 2011, 73.

[282] Tsail, C. F.; Ouyang, W. C.; Chen, L. K.; Lan, C. F.; Su, T. P., "Depression is the Strongest Independent Risk Factor for Poor Social Engagement Among Chinese Elderly Veteran Assisted-living Residents", *Journal of the Chinese Medical Association*, 2009, 72 (9).

[283] Hakanen, J. J.; Schaufeli, W. B., "Do Burnout and Work En-

gagement Predict Depressive Symptoms and Life Satisfaction? A Three-Wave Seven-Year Prospective Study", *Journal of Affective Disorders*, 2012, 141 (2 - 3).

[284] Schultza, G.; Mosterta, K.; Rothmann I., "Repetitive Strain Injury among South African Employees. The Relationship with Burnout and Work Engagement", *International Journal of Industrial Ergonomics*, 2012, 42 (5).

[285] Halbesleben, J. R. B.; Harvey, J.; Bolino, M. C., "Too Engaged? A Conservation of Resources View of the Relationship between Work Engagement and Work Interference with Family", *Journal of Applied Psychology*, 2009, 94 (6).

[286] Montgomery, A. J.; Peerers, M. C. W.; Schaufeli, W. B.; Oduena, M. D., "Work-Home Interference among Newspaper Managers. It's Relationship with Burnout and Engagement", *Anxiety, Stress&Coping*, 2003, 16 (2).

[287] Sonnentag, S; Mojza, E. J.; Binnewies, C; Scholl, A., "Being Engaged At Work and Detached At Home: A Week-Level Study on Work Engagement, Psychological Detachment, and Affect", *Work & Stress*, 2008, 22 (3).

[288] Hultell, D.; Gustavsson, J. P., "A Psychometric Evaluation of the Scale of Work Engagement and Burnout (SWEBO)", *Work*, 2010, 37 (3).

[289] Vinarski-Peretz, Hedva; Carmeli, Abraham, "Linking Care Felt to Engagement in Innovative Behaviors in the Workplace: The Mediating Role of Psychological Conditions", *Psychology of Aesthetics, Creativity, and the Arts*, 2011, 5 (1).

[290] Bakker, A. B.; Hakanen, J. J.; Demerouti, E.; Xanthopoulou, Despoina, "Job Resources Boost Work Engagement, Particularly When Job Demands are High", *Journal of Educational Psychology*, 2007, 99 (2).

[291] Klusmann, Uta; Kunter, Mareike; Trautwein, Ulrich; Lüdtke,

Oliver; Baumert, Jürgen, "Engagement and Emotional Exhaustion in Teachers: Does the School Context Make a Difference?", *Applied Psychology*, 2008, 57 (s1).

[292] Yancey, D. L, "The Predictability of Performance Using the Q12 Engagement Survey", *Roosevelt University*, 2005.

[293] Giallonardo, Lisa M.; Wong, Carol A.; Iwasiw, Carroll L, "Authentic Leadership of Preceptors: Predictor of New Graduate Nurses' Work Engagement and Job Satisfaction", *Journal of Nursing Management*, 2010, 18 (8).

[294] Daniels, Jessie, "Transforming Student Engagement through Documentary and Critical Media Literacy", *Theory in Action*, 2012, 5 (2).

[295] Bakker, Arnold B.; Xanthopoulou, Despoina, "The Crossover of Daily Work Engagement. Test of an Actor-Partner Interdependence Model", *Journal of Applied Psychology*, 2009, 94 (6).

[296] Brodie, Roderick J.; Ilic, Ana; Juric, Biljana; Hollebeek, Linda, "Consumer Engagement in a Virtual Brand Community. An Exploratory Analysis", *Journal of Business Research*, 2013, 66 (1).

[297] Wang, Yingyan, "Mission-Driven Organizations in Japan. Management Philosophy and Individual Outcomes", *Journal of Business Ethics*, 2011, 101 (1).

[298] Crites, Steven A.; Howard, Barbara H., "Implementation of Systematic Instruction to Increase Client Engagement in a Day Habilitation Program", *Journal of Intellectual & Developmental Disability*, 2011, 36 (1).

[299] Skaalvik, Einar M.; Skaalvik, Sidnel, "Teachers' Perceptions of the School Goals Structure: Relations with Teachers' Goal Orientations, Work Engagement and Job Satisfaction", *International Journal of Educational Research*, 2013, 62.

[300] Ram, Padmakumar; Prabhakar, G. V., "Determinant of Pay

Satisfaction: A Study of the Hotel Industry in Jordan", *European Journal of Social Sciences*, 2010 (3).

[301] Trevor, Charlie O; Wazeter, David L., "A Contingent View of Reactions to Objective Pay Conditions: Interdependence among Pay Structure Characteristics and Pay Relative to Internal and External Referents", *Journal of Applied Psychology*, 2006, 91 (6): 1260 – 1275.

[302] Ahmad, K. l Z., "Pay Equity Sensitivity and Person-Environment Fit", *InternationalJounal of Psychological Studies*, 2010 (2).

[303] Artz, B., "The Role of Firm Size and Performance Pay in Determining Employee Job Satisfaction: Firm Size, Performance Pay, and Job Satisfaction", *Labour*, 2008, 22 (2).

[304] Green, C.; Heywood, J. S., "Does Performance Pay Increase Job Satisication", *Economica*, 2008 (75).

[305] Pouliakas, K., Pay Enough, "Don't Pay Too Much or Don't Pay at All? The Impact of Bonus Intensity on Job Satisfaction", *Kyklos*, 2010 (63).

[306] Gielen, A. C.; Kerkhofs, M. J. M.; Ours J. C. V., "How Performance Related Pay Affects Productivity and Employment", *Journal of Population Economics*, 2010 (23).

[307] Gratz, D. B., The Problem with Performance Pay, Educational Leadership, 2009 (11).

[308] Mehrotra, Ateev; Sorbero, M. E. S.; Damberg, C. L., "Using the Lessons of Behavioral Economics to Design More Effective Pay-for-Performance Programs", *American Journal of Managed Care*, 2010, 16 (7).

[309] Dolton, Peter; Marcenaro-Gutierrez, O. D., "If You Pay Peanuts Do You Get Monkeys? A Cross-Country Analysis of Teacher Pay and Pupil Performance", *Economic Policy*, 2011 (26).

[310] Terpstra, D. E.; Honore, A. L., "Merit Pay Plans in Higher

Education Institutions: Cliaracteristics and Effects", *Public Personnel Management*, 2009, 38 (4).

[311] Gardner, D. G. ; Dyne, L. V. ; Pierce J. L. , "The Effects of Pay Level on Organization-Based Self-Esteem and Performance: A Field Study", *Journal of Occupational and Organizational Psychology*, 2004 (77).

[312] Laan, G. V. D. ; Ees, H. V. ; Witteloostuijn, A. V. , "Is Pay Related to Performance in The Netherlands? An Analysis of Dutch Executive Compensation, 2002 – 2006", *De Economist*, 2010, 158 (2).

[313] Hallock, K. F. ; Madalozzo, Regina; Reck, C. G. , "CEO Pay-for-Performance Heterogeneity Using Quantile Regression", *Financial Review*, 2010, 45 (1).

[314] Bulan, Laarni; Sanyal, Paroma; Yan, Z. , "A Few Bad Apples: An Analysis of CEO Performance Pay and Firm Productivity", *Journal of Economics and Business*, 2010 (4).

[315] Kahn, W. A. , Psychological Conditions of Personal Engagement and Disengagement at Work", *Academy of Management*, 1990, 33 (4).

[316] Dollard, M. F. ; Bakker, A. B. , "Psychosocial Safety Climate as A Precursor to Conducive Work Environments, Psychological Health Problems, and Employee Engagement", *Journal of Occupational and Organizational Psychology*, 2010, 83 (3).

[317] Senko, Corwin; Hama, Hidetoshi; Belmonte, Kimberly, "Achievement Goals, Study Strategies and Achievement: A Test of the 'Learning Agenda' Framework", *Learning and Individual Differences*, 2013, 24.

[318] Nitsche, Sebastian; Dickhäuser, Oliver; Fasching, Michaela S. ; Dresel, Markus, "Teachers' Professional Goal Orientations: Importance for Further Training and Sick Leave", *Learning and Individual Differences*, 2013, 23.

[319] Retelsdorf, Jan; Günther, Catharina, "Achievement Goals for Teaching and Teachers' Reference Norms: Relations with Instructional Practices", *Teaching and Teacher Education*, 2011, 27.

[320] Cho, YoonJung; Shim, Sungok Serena, "Predicting Teachers' Achievement Goals for Teaching: The Role ofPerceived School Goal Structure and Teachers' Sense of Efficacy", *Teaching and Teacher Education*, 2013, 32.

[321] Stuntz, Cheryl P.; Weiss, Maureen R., "Achievement Goal Orientations and Motivational Outcomes In Youth Sport: The Role of Social Orientations", *Psychology of Sport and Exercise*, 2009, 10.

[322] Stoebera, Joachim; Stollb, Oliver; Pescheckb, Eva; Ottoc, Kathleen, "Perfectionism and Achievement Goals in Athletes: Relations with Approach and Avoidance Orientations in Mastery and Performance Goals", *Psychology of Sport and Exercise*, 2008, 9.

[323] Majzub, Rohaty; Muhammad, TajulAriffin, "Goal Orientation and Achievement of Junior in Golfers Malaysia", *Procedia-Social and Behavioral Sciences*, 2011, 15.

[324] Carette, Bernd; Anseel, Frederik; Yperen, Nico W. Van, "Born to Learn or Born to Win? Birth Order Effects on Achievement Goals", *Journal of Research in Personality*, 2011, 45.

[325] Dickhauser, Claudia; Buch, Susanne R.; Dickhauser, Oliver, "Achievement after Failure: The Role of Achievement Goals and Negative Self-Related Thoughts", *Learning and Instruction*, 2011, 21.

[326] Hanchon, Timothy A., "The Relations between Perfectionism and Achievement Goals", *Personality and Individual Differences*, 2010, 49.

[327] Cheng, Rebecca Wing-yi; Lam, Shui-fong, "The Interaction between Social Goals and Self-construal on Achievement Motivation", *Contemporary Educational Psychology*, 2013, 38.

[328] Muis, Krista R. ; Edwards, Ordene, "Examining the Stability of Achievement Goal Orientation", *Contemporary Educational Psychology*, 2009, 34.

[329] Green, J. R. ; Stokey, N. L. , "A Comparison of Tournaments and Contracts", *The Journal of Political Economy*, 1983, 91 (3) .

[330] Greenberg, J. , "Ataxonomy of Organizational Justice Theories", *Academy of Management Review*, 1987, 12.

[331] Malcomson, J. M. , "Incentives, Hierarchy and Internal Labor Markets", *The Journal of Political Economy*, 1984, 92 (3) .

[332] Dye, R. A. , "The Trouble with Tournaments, *Economic Inquiry*, 1984, 22.

[333] Baker, G. P. , "Compensation and Incentives: Practice vs. Theory", *The Journal of Finance*, 1988, 43 (3) .

[334] Anderson, N. R. ; West, M. A. , "Measuring Climate for Work Group Innovation: Development and Validation of the Team Climate Inventory", *Journal of Organizational Behavior*, 1998, 19 (35) .

[335] Bunce, D. ; West, M. A. , "Self-perceptions of Group Climate as Predictors of Individual Innovation at Work", *Applied Psychology: An International Review*, 1995, 44.

[336] Scott, S. G. ; Bruce, R. A. , "Determinants of Innovative Behavior: A Path Model of Individual Innovation in the Workplace", *Academy of Management Journal*, 1994, 37.

[337] Skaalvik, E. M. ; Skaalvik, S. , "Teachers' Perceptions of the School Goals Structure: Relations with Teachers' Goal Orientations, Work Engagement and Job Satisfaction", *International Journal of Educational Research*, 2013, 62.

[338] Lazear, David I. , "Cohesiveness, Productivity and Wage Dispersion", *Journal of Economic Behavior and Organization*, 1991, 15.